依法行政与财税法制建设研究

——天津财经大学财政学科与公共管理学科

2014年学术年会论文集

主　编　武彦民　杨书文　张　平

南开大学出版社
天　津

图书在版编目(CIP)数据

依法行政与财税法制建设研究：天津财经大学财政
学科与公共管理学科 2014 年学术年会论文集／武彦民，
杨书文，张平主编. —天津：南开大学出版社，2015.12
ISBN 978-7-310-05047-5

Ⅰ.①依… Ⅱ.①武… ②杨… ③张… Ⅲ.①财政法
—中国—文集②税法—中国—文集 Ⅳ.①D922.204—53

中国版本图书馆 CIP 数据核字(2015)第 310689 号

南开大学出版社出版发行
出版人：孙克强
地址：天津市南开区卫津路 94 号　　邮政编码：300071
营销部电话：(022)23508339　23500755
营销部传真：(022)23508542　　邮购部电话：(022)23502200

*

天津午阳印刷有限公司印刷
全国各地新华书店经销

*

2015 年 12 月第 1 版　　2015 年 12 月第 1 次印刷
260×185 毫米　16 开本　19.75 印张　371 千字
定价：58.00 元

如遇图书印装质量问题，请与本社营销部联系调换，电话：(022)23507125

前　言

自 2010 年起，天津财经大学财政学科与公共管理学科每年举办一届学术年会，2014 年已是第五届了。每届的议题紧扣当年公共财政与公共管理的热点问题，如"政府治理与行政成本"（2010 年）、"财政透明度与双廉政府建设"（2011 年）、"收入分配、社会和谐与公共政策"（2012 年）、"政府事权结构与财政体制"（2013 年），2014 年的主题是"依法行政与财税法制建设"。

依法行政是加强社会主义民主法制建设，营造良好发展环境的基础性工作。党的十八届四中全会审议通过的《中共中央关于全面推进依法治国若干重大问题的决定》，系统阐述了"依法执政"的丰富内涵，从理论上解决了全面推进依法治国的工作重心问题。近年来，地方各级行政执法机关在推进依法行政、依法理财，筑牢财政管理科学化精细化的法制基础方面开展了大量工作。在财税领域基本实现有法可依，这不仅为依法理财、依法治税创造了有利条件，同时也促使政府转变财政职能，不断推动政府将财政投入的重心转向宏观经济调节、社会公共服务，不断优化公共资源配置。然而在依法行政的大背景下，如何完善财税法制建设及其对依法行政的推动作用仍是非常值得研究的课题。

有鉴于此，我们诚挚邀请相关领域的专家学者参加论坛，其中中国人民大学公共管理学院院长董克用教授、山东大学经济学院李齐云教授、天津大学公共管理学院张再生教授、天津市行政管理学会副会长兼秘书长张霁星研究员等作了精彩的学术报告。另外来自南开大学、天津市财政科学研究所、天津行政管理学会等 11 个单位的领导和专家也应邀出席了本次论坛，并共同探讨了相关问题。本次论坛共收到 90 多篇论文，我们从中选取 38 篇集结出版，以期对我国的依法行政、依法理财改革以及相关的教学研究活动起到积极的推动作用。

在本书出版之即，感谢天津财经大学财政学科与公共管理学科教师们的辛勤劳动；感谢财政系齐文老师在文稿的整理和编辑过程中卓有成效的工作；感谢南开大学出版社王冰老师对本书的编辑及出版发行工作的真诚付出！

编　者

2015 年 5 月

目 录

第一编

依法行政与依法治国

第一章

基于依法行政视角的我国社会保障法律体系研究
——以医疗保险为例

张再生 李亚男

摘要 无论是在维护国家安全稳定还是在保障和改善民生中,社会保障均占据着重要地位。本文以我国医疗保险为研究对象,介绍了我国医疗保险法律体系发展历程。基于依法行政视角,从立法、执法和司法三方面分别进行分析并总结存在的问题。最后从医疗保险依法行政的客体和主体两方面出发,有针对性地提出了完善医疗保险法律体系的对策建议,如增强参保患者法律意识、培养医护人员职业自尊;立法层次向上集中,加快单项、专项立法进程;纳入个人信用、医生职业发展等因素,建立健全监管制度;完善机制,开拓渠道,加强司法公开等。

关键词 依法行政 社会保障法律体系 医疗保险

1. 引言

在国外形势错综复杂、国内改革任务繁重的背景下,在全面深化改革、继续简政放权、转变政府职能的关键时期,党的十八届四中全会适时召开,且历史性地将依法治国确定为全会主题,同时彰显了法制理念在现代国家治理中至关重要的作用。依法治国的总目标是建设中国特色社会主义法制体系,形成完备的法律规范体系、高效的法治实施体系、严密的法治监督体系和有力的法治保障体系。全会强调了依法行政的重要性,为在实践中开展工作奠定了基调、指明了方向并提供了准绳。

基于社会保障在提升公众生活质量、维护国家安全稳定中的关键作用,其相关法律法规制定能否与时俱进、执行能否公正公平将对其效果的发挥产生重要影响,其中社会保障领域的依法行政显得尤为关键。例如医疗保险作为社会保障的重要组成部分之一,涉及面广、公众需求大等特点决定了其在现实生活中的绝对地位,相关制度的制定、执行对公众生活的影响不言而喻。虽然我国政府一直在完善医疗保险法律体系、加强执行监管力度，并且取得显著成效，但因我国社会保障体系整体起步晚、现实情况复杂等诸多因素影响，我国医疗保险法律体系依然存在严重不足，特别是由于法律体系的不健全、不完善引发的诸多问题已经危及到政府形象和参保者的合法权益。因此，本文将我国现行的医疗保险制度作为研究对象，认真分析现状并提出相应的完善对策，使其更好地发挥积极作用。

2. 相关研究文献综述

医疗保险制度作为保障和改善民生的重要举措，不断推进其制度、法律体系的建设与完善，国内外学者从不同方面进行了深入研究。医疗保险制度在国外经过长期发展以后，已经形成了较为完善和全面的医疗保险法律制度和体系，因此，国外学者们将医疗保险制度的国际比较和各国医疗保险制度改革实践作为研究重点。

相较国外而言，受我国社会保障起步晚、医疗保险法制化进程慢等因素影响，国内学者对医疗保险法律制度研究时间短，且数量不多，但仍然取得了一定成就。从依法行政角度来看，针对医疗保险法律体系进行系统研究的较少，大多是基于医疗保险运行过程的某一环节或者核心问题进行研究，如基金监管、医保劳动纠纷等。张深深（2013）以额度控制为例，从行政法角度对我国医疗保险基金监管问题进行了深入研究，在对我国医疗保险基金监管立法进程和额度控制分析的基础上，从法律体系、监管过程、部门合作、信息公开等方面对中英两国医保基金监管进行了比较，总结国外先进理念和成功实践，为建设和完善我国医疗保险基金监管法律体系提供了建设性意见。张夏（2014）以我国城镇医疗保险为研究对象，围绕城镇医疗保险运行过程中转移续接、费用控制和医疗纠纷等关键问题，按照分析现状、发现问题、对比分析、经验借鉴、提出对策的基本思路逐一展开研究，结合我国实际情况，相应地提出了针对性建议。李瑞（2013）从劳动争议程序和行政执法程序两个角度分析了我国现行医保纠纷解决制度的缺陷，提出了以劳动者、用人单位和医保经办机构为核心构建三方参与的解决机制，切实保护相对处于弱势地位的劳动者的权益。侯文杰（2012）以医疗保险法律关系为切入点，介绍了我国医疗保险制度的发展历程，并与其他国家医疗保险制度和改革实践进行了对比分析，在阐释完善我国医疗保险法律制度相关原则的基础上，提出了具体对策。

在依法治国理念的启发下，本文基于依法行政视角，从立法、执法和司法三方面对我国医疗保险法律体系的现状和问题进行了较为整体、系统的研究分析，一定程度上可以充实国内理论研究。结合我国实际情况，并借鉴国内外先进理念和成功实践，提出了具体的对策和建议。

3. 我国医疗保险法律体系的发展历程及存在的问题

3.1　我国医疗保险法律体系发展历程

医疗保险法律制度是医疗保险法律体系的主要组成内容。在我国，医疗保险法律制度与医疗保险法律体系的发展历程是相互吻合的。新中国成立以来，我国医疗保险法律制度的发展大致经历了 5 个阶段：

（1）传统医疗保险制度初步建立阶段：1949～1978 年

这一时期的医疗保险制度与我国当时的基本国情是相适应的，是在社会成员不同分类基础上建立起来的，主要由劳动医疗保险制度、公费医疗制度和农村合作医疗制度三部分组成，制度层面初步实现了医疗保险的全民覆盖。

（2）社会医疗保险制度探索阶段：1978～1992 年

伴随着我国市场经济体制的确立和改革开放的开始，传统医疗保险制度的弊端逐渐显现。在西方国家社会保险制度成功实践的影响下，我国开始了与市场经济体制相适应的社会医疗保险模式的探索，在一些城市进行城镇职工社会医疗保险制度试点，同时也展开了大病统筹等一些探索，取得了一定成效。

（3）"统账结合"医疗保险制度改革试点阶段：1993～1997 年

以建立适应社会主义市场经济体制的医疗保险制度为指导，我国开始探索"统账结合"的医疗保险制度，在试点成功后，由政府、用人单位和员工三方共同负担的筹集机制和运行机制得到初步确立。

（4）基本医疗保险制度形成阶段：1998～2009 年

这一阶段初步形成了基本医疗保险制度的"三支柱"体系，即由城镇职工基本医疗保险制度、新型农村合作医疗保险制度和城镇居民基本医疗保险制度三部分组成。1998 年，国务院《关于建立城镇职工基本医疗保险制度的决定》标志着"统账结合"的城镇职工基本医疗保险制度在我国正式确立；2003 年，在全国范围内开始了新型农村合作医疗保险制度试点；2007 年，《开展城镇居民基本医疗保险试点的指导意见》进一步推动了我国城镇居民医疗保险的试点工作。随着医疗保险制度的改革，一些具备条件的城市也开始了有的放矢的探索，如天津市将城镇居民基本医疗保险和新型农村合作医疗保险相融合，形成了具有天津特色的城乡居民医疗保险。

（5）医疗保险制度法制化新阶段：2010 至今

2010 年，我国医疗保险领域的第一部法律《中华人民共和国社会保险法》正式颁布,是我国医疗保险法律建设进程中一个重要的里程碑——首次以法律的形式确立了我国基本医疗保险的地位,不仅是对我国医疗保险制度建设和完善成果的肯定,也是我国医疗保险法制化进程的新纪元。

3.2　我国医疗保险法律体系存在的问题

通过上述研究发现,过去的几十年,在完善包括医疗保险在内的社会保障法律体系方面,我国通过学习和探索,进行了不断的改革,并且取得了一定成就,如《中华人民共和国社会保险法》的出台实施等。但是就自身内容、满足发展需求等方面而言,我国医疗保险法律体系还存在着许多问题,基于依法行政视角,本文主要从立法、执法和司法三个方面进行分析。

（1）立法方面

①我国医疗保险法律立法滞后,层次较低。

当前,我国现行医疗保险制度是以国家有关政策为支撑的,相关法律立法滞后、层次较低现象与医疗保险制度在我国现有社会保障体系中的重要作用严重不匹配,从而制约了我国医疗保险法律体系的建设和医疗保险法律制度的发展。

医疗保险立法滞后主要表现在两个方面:第一,与国外已经制定《医疗保险法》单项法律的发达国家相比,我国立法工作严重滞后。目前,我国仅在《中华人民共和国社会保险法》中以简短的内容明确了医疗保险的法律地位,尚未建立相关单项法律。第二,与医疗保险制度在我国的发展需求和重要作用相比,尤其是与一些省市先进的实践经验相比,医疗保险法律制定工作没有做到与时俱进。

现阶段,受地域差异大、统筹难度大等因素影响,我国医疗保险立法层次较低,主要表现在立法主体和发布形式两方面。我国现行医疗保险立法多表现在国家法律指导下的地方行政立法,立法主体为省市一级的地方政府;发布形式主要是暂行规定、试行办法、意见和条例等,法律范围和影响力有限,缺乏权威性和稳定性。

②我国医疗保险法律尚不健全。

医疗保险运行过程主要由基金筹集、基金运营管理和待遇支付等环节组成,整个过程中存在着医疗保险管理机构、用人单位、参保人和医疗机构之间复杂的利益关系,为相关法律规范的制定与完善提出了更高的要求。然而,就我国医疗保险法律体系建设而言,系统性和整体性欠缺。系统性缺乏主要体现在与医疗保险相关的法律制度的衔接方面;整体性缺乏主要表现为保障各环节有序运转的专项法律规范依然缺乏,例如,在医疗保险基金转移接续和使用监管、医疗机构监管等核心问题上仍没有相关法律条文的支持。

（2）执法方面

从依法行政的角度来看，与时俱进的立法进程、完备健全的法律体系是执法行政的前提和基础，固然重要，但是对于广大医疗保险参保者来讲，切实地贯彻实施法律才更为重要。近年来，随着医疗保险问题暴露得越来越多，相关部门不断提高对严格执法重要性及执法合法性的认识，进一步改善执法行为。然而，受执法体系不够健全、执法人员认识不够深刻等诸多因素影响，我国在实际执行医疗保险相关法律的过程中依然存在一些问题，主要表现在3个方面：

①医疗保险执法主体之间协调性欠缺。

在依法行政理念下，医疗保险执法是一项通过众多执法主体互相合作、相互协调，共同推动医疗保险法律贯彻落实的系统性活动。虽然我国已经初步形成了以医疗保险基金管理中心等相关部门为核心的执法主体队伍，但是，在利益等因素的制约下，执法主体之间缺乏协调性，多部门管理相互掣肘。如面对医患合谋骗保、"倒药"等违法行为，医保基金管理中心与主管医生的卫生部门及药品监管部门不能统一响应、相互合作、建立联动机制予以打击。

②医疗保险执法程序规范化程度较低。

在我国医疗保险领域执法的具体实践中，受执法人员个人主观意志和客观因素影响，执法程序规范化程度较低，集中体现在是否遵守法定程序和是否遵守法定时间两方面，例如，经常出现简化、更改医保费用报销程序等自行修改法定程序的行为，或者拖延、怠慢参保人员依法按时享受医保基金待遇的现象。这不仅影响参保人员享受待遇的公平公正性，而且使医疗保险相关法律的权威性受到质疑。

③医疗保险基金监管薄弱、惩处无力。

医保基金监管是保障医疗保险依法落实的必要途径，对医保基金监管力度大小、有效性高低直接影响医保基金功能发挥的程度。当前阶段，医保基金监管薄弱、惩处无力是医疗保险依法行政的诟病，主要表现在对医保欺诈行为的监管和惩处方面，如患者骗保、医患合谋骗保等行为时有发生，对违规医护人员的惩处力度却严重不足。医保基金有效监管的缺失在造成大量基金浪费的同时也损害了参保人的健康和利益。

（3）司法方面

从依法行政角度来看，司法素有"社会公平正义最后一道防线"之称。近年来，随着医患矛盾、医疗纠纷等热点问题逐渐凸显，司法机关保障受害者利益和维护社会公平正义的作用也越来越受到公众的密切关注。然而，在我国医疗保险法律体系的实践中，司法过程严重失位，司法公开不足是其中最为主要的问题。

司法公正的具体要求是司法公开，就我国医疗保险法律体系的实践活动来说，即案件处理过程和结果要接受立法机关和社会公众的共同监督。在具体实践中，监督机制和监督渠道是限制司法公开最为重要的两个因素。一方面，由于监督机制不健全，立法机关等外部权力机构无法对案件处理的过程和结果进行有效监督；另一方面，由于社会监督渠道等基本条件的缺乏，舆论媒体、社会团体及社会公众难以借助有效载体依法行使监督权。此外，医疗保险领域司法行为的不成熟和习惯性缺失也是造成司法公开不足的重要原因。

4. 完善我国医疗保险法律体系的对策建议

针对上述我国医疗保险法律体系存在的问题，为进一步推进我国医疗保险法律体系的建设和完善，从医疗保险依法行政的客体和主体两方面出发，提出以下几点对策建议。

4.1　增强医保制度客体的自我约束

参保患者和医护人员作为医疗保险的重要参与者，作为医疗保险依法行政的客体，其自身法律素养和职业道德水平的高低对于我国医疗保险法律体系的建设和完善具有重要影响作用。首先，应该建立宣传机制，对参保患者加强医疗保险制度及其相关法律的讲解和宣传，引导参保患者正确理解制度内容，充分认识其重要性，提高参保患者的守法意识。其次对于医护人员，要加强职业道德教育，培育职业自尊精神，使其主动杜绝违规行为发生。

4.2　推进医疗保险立法工作

（1）从层次上来讲，提高立法层次和统筹水平

具有较高权威性和稳定性的法律制度是完善医疗保险法律体系的前提和基础，立法层次是决定法律权威和稳定的关键因素。因此，要通过立法主体向上集中来提高立法层次，由地方立法转变为国家立法，由部门分散行政立法转变为立法机关集中系统立法，进而维护医疗保险法律的权威和影响力。同时，要结合户籍制度改革的新形势，考虑城乡差异、地域差异等客观因素，在医疗保险立法实践中，提高统筹水平，基于职业属性探索建立全国范围内适用的法律制度。

（2）从内容上来讲，推进单项法、专项法立法工作

《中华人民共和国社会保险法》的颁布实施意味着我国社会保障立法向前迈出了一大步，由于其中关于医疗保险的规定赋予了执法者更多的自由裁量权，所以对医疗保险法律制度具体实践的指导作用比较有限。因此，要推进立法细化工作，丰富、完善医疗保险法律体系，在《中华人民共和国社会保险法》的指导下，加快推进医

疗保险领域各单项法、专项法的立法进程，尽快建立确定医疗保险法律地位的医疗保险法，建立用以规范医疗保险各个环节的专项法律，如医疗保险基金管理法、医疗保险监管法等。同时，就城乡统筹、医疗保险关系转移续接和医疗费用异地结算等医疗保险的核心关键问题，要在医疗保险法的指导下，制定与其相适应的配套实施制度。

4.3　严格医疗保险执法工作

（1）整体层面：建立部门执法协同机制

由于医疗保险的执法活动是一个由众多环节组成的综合性过程，必然会涉及医药卫生、财政审计等其他执法部门，因此，要以医疗保险基金为核心构建执法体系。首先，要合理划分职责、界定权力边界，建立执法部门的权力清单，明确各自职责。其次，要借助大数据、互联网等先进技术，搭建医疗保险运行信息共享平台，在执法部门之间实现信息实时动态传输，为多部门协同合作提供前提。最后，建立执法协作制度，在执法部门之间建立长效的协同关系。

（2）具体层面：健全监管、惩处制度

针对上述医保基金监管方面的问题，应转变依法监管理念，即由制止性措施主导的事后监管向预防性策略为主的事前监管转型；通过相关制度建设与完善，促使参保患者、医护人员等由被动监管向主动约束转变。以社会信用体系建设为依托，建立参保患者个人信用体系，并将其纳入医保基金监管中，建立医疗保险基金实时监控系统，探索建立与个人信用挂钩的医保基金分配使用机制，加强对参保患者的行为约束，提高基金使用效率；为规范医护人员行医行为，与卫生部门通力合作，探索建立部门之间的协同监管机制，开发或融合医保基金管理与医护人员管理的综合系统，将医保基金分配使用与医护人员执医资格、个人职业发展挂钩。同时，建立相应的配套惩处制度，加大对违规医护人员的惩罚、处理力度。

4.4　公开医疗保险司法工作

监督是实现医疗保险司法工作公开的有效手段，而健全的监督机制和丰富的监督渠道是实现有效司法监督的重要前提和基础。因此，从内部监督来讲，要健全立法机关监督机制。立法机关同时作为法律的制定者和法律实施的监督者，对司法部门执法行为具有最高评判权。要本着公正公平原则，从立法机关自身角度出发，将司法监督程序和内容制度化，形成立法机关长效监督机制，使其可以依照固定的程序适时地对司法程序、结果等内容进行有效监督。

从外部监督来讲，完善新闻媒体的监督机制，扩大监督主体范围，拓展参与监督渠道。现阶段，在我国医疗保险司法监督实践中，新闻媒体扮演着绝对主力的角色，且发展较为成熟。因此，首先，要继续完善新闻媒体监督机制，为其依法行使司法监督权排除障碍，同时，为了保证监督行为的有效性，又要合理规范新闻媒体的监督行为。其次，要提高社会力量参与司法监督的意识和积极性，号召公众、组织团体等加入社会监督的行列。最后，监督渠道或载体是社会力量参与司法监督的前提和基础。在医疗保险司法实践中，要通过建立制度（如公众陪审制度）、搭建信息公开平台等举措，广泛拓展监督渠道，为社会监督提供便利条件。

参考文献

（1）张深深. 行政法视角下的医疗保险基金监管——以额度控制为例[D]. 中国社会科学院，2013.

（2）张夏. 我国城镇医疗保险法律问题研究[D]. 首都经贸大学，2014.

（3）李瑞. 论我国现行医保劳动纠纷解决机制的缺陷及完善[J]. 长春工业大学学报（社会科学版），2013，6（25）：74～75.

（4）侯文杰. 完善我国医疗保险法律制度研究[D]. 河南师范大学，2012.

（5）王蔚臆. 医保欺诈的成因及监管探析[J]. 管理观察（公共管理），2014（3）：164～165.

（6）徐天漪. 我国城镇社会医疗保险的行政立法问题研究[D]. 东北大学，2013.

（7）王平均. 推进人力资源社会保障依法行政的几点思考[J]. 人力资源开发（特别关注），2013（1）：6～8.

（8）于瑞均. 天津医保监督检查体系现代化建设进程[J]. 中国医疗保险，2014（3）：38～40.

（9）郝春彭. 建立和完善有中国特色的医保治理体系，提升医疗保险治理能力[J]. 中国医疗保险，2014（9）：28～29.

作者简介

张再生，1968 年生，博士，天津大学人力资源与社会保障研究所所长，教授、博士生导师。电子邮箱：zhangzs@tju.edu.cn。

李亚男，1991 年生，天津大学管理与经济学部硕士研究生。电子邮箱：cclgdxjgxb@126.com。

"考成法"与当代公务员绩效考核之历史借鉴
——基于公务员绩效考核难的再研究

张霁星

摘要 从《国家公务员暂行条例》颁布之后，以"德能勤绩"为指标体系的公务员考核开始施行，《中华人民共和国公务员法》颁布实施后改为"德能勤绩廉"5项指标。毋庸讳言，从20年的考核历程来看，考核效果并未尽如人意。即便有很多基层政府在《中华人民共和国公务员法》的大框架下制定了"考核办法"或探索实行分类管理，有些部门结合本单位实际设计了具体的绩效考核指标体系，但迄今为止，还没有真正建立起一套广为认可、行之有效、分类管理的公务员绩效考核指标体系。明朝首辅张居正推行的"考成法"简单易行，注重量化，虽在后期执行中逐渐偏离方向，但其丰富的经验与教训非常值得在当今公务员绩效考核中加以借鉴。

关键词 公务员岗位职责 政府职能转变 公务员绩效考核 考成法

公务员绩效考核是个老话题，官员考核是个更为古老的话题。自从我国封建官僚体制形成以来，官员考核机构和考核体系就如影随形、相伴相生。在漫长的封建社会，每个朝代的官员考核办法都对当时整肃官员队伍及提高行政效率起到过应有作用。但也要看到，没有哪种考核体系和办法能延续太久。《国家公务员暂行条例》1993年10月1日施行，2006年6月1日废止，《中华人民共和国公务员法》于同日起施行。2007年中组部即原国家人事部又下发了《公务员考核规定》，全国各地在理论与实践方面也多有探索，但"考核难"仍没有真正化解。也就是说，公务员绩效考核始终是各级政府和公务员管理部门广泛关注和深入研究的重要课题。因此，"考核难"也依然是基层政府部门的广泛共识。

1. 关于公务员绩效考核的再认识

对公务员考核必要性的认识是普遍一致的，但考核难又是客观存在的。考核流于形式，不能真正形成激励机制，考核结果没能成为"一杆秤""一面镜""一根鞭"，为此，我们就应该对公务员绩效考核进行历史与现实的再分析、再认识。以求解析公务员绩效考核为何难以形成激励，所谓"绩效考核难促绩效"最根本的问题是什么，原因在哪里等问题。

1.1 公务员绩效考核有"三难"

笔者认为，公务员绩效考核流于形式，形不成激励机制最根本的问题是"三难"，即考核指标量化难、考核程序公正难、考核结果运用难。

（1）考核指标量化难

量化难就是对每个公务员的考核难以设定具体的量化指标。《中华人民共和国公务员法》第一章第二条对公务员涵盖范围的确定是："依法履行公职、纳入国家行政编制、由国家财政负担工资福利的工作人员。"根据这个确定，党政群系统的所有工作人员都被认定为公务员或"参公"管理，这个队伍非常庞大，工作任务、性质差别迥异。就政府系统而言，大体可分为经济管理（如经信委、建委、商务委等）、执法服务（如公安、司法、民政、综合执法、质检、工商税务等）、综合服务（如办公室、研究室、法治办、信访、文化教育、卫生医疗等）三大领域，部门机构不同，工作性质不同，工作方式也不同，而《中华人民共和国公务员法》第五章第三十三条对公务员的考核内容的规定是："全面考核公务员的德、能、勤、绩、廉，重点考核工作实绩。"但是，考核管理部门如果把德、能、勤、绩、廉设定为一级指标，就很难把上述 5 项一级指标再具体量化制定出二级指标。尤其是德、能、绩、廉 4 项很难量化；同时，《中华人民共和国公务员法》第三十六条又规定："定期考核的结果分为优秀、称职、基本称职和不称职四个等次。"然而，在指标与等次的结果之间又缺少一个对应的、具体的、量化的连接线，能清楚地对应出什么样的是优秀，什么样的是不合格。目前，绩效考核最难的环节就在这个点上——一个能够普遍使用、准确量化、具体分解德、能、勤、绩、廉的绩效考核指标体系的建立。不仅是国家公务员局很难制出全国通用的指标体系，省市级公务员局也很难制定出全省全市通用的指标体系，甚至具体到一个委、办、局都很难制定出准确的量化指标体系。

（2）考核程序公正难

《中华人民共和国公务员法》第三十五条规定"对非领导成员公务员的定期考核

采取年度考核的方式，先由个人按照职位职责和有关要求进行总结，主管领导在听取群众意见后，提出考核等次建议，由本机关负责人或者授权的考核委员会确定考核等次。对领导成员的定期考核，由主管机关按照有关规定办理"。在实际考核当中，一般情况下个人不好给自己定位为优秀等次，也很难给自己定位为基本合格或不合格；而在主管领导听取群众意见这个环节，目前很多地方采取的方式是，在领导表态之前大家先进行"背对背"打分，而恰恰这"背对背"打分，其结果虽然是群众意见但很难实现客观公平。姑且不说绝对而纯粹的公平是不可能的，但就相对公平而言也不容易做到。公平需要两个因素，首先是有具体的量化指标作为参照，其次是考核过程的公平性，即考核的方式与手段。这种较为普遍采用的自我评价＋处（科）室同志们评价或"背对背"打分＋分管领导评价的方式，各个环节都不能保证客观，尤其是群众互相打分，根本无法确定这个分是真正反映工作绩效还是个人情感，而可以肯定的是这个分最能反映人与人之间的关系，甚至因此而可能出现"汰优"现象。

（3）考核结果运用难

《中华人民共和国公务员法》第三十七条规定"定期考核的结果作为调整公务员职务、级别、工资以及公务员奖励、培训、辞退的依据"，但事实上，在县级政府中，提拔副科级以上领导职务的权力在县委组织部及至县委常委会；在市级政府中的部、室、委、办、局的副科级或科级职务的提拔，权力在局党委或局务会；而副处或处级职务的提拔，权力在市委组织部和市委常委会。众所周知，如果一个公务员年终考核不合格或连续两年以上不合格，被提拔为科、处级职务的可能性几乎没有，但是，被提拔的人员之所以被提拔其主要依据应是公务员考核的结果，也并不完全符合现实情况。公务员考核结果与公务员奖励、培训、辞退直接联系有较强的可行性，比较现实而且容易操作。但要真正做到根据公务员法的规定，公务员考核的结果与职务、级别，即与公务员升迁直接联系，在实际操作当中还有相当的不确定性，是很难把握和操作的。而不能被运用或不好运用的原则或规定对人的约束力，以及它受到重视的程度，一定会大打折扣。

1.2　"三难"的真正原因是"政府职能"清晰难、转变难

根据人力资源管理中的绩效考核理论，绩效管理分为组织绩效和个人绩效两个范畴，在行政领域，对各基层政府和所属部门的考核，属于组织绩效；对每个公务员的考核属个人绩效。分析起来，公务员考核"三难"是表象，政府职责不清、职能庞大，即对政府组织绩效考核管理难是实质。虽经改革开放35年来6次机构改革，以及近10年来中央政府反复下放、取消审批事项，大面积清理文件规定，但是

政府机构与职能还是过于庞大、复杂，内容特别丰富，外延非常宽泛。有许多管不了、管不好、不该管的事情还在管，政府越位、错位、缺位的现象并没有得到根本解决。政府职能不清晰，部门职责就很难清晰，进而公务员职责就更不清晰。在公务员职责尚不清晰的前提下，制定出公务员绩效考核量化指标是很难实现的。

政府职能过于灵活，临时任务、中心工作几乎成为常态，公务员职责随着部门、机构的职责变化而变化，预先制定的绩效目标变量、失效成为寻常，公务员绩效考核指标自然就很难精确量化。

不仅是层级之间，部门之间、系统之间、地区之间政府职能同比差异太大，难以制定较为普适的公务员绩效量化考核体系。就是在一个委局之内，个体之间的差异性也是十分突出的。一个具体的委局尚且很难制定明确具体的量化标准，何况部门之间、系统之间、地区之间？由此分析可以推论，公务员绩效考核难主要是绩效指标量化难，而绩效指标量化难主要原因是部门职责（不清晰）量化难，而部门职责（不清晰）量化难主要是缘于政府职能不清晰，边界宽泛，内涵复杂。并且应当看到，政府职能的深度转变、职责的真正清晰仍不是较短时间内能够实现的。而随着时代的发展和形势的变化，大量新的社会需求使新的公共事务不断出现和增加，将给预先设定比较精准的公务员绩效考核量化指标再度增加了难度。

1.3　新形势下公务员绩效考核的再认识

第一，政府"瘦身"不会一蹴而就，职能转变要有过程，公共服务需求与供给变化周期很快，因此，应对非常精准的公务员绩效考核具体量化指标体系的出台抱以切合现实的期待。《国家公务员暂行条例》尤其是《中华人民共和国公务员法》颁布实施以来，关于绩效考核的研究文章浩如烟海，全国各地如福建厦门、山东青岛等省市在实践当中也进行了非常深入而又细致的探索，但是，行之有效的绩效管理，特别是公务员绩效考核管理，在全国范围内普遍发挥良好而效果显著的局面尚未形成，被理论界和实践领域广泛认可、符合基层政府部门实际情况、简单实用的公务员绩效考核指标体系，能成功运行的还不多。然而大家都认识到考核很必要也很重要，也都清楚目前的考核状况不尽人意，所以很多人仍在研究，很多地方仍在探索。通过以上分析我们可以认为，公务员绩效考核指标难量化、过程难公平、结果难运用、根本原因并不在技术层面，而在于机制和体制层面。尽管岗位之间的差异，处、科、室之间的差异，部门之间的差异确实很大，但总体上还是有规律的，制定基本适宜的量化指标还是有可能的。可是，政府的整体职能边界是模糊的，内容是庞大的，是难以量化的。上级职能不能量化或者清晰，下级部门和各个处、科、室乃至公务员个体岗位职责就很难量化；上级职能是模糊的，公务员岗位职责是不可能清晰的；上级职能是多变的，公务员的岗位职责不可能是规律的。因此说，公务员考核难，主要原因是量化难，量化难的关键是政府整体职能问题，而不在各个公务员的具体岗位。所以，政府职能不实现深度转变，政府不能大幅度"瘦身"，公务员考核指标基本准确的量化就很难实现——这才是多年来公务员考核量化指标体系难以制定、考核流于形式的根本原因。

第二，公务员绩效考核具体指标的量化要与政府职能转变的整体进程基本同步，逐步具体而量化。各级考核部门要逐年修改完善本系统（或部门）的公务员考核二级三级量化指标。举世瞩目的中国共产党十八届三中全会，把转变政府职能问题提上了议事日程，国务院总理李克强也在地方政府职能转变和机构改革工作电视电话会议上指出，"地方政府改革是一场自我革命，涉及面广、触及利益深"。如果说中央政府改革是上篇，地方政府改革就是下篇，需要整体构思、通盘考虑、上下贯通，把政府改革的整篇文章做好。过去几次政府职能转变和机构改革都出现过"上面动作大，下面打折扣"的情况，新一轮简政放权已经进入全面深化的关键时期，好政策能否真正落到实处，难点重点都在地方政府职能转变。"政府职能转变已经进入全面深化的关键时期"，李克强总理强调"政府机构改革能不能达到预期目的，职能转变能不能落实，很大程度上取决于地方政府"。事实上，"财政供养的人员只减不增"是本届政府上任之初向社会和人民承诺的"约法三章"之一。在整个政府体系中，地方政府占"大头"。我国90％以上的公务员、85％左右的财政最终支出是在地方。地方政府必须大力度地"瘦身"，且与"强身"并进。

对此，社会的预期也要切合实际。政府"瘦身"、职能转变步伐虽然已经很大，但相当长的时期内政府职能总体上仍然还会很大。一个像欧美那样的政府模式也并不适用于中国国情。因而公务员职责专业化、具体化、单一化暂时不会出现，并且不能期待复杂的部门职责出现简单、简便的个体量化指标。在目前环境下，公务员考核的一级指标一定是宽泛的，二级指标一定是复杂的、琐碎的。总之，尚不能对公务员绩效考核有太超现实的预期要求。

第三，公务员绩效考核的具体量化指标逐年变化会是常态性的，不能希望一个考核指标的量化体系反复使用几年甚至很多年。同时应当清楚地认识到，随着社会的发展，公共事务的内涵和外延确实在不断丰富与伸展。新的社会需求、突发事件越来越多，公务员应急反应性的工作也会越来越多，预先制定的绩效目标变量、失效成为常态，公务员绩效考核二级指标变量性问题必然客观存在，并且会越来越复杂多变。

政府层级之间、部门之间、系统之间、地区之间职能同比差异很大，因此国家层面不可能、也不会制定一套全国公务员统一适用的绩效考核二级及其三级量化指标体系。

综上所述，依照《中华人民共和国公务员法》，各层级政府系统，尤其是基层政府，应当在德能勤绩廉一级指标下，以是否有独立人事部门为标准，制定出基本符合本机构或本单位内各层级公务员岗位的职责实际情况的绩效考核量化指标。在考核预设指标的同时，还要充分考虑完成预设指标以外的工作任务，即变量与增量指标。

在考核程序上尽可能排除主观因素，不能对"背对背"打分然后分管领导同意这种形式评价过高。总之要尽量依靠、相信量化指标。

2. 张居正"考成法"的基本内容和特点

明朝首辅张居正推行的官员考核改革——考成法影响深远，考核方法简单，效果明显。对整肃官员队伍，治懒治庸，维护和延续明朝统治发挥了不容置疑的作用。

明朝后期，政局混乱，内忧外患，明王朝岌岌可危。对于当时的政局，《张居正大传》中有这样一段描写："法令、章程，一切的一切，只是纸笔的浪费。几个脑满肠肥的人督率着一群面黄肌瘦的人，成日办公，其实只是办纸！纸从北京南纸店里出来，送进衙门，办过以后，再出衙门，经过长短不等的公文旅行以后，另进一个衙门归档，便从此匿迹销声，不见天日。""办公皆办纸"，没有人将政令当回事，政令出不了红墙。在这样的执政环境下，张居正设计并推行了"考成法"，在一定程度上使行政运行转回了正轨，延续了明朝政权。虽然后来因为种种复杂的原因考成法在执行中被走偏，但无论是起初考核的成功与后来的"考成法"被废止，其改革的得失对现今的公务员考核均有诸多启示。

2.1 "考成法"的基本内容与方式

著名的考成法是明朝吏治改革的主要内容之一，经首辅张居正提出并奏请皇帝明神宗批准，基本方针是"尊主权，课吏职，行赏罚，一号令"。明代早期已有官吏政绩考核制度。依据明制，京官每六年"京察"一次，地方官每三年一次"大计"（均指考察）。但久而久之，这些制度或流于形式，或成为官员们的争权手段。首辅张居正深刻认识到不仅要对各级官吏进行定期考察，并且对其所办事项均规定期限，即所谓"立限考事""以事责人"。其基本内容包括：

（1）六部和都察院把所属官员应办事项定立期限，并分别登记在三本账簿上，一本由六部（主管全国行政事务的最高机构）和都察院留作底册，另一本送六科（明官制，全名六科给事中，辅助皇帝处理奏章），最后一本呈内阁（官署名，明皇帝的最高决策机构)。

（2）六部和都察院按账簿登记，逐月进行检查。对所属官员承办事项，完成一项登计一项，反之必须如实申报，否则以违罪处罚；六科亦根据账簿登记，要求六部每半年上报一次执行情况，违者限事例进行议处；最后内阁同样亦依账簿登记，对六科的稽查工作进行查实。也就是说，六部和督察院负责考核实施，直接督查官员；六科负责对六部的考核实施工作进行稽查监督，内阁再监督稽查六科。

（3）考成法还规定了办事时效，建立了监督网络。规定各级部门都要"置立文簿，每月终注销"。月有考，岁有稽，每事定出完成期限，逐月逐季逐年检查，作为考核官员优劣的标准。

万历三年（1575 年），查出各省抚按官名下未完成事件共计 237 件，抚按诸臣54 人。凤阳巡抚王宗沐、巡按张更化、广东巡按张守约、浙江巡按肖廪，因未完成事件数量太多而被罚停俸三月。万历四年（1576 年），朝廷规定，地方官征赋不足九成者一律处罚。当年 12 月，据户科奏报，山东 17 名官员、河南 2 名官员，因征赋不足九成受到降级处分，山东 2 名官员、河南 9 名官员受革职处分。张居政当政期间，裁革的冗员约占官吏总数 3/10。

张居正立限考成的三本账，严格控制着从中央到地方的各级官吏。在考核之中，强调将秉公办事、实心为民的官员列为上考；专靠花言巧语、牟取信行的官员列为下考。并且，将考核结果与官员职务升降直接挂钩，对于那些被考核为下考以下、缺乏办事效率的冗官庸官懒官尽行裁撤，清理出官员队伍。同时，对拥护改革、在考核中政绩卓越的官员，委以重任。因为考核结果与职务升降直接对应，"立限考成，一目了然"，彻底打破了论资排辈的用人传统，只要考核优秀，不拘出身与资历，提升任用了一大批人才，在平庸陈腐的明朝官员队伍中制造了今日所说的"鲶鱼效应"，激发了官员队伍的活力，使本来摇摇欲坠的大明王朝重新有了新气象。

2.2　"考成法"的特点与作用

考成法看起来比较简单，每年初把要完成的工作列明，抄录成册，到年底考核比对，超额完成的升官，按量完成的保官，没完成的贬官，绩效太差的直接被清退出官员队伍。这非常相似于今天的年度考核，年初制定绩效目标，年终对年度绩效目标进行总结。考成法与现代管理学中的目标管理理论（MBO）、关键绩效指标（KPI）的管理方法也十分相仿。今天看来，考成法简单易行，效果明显，有四个主要特点。

首先，准确抓住绩效这个关键实施考核，提高了办事效率。明朝初中期也好，新形势下的今天也好，一个社会处在较长的和平建设时期里，就很有可能出现形式主义、官僚主义、懒惰涣散、不重实效和浮夸之风，欺上瞒下，伪报虚报，上有政策下有对策，政令成为一纸空文，执行力递减的现象。考成法正是针对这一弊病而采取的对策，通过"月考""岁稽"的方法促使官员们言行如一，提高了政府的办事效率。针对性极强，是考成法的特点之一。

其次，设计了上下级相互监督，完善层层督察与监察的制度体系。内阁控制六科，六科督察六部，六部督察地方抚按，再以两司督察府州县官，是考成体系的构架，其体系中最巧妙之处在于利用六科监察六部，用品级低的官员监督高官，甚至弹劾高官，这本是明代的传统，绝非形式，考成法继承和发扬了这个传统。据史料记载，在明朝时期朝廷要员被言官弹劾而辞官致仕的官员层级不一，比比皆是。嘉靖后期权相严嵩就是被御史邹应龙弹劾而致仕的。明代的监察制度相当完善，除设六科之外还有专门的监察机构——都察院，也是制约官员贪腐涣散的重要机构。监督与制约，是考成法的特点之二。

再次，对制度进行创新，在贯彻与落实上用力。考成法在一定程度上继承了《大明会典》的很多内容。张居正在请定实施考成法的奏疏中用大段文字说明他的考成法是尊祖制的。张居正搬出《大明会典》，用祖制做改革依据，希望"自今伊始，申明旧章"，并加以推陈出新，严格贯彻落实。可以说是他考虑到官员对改革的承受力和对改革的阻力，用祖制做后盾，降低阻力，减少风险。考成法是对祖制的继承，但又添加了符合时代的新内容。推陈得以出新，是考成法的特点之三。

最后，考核结果与官员提拔任用、奖惩直接挂钩，使人得其位，官得其人。张居正颇为自得地宣称："平生无他长，惟不以毁誉为用舍。"即不听其他人对另一个人的评价为选用官员的依据，主要看绩效、看能力。张居正主张用人以能力而不以资格、名声为标准；同时也不看官员出身，不讲论资排辈。明神宗和张居正就山东昌邑知县孙鸣凤贪贿一事有过一番对话就充分反映了他这样的用人观点。神宗问："昨览疏，此人乃进士出身，何籍如此？"张居正回答："正恃进士出身，故敢放肆。若举人岁贡，必有所畏忌。以后用人，当视其功能，不必问其资格。"

又如张学颜任山西参议时，为总督江东所劾，后事得白。张居正以其"精心计，深倚任之"，万历六年（1578年）用为户部尚书。张学颜主持会计，实施清丈，（清丈田亩）颇有成绩。再如潘季驯，嘉靖末年和隆庆年间，两次总理河道，在一片争议声中被罢官。万历初年黄、淮不断泛滥，张居正力排众议，再次起用潘季驯总理河道。潘季驯制定"塞决以导河""固堤以杜决"的方针，用一年多时间完成两河工作，筑堤岸一百七十余里，塞决口一百三十多处，又筑遥堤五万六千余丈。此后数年，河道无大患。也是在推行考成法时期，张居正任用李成梁镇辽、戚继光镇蓟门，他们在边防上多有建树。以事看人，不听流言，以考核结果为凭，优胜劣汰，是考成法特点之四。

张居正执政期间取得的成就已被载入史册，在很大程度上有赖于考成法的实施对工作的推动。数年之后，明朝科道官说："自考成之法一立，数十年废弛丛积之政渐次修举。"这当不是虚妄之言。

3. "考成法"的缺陷和停止实施的原因

在很长一段时间里，考成法对明朝官员的效率与作风都发挥了极大的提高与改善作用。但考成法有一个十分明显的缺陷，即通过考核引导了明朝特色的"唯GDP"主义。比如朝廷规定，户部今年要收一百万两税银，分配到浙江是三十万，这个指标就会下派给户部浙江司郎中（正五品），由其监督执行；浙江司郎中接到命令，就会督促浙江巡抚办理；巡抚大人就会下派给浙江布政使，限期收齐；浙江布政使当然又要下派给各级知府，限期收齐；知府大人召集各级知县，限期收齐；知县大人回衙门再召集衙役，限期收齐；最后落实指标的是衙役，他们只能一家一家上门收税。明朝成立以来，大致就是延续这样的管理方法，从管理学视角而言还算比较合理，两百多年没出什么太大问题。可考成法颁布实施，弊端逐渐显露。原先中央下达命令，地方执行不了还有商量余地，三年一考核，今年收不齐，明年再努力。考成法执行后就没有这样的回旋余地，本年度给多少任务就得在本年度完成，缺斤少两只能自己补上，补不上就要受罚。结果，衙役收不齐，连累知县；知县收不齐，连累知府；知府又连累布政使，一层层追究责任。大家同坐一条船，出了事谁也跑不了。与其自下而上垮台，不如自上而下压台。所以每年任务指标下达后，各级官吏纷纷动员起来，不能找任何借口，必须想办法完成。于是布政使压知府，知府压知县，知县压衙役，衙役就只能压老百姓。这样压下来，上级压下级，下级压百姓。一般年景，也还能完成任务指标，如果遇上灾荒之年，指标不能改变，衙役照样上门按指标征收，无论百姓家里遭遇什么天灾人祸，都必须完成指标，因为收不上来从知县到布政使一大串的人官职不保，所以不能通融。到后来，由于考核业绩和官位挂钩，形成了所谓明朝的"唯GDP"主义，征收完成指标越多、越快，评定就越好，升官就越快，考核导向出现偏差，超收、强收、虚报、造假等现象愈演愈烈，许多地方官员为了升官，一边强征暴敛，一边造假浮夸，形成了"数字出官，官出数字"的混乱局面。有的地方收不上来就逼，逼不出来就打，交不起赋税又怕被打的老百姓只能离家出走、流离失所，出现了明朝所谓的"流民"。以致民怨沸腾，反对吏治改革尤其是反对实施考成法的派系借机发难，考成法被迫停止。

4. 考成法与当代公务员绩效考核的历史借鉴

笔者认为，繁多的研究成果证明，最简单明了的公务员绩效考核方法是指标体系的具体和量化。而明确的现实情况告诉我们，在目前行政环境下，由庞大的政府职能和不确定的部门职能决定，制定非常准确具体而普遍适用的公务员绩效考核量化指标体系还不太可能。今天的社会公共需求莫说与明朝相比，就是与改革开放前相比，已不可同日而语。公共需求越来越复杂，社会事务越来越多样化，突发事件、应急事件、不确定的公共事件出现的频率越来越高，远远超过古代社会百倍千倍，想通过记账的方式来考察公务员业绩是非常不现实的。新公共管理理论告诉我们，行政管理要公平公开公正，不仅仅是结果公开公正，更重要的是过程与程序的公开与公正，这就决定了很多公共行政事务必须遵守必要的过程与程序，不是某一个公务员说办完就能办完的。应急事件姑且不论，就日常而言，一级政府、一个部门，一年总共有多少事务，每件事需要办多久，这个标准谁来定、怎么定，目前还很难理清。但是，不能因此否定公务员绩效考核，更不能因此否定指标量化，也不能不看到考成法对当今公务员考核的借鉴意义。

借鉴之一，深度转变政府职能，事要尽量管得少。考成法简单，结合的是明朝的行政环境；当今公共事务繁杂，不可能照搬考成法来考核公务员。但通过考成法给我们的提示是，明朝的官员队伍是比较小的，管事情的面也是比较窄的。由此分析，封建社会存续了几千年一定自有其原因和道理，衙门小，行政成本低，不能不说是一个重要的原因之一。当今的行政管理和考核与历史上的行政管理和考核不能简单地比较事务的"量"，而要借鉴其思路和特点。新形势下的政府管理的确面宽事多，但也存在着管了很多不该管的事情。十八届三中全会最重要的内容是改革，其中转变政府职能已经被最明确、最集中地点题，提高到了前所未有的高度。没有政府职能的深度转变，大幅度的"瘦身"，没有政府职能的清晰就没有政府部门职责的清晰，因而也就很难有公务员岗位职责的清晰和量化。因此，无论是从时代的需要还是从考核管理角度分析，政府转变职能都是大势所趋。政府要少管事，把该管的事管好。只有政府管的事情少，公务员才能管得少而准。

借鉴之二，尽量做到量化。当今执政环境的复杂多变是客观现实，但不等于所有公务员岗位职责都不能量化，同级同类公务员职责的基本规律还是有的。考成法从朝廷到地方使用的是一套考核体系，这是在当时的历史环境下产生的。如今中央与地方各级政府人权事权不尽相同，但我们可以把考成法的基本内容和思路浓缩移植到某一级政府或某一个部门内。也就是说基层政府或有独立人事部门的单位，可以借鉴考成法，根据本层级或本部门的基本工作规律制定考核指标体系，能量化的尽量量化。

借鉴之三，充分考虑变量因素。考成法最后停止实施的一个重要技术因素是考核指标体系没有变量，行政环境无论发生多大变化但指标不能应变而变。由此提示我们，不但不能像考成法那样制定一套全国通用的公务员考核量化指标，即便在一级政府或一个部门内制定量化指标，也要考虑由于应急事件和突发事件增多等因素，需要设立变量指标。

借鉴之四，不要期盼出现一个能长期使用、普遍适用的公务员考核量化指标体系。这种想法本身就是"懒政"思维模式，同时也是不切实际的。行政改革有开始没结束，社会永远在变化中前进，因此任何制度和办法都不可能完美无缺，更不可能长期适用，一成不变。考核管理部门一定要明确"分类管理"的真正含义，不断调整和完善指标体系，创新考核方法，力求接近实际。而不能要求公务员勤政而自己却"懒政"，不能以考核管理者自居，以绩效考核为"器"，高高在上，用一套沿用多年的陈腐指标体系，对应复杂多变的行政环境和职责各异的公务员，若此，要么抑制了公务员的创新热情，要么使考核导向出现偏差。

借鉴之五，要重视考核体系与过程的科技因素，建立纠错机制和对考核者的问责机制。再好的制度也需要人来执行，因此，考核过程中的弹性空间，人力资源管理理论中的所谓"晕轮效应"不可避免。想要保证考核的信度，允许申辩、有纠错机制、对考核者失误问责是重要因素。受官本位思想影响，考核更多体现的是"官与管"的权力色彩，而忽视了绩效考核最重要的本质特色——科学与技术。考核不仅是"管人"，主要为"促事"。指标的设置，流程的设计，方法的运用，都是有很高科技含量的，而绝非仅仅是权力的运用。新时代的公务员绩效考核体系，应当是以有独立的考核管理部门为单位，制定出各具特色、异彩纷呈的绩效考核指标体系。各体系间既有共性指标，又有各自单位特点的个性指标，并且包含变量指标。当代公务员绩效考核，应当充分注重指标体系的科学性与考核流程和手段的技术性相结合。

总之，考成法体系设计简单，考核方法也相对简单，这既是它的特色，也是它的缺憾。我们今天应该借鉴的是在政府职能转变的大环境中，如何适时地建立和完善行之有效的公务员绩效考核体系，吸收考成法实施的经验和教训，把复杂的问题简单化，认识到当代公务员职责的多样化、执政环境的复杂化，变呆板和程式化的考核为灵活化、多样化的考核，考核体系顺时应变，量化指标接近客观，使公务员绩效考核真正成为"一杆旗""一面镜""一根鞭"，形成正确导向，促使被考核者找到自身缺点，激励开拓创新、拼搏进取的激情与活力，使公务员整体素质及其为人民服务的作风与水平有明显提高，进而使政府更加便民、简洁、高效，国家更加和谐繁荣，强国之梦早日变为现实。

参考文献

（1）张柏林. 中华人民共和国公务员法教程[M]. 北京：中国人事出版社，2005.

（2）朱东润. 张居正大传[M]. 西安：陕西师范大学出版社，2009.

（3）中国共产党十八届三中全会公报. 新华网，2013-11-12.

（4）中共中央关于全面深化改革若干重大问题的决定. 新华社，2013-11-12.

（5）张宏伟，陈然然. 乡镇公务员绩效考核问题探究[J]. 经济研究导刊，2009(35).

作者简介

张霁星，天津市行政管理学会副会长兼秘书长、研究员，天津市公务员能力建设中心主任。电子邮箱：zhang_jixing@126.com。

民主失败与法治规制

——西方宪政民主理论的逻辑结构简析①

佟德志

摘要 本文描述了西方世界对民主失败的基本认识，并从民主与法治关系出发分析了民主失败的治理之道。本文认为，西方的民主文化是复杂的，既有对民主的推崇，亦有对民主的批判。法治强调制衡权力与保障权利，为民主失败提供了治理之道。

关键词 民主失败 法治 宪政民主

1831 年 4 月 2 日，法国政治思想家托克维尔（Alex de Tocquville）访问美国，以其敏锐的思想嗅觉闻到了民主时代的气息，为人们揭开了未来社会的一角。如果说托克维尔当年看到的只是民主趋势的话，那么，今天的人们正在享受着民主带来的巨大好处。自 19 世纪以来，民主的发展由涓涓细流汇为洪波巨浪，在世界范围内三度掀起制度变迁的浪潮。方兴未艾的第三次民主化浪潮引起了人们的广泛关注，其速度之快、范围之广，正在创造着人类政治生活的"奇迹"：民主化在波兰用了 10 年，在匈牙利用了 10 个月，在东德用了 10 周，在捷克斯洛伐克用了 10 天，在罗马尼亚则只用了 10 小时；②大约有 120 多个国家形成了所谓的民主政治，几乎所有的国家都在不同程度上受到了民主化潮流的冲击。③英国著名学者安东尼·吉登斯（Anthony Giddens）惊呼："突然间每个人都发现了民主！"他反问道："今天的

---

① 本文采用亨廷顿（Samule Huntington）对民主化的描述。参见[美]亨廷顿. 第三波——20 世纪晚期民主化浪潮[M]. 刘军宁，译. 上海：上海三联书店，1998：13～15. 在该书中，译者将 1943 误译为 1843. 可对照丛日云. 当代世界的民主化浪潮[M]. 天津：天津人民出版社，1999：47. 本文参照原文加以改正。

② [美]塞缪尔·亨廷顿. 第三波——20 世纪后期的民主化浪潮[M]. 刘军宁，译. 上海：上海三联书店，1998：118.

③ David Pottered. Democratization. Malden. Ma: Political Press. 1997, p.38.

政治思想家，不论在什么意义上，有谁不是民主主义者呢？"①

人们不禁要问，民主真的成为"世界政体"了吗？

本文并不打算对这样一个乐天派的问题做急功近利式的探讨，而是准备从相反的视角出发，对民主遭遇的失败做一个冷静的思考。本文概略地梳理西方批判民主的思想史，并总结以法治规制民主失败的治理之道，以求理解西方宪政民主制度的逻辑结构。

1. 民主失败及其病理分析

就笔者对中文学术界的考察来看，"民主失败"还没有作为一个专有概念得到学者的充分重视。②中国台湾学者钱永祥发现，对中文读者来说，贬低民主"听起来多少有点古而怪"。③对于民主失败，西方人并不像中国人那样感到意外。美国学者孙斯坦（Cass Sunstein）曾经坦然地指出，"民主遭遇失败是非常普遍的事情"。④民主思想家熊彼特（Joseph Schumpeter）承认，"再也没有比罗列一份给人印象深刻的民主方法的失败事例的清单更容易的事了"。⑤自由主义大师哈耶克（Friedrich Von Hayek）更是罗列了民主政治的四大罪状，即"腐败、无法律、软弱和不民主"。⑥人们看到，在价值愈来愈多元化的当代西方世界，民主可能会威胁其他价值，甚至成为不宽容的根源和工具。⑦

尽管西方政治思想史上并没有关于民主失败的明确表述，但是，几乎所有的政治思想家都或多或少地表达过对民主政体的不满。西方政治发展的历程不但划清了一条民主政体不断进化并愈来愈成为世界政体的线索，还隐含着另一条常常被人们

---

① [英]安东尼·吉登斯. 超越左与右——激进政治的未来[M]. 李惠斌，杨雪冬，译. 北京：社会科学文献出版社，2000：108.

② 截至 2003 年 4 月 4 日，就中国国家图书馆中文及特藏数据库的检索结果来看，国内学术界没有相关的学术著作（数据来源：中国国家图书馆中文及特藏数据库）。就中国期刊网专题全文数据库（CNKI）的搜索结果来看，全文中含有民主失败的论文仅有 7 篇，且没有对民主失败的内涵做出理论性的关照（数据来源：中国期刊网专题全文数据库）。就百度搜索引擎数据库的搜索结果来看，仅有 4 条记录。其中，只有 1 条记录以专有名词的形式出现，但并不具有理论意义（数据来源：百度搜索引擎）。就西方学术界来看，人们亦大多从经济角度分析民主的失败，并且很少对民主的失败作全面的梳理。参见 Donald A. Wittman. The Myth of Democratic Failure: Why Political Institutions Are Efficient. Chicago: University of Chicago Press, 1996.

③ 钱永祥. 纵欲与虚无之上：现代情境里的政治伦理[M]. 北京：生活·读书·新知三联书店，2002：131.

④ [美]孙斯坦. 自由市场与社会正义[M]. 金朝武等，译. 北京：中国政法大学出版社，2001：439.

⑤ [美]熊彼特. 资本主义、社会主义与民主[M]. 吴良健，译. 北京：商务印书馆，1999：421.

⑥ 转引自[美]霍伊. 自由主义政治哲学：哈耶克的政治思想[M]. 刘锋，译. 北京：三联书店，1992：172.

⑦ 高斯顿指出："我并不是想发起一场对民主的攻击。但是，我真的想建议，当民主走得太远时，其他重要的价值就可能受到危害。" William A. Galston. Liberal Pluralism: the implications of value Pluralism for political theory and practice. Cambridge: Cambridge University Press, 2002, p.81.

忽略却又极为重要的线索——批判民主的政治文化传统。

据考证，民主（Demokratia）一词大约出现于公元前五世纪的雅典，用来替换更古老的名词 iso 或是 equal，有"法律面前人人平等"的含义。大约在公元前五世纪中期，民主一词得到广泛使用，并且同"人民的统治"（Rule by the People）联系起来。拉菲尔·雪利（Raphael Sealey）认为，民主一词可能是雅典政治的那些批评者所造，由此来看，民主最初并非一个褒义词。①

在西方，对民主的批判与民主一样源远流长。美国著名作家斯东（Stone）年近70 开始学习希腊文，用 10 年的时间调查了西方历史上仅次于"审判耶稣"的思想奇案：谁是杀害苏格拉底的凶手？斯东发现，捉摸不定的想象使当时的具体情况已经变得不再重要了。②其调查的结论是，苏格拉底因一种信念而死，③同时动摇了另一种信念，他的死使"杰斐逊式的对普通人的信念"成为"雅典和它所象征的自由的黑色污点"，④对雅典民主制的抗议成为希腊哲学中"最响亮的声音"。⑤苏格拉底这位"最善良、最有智慧、最正直的"希腊人为民主的希腊开创了从苏格拉底到柏拉图、色诺芬再到亚里士多德的批判民主的传统。

在古代罗马和中世纪漫长的历史进程中，民主政体无可置疑地衰落了，一些勉强可以称为民主的迹象显得无足轻重。古罗马人宁愿相信混合政体，更多地依赖法治；在中世纪，上帝的声音淹没了民主的要求。尽管如此，人们还是没有忘记抨击民主。思想巨人托马斯·阿奎那（Thomas Aquinas）曾这样指称民主，"当邪恶统治是由多数人实行时，那就叫做民主"。⑥他对民主的态度可见一斑。

事实上，人们追求民主的努力并不是连续的。不但希腊式的民主在古代罗马和漫长的中世纪杳无音讯，而且，近代西方的民主化进程也是一波三折。在西方现代化以前的传统社会，民主的制度化由于高昂的成本而成为"奢侈品"，⑦它只是在某

---

① Raphael Sealey. A History of the Greek City States ca. 700-338 B. C. Berkeley: University of California Press, 1976, p.159, p.301; John Fine. The Ancient Greeks, A Critical History. Cambridge: Harvard University Press, 1983, p.108, pp.208-209. See Robert A. Dahl. Democracy and its Critics. New Haven and London: Yale University Press, 1989, p.353.

② 斯东认为，"除了对耶稣的审判以外，没有任何其他审判，像对苏格拉底的审判一样，在西方人的想象力上留下一个这么生动的印象了"。[美]斯东. 苏格拉底的审判[M]. 董乐山，译. 北京：生活·读书·新知三联书店，1998：1.

③ 德国学者莫佳宜认为，"因信念而选择死亡，历史上这是第一宗"。参见[古希腊]柏拉图. 斐多[M]. 杨绛，译. 沈阳：辽宁人民出版社，2000：1.

④ [美]斯东. 苏格拉底的审判[M]. 董乐山，译. 北京：生活·读书·新知三联书店，1998：4.

⑤ [英]阿克顿. 自由史论[M]. 胡传胜等，译. 南京：译林出版社，2001：60.

⑥ 转引自[美]乔·萨托利. 民主新论[M]. 冯克利，阎克文，译. 北京：东方出版社，1998：323.

⑦ 我国学者丛日云认为，雅典的民主制度是"一种非常奢侈的民主，它带有'寄生'性。而西方学者约翰斯（A. H. M. Jones）却不这样认为。A. H. M. Jones. Athenian Democracy. Oxford: Baisil Blackwell, 1977, pp5-18.参见丛日云. 西方政治文化传统[M]. 大连：大连出版社，1996：71。

些时刻零星地出现在某些城邦或城市国家中。①

当封建王权和宗教神权的合法性岌岌可危时，人们再一次将理性的目光投向了民主，民主被绣在了资产阶级革命的大旗上。然而，随之而来的却是对民主的普遍反对：美国革命很快从《独立宣言》的立场上退了下来，以所谓民主的方式给民主带上了枷锁；法国大革命的民主甚至被视为"欧洲的耻辱"，成为欧洲现代政治文明成长过程中一块刺目的伤疤；法治优位的美国革命成了一场"反民主"的革命，而民主优位的法国革命却在失败后为批判民主提供了素材。革命之后的西方社会全面地走向保守：在英美两国，作为民主核心的多数原则一直作为"一种政治的和哲学的担心"而存在；②在欧洲大陆，民主亦遭到冷遇，保守主义大行其道。

回顾西方民主由远及近、由弱到强的发展历程，我们发现，伴随这一过程的并不是对民主政体迷信式的崇拜；恰恰相反，人们越是了解民主，民主头上那些曾经耀眼的光环就越显暗淡。在当代西方，以数学推理和经济分析的手段来透视民主的种种弊端似乎成了理论界的拿手好戏。人们看到，不仅那种负载了过多价值的古代民主理论存在着种种弊端，而且表现为一种程序的现代民主亦漏洞百出。在现代科学高倍的"显微镜"下，人们以精确的数理分析验证民主，几乎一致地发现，民主不止是不完美的，甚至是病态的。

作为一种以多数为原则的程序，民主提供了从个体偏好到集体偏好的工具。然而，当代西方政治理论界几乎一致认为，这一工具经不起逻辑的推衍，甚至不具备一些最显而易见的理性。早在18世纪，孔多塞（Jean-Antoin Condocet）就已经证明了由选举程序导致的"投票悖论"。③19世纪的南森（E. J. Nanson）则进一步证明，在个体偏好与集体偏好之间，民主程序"不满足通常所理解的理性条件"。④美国经济学家肯尼斯·阿罗（Kenneth Joseph Arrow）更是以严密的数学推理为工具，向传统民主的核心原则发起了挑战。

阿罗提出了连通性、传递性两个公理以及广泛性、一致性、独立性、非强加性和非独裁性等五个条件。在此基础上，他得出了两个备选对象的可能性定理以及一般可能性定理。其中，尤其引起人们震动的是一般可能性定理。它告诉人们："当我

---

① 从西方民主发展的历史来看，大规模存在的、有价值的民主主要存在于古代希腊。然而，希腊民主在时间上短暂得可怜，只有古风时代和古典时代，在希腊的某些地方存在着某种形式的民主。古代罗马与漫长的中世纪根本无民主可言。只有在资产阶级革命胜利后才在某些地区出现了民主，而且，民主化的三次浪潮又常常为"回潮"所打断。

② Jon Poper. Democracy and Its Critics Anglo-American Democratic Thought in the Nineteenth Century. London: Unwin Hyman, Inc., 1989, p.4.

③ 亦称孔多塞悖论，指在个人偏好给定的情况下，加总这些偏好所获得的结果可能会使选举不停地循环下去，产生所谓的循环悖论。

④ [美]阿罗. 社会选择：个性与多准则[M]. 钱晓敏，孟岳良，译. 北京：首都经济贸易大学出版社，2000：13.

们排除了个人间效用的可比性后，对于从个人嗜好过渡到社会偏好的方法，如果要求这些方法既令人满意，又在一个相当广的范围内对任何个人排序集合都有定义，那么这些方法要么是强加的，要么是独裁的。"①

阿罗的一般可能性定理对传统民主理论产生了巨大的冲击，人们甚至称其为"阿罗不可能性定理"，阿罗则因在"一般均衡理论和社会福利经济学"方面的杰出贡献而成为诺贝尔经济学奖得主。尽管人们从各个角度对这一定理提出置疑，但却无法撼动这一理论的根基。阿罗的理论得到了西方学术界的广泛关注，包括李特尔、萨缪尔森、肯普、黄有光和帕克斯等人在内的众多经济学家，从各个不同的角度对这一理论进行深入研究，印度籍经济学家阿马蒂亚·森更是因挑战阿罗而获得 1998 年度的诺贝尔经济学奖。

民主程序存在的种种缺憾持续地成为人们关注的焦点。继阿罗求证一般可能性定理之后，纪巴德和塞特维于 1973 年证明了"纪巴德—塞特维不可能性定理"，向人们展示了民主过程中"讨价还价、玩弄权术的动态过程"，②更是暴露了民主的种种弊端。

抛开政治科学冷冰冰的检查，仅从当代西方政治哲学界的情况来看，民主亦多受指责。罗尔斯（John Rawls）指出："民主政治过程充其量只是一种受控的竞争过程；它甚至在理论上也不具有价格理论赋予真正的竞争市场的那种值得向往的性质。"③作为一种程序，民主有效性的基本标准当然需要通过"程序可能产生的结果的正义性"来检查。④无论是罗尔斯，还是哈贝马斯（Jurgen Habermas），他们都相信多数统治的合法性力量正来自"不完美"但"纯粹"的程序合理性。⑤这样，情况可能正如达尔（Robert Dahl）指出的那样，"即使你相信民主程序是正义的，你还是可能会合情合理地声称，一个完全由民主程序决定的决策有时可能在实质上是非正义的"。⑥

在民主的程序与民主的结果之间并没有人们想象的那种联系。即使民主程序被严格地遵照执行，结果亦可能是相反的。哈耶克指出："以为只要采用民主程序，我

---

① [美]阿罗. 社会选择：个性与多准则[M]. 钱晓敏，孟岳良，译. 北京：首都经济贸易大学出版社，2000：82.

② 相关内容的解释请参见徐鸿武，郑曙村，宋世明. 当代西方民主思潮评析[M]. 北京：北京师范大学出版社，2000：166～168.

③ [美]约翰·罗尔斯. 正义论[M]. 何怀宏等，译. 北京：中国社会科学出版社，1988：216.

④ [美]约翰·罗尔斯. 正义论[M]. 何怀宏等，译. 北京：中国社会科学出版社，1988：220.

⑤ 哈贝马斯指出，民主的程序是不完美的，一方面，"民主过程的建立旨在证明关于合理结果的假设是正当的，但它不能保证其结果是正确的"；另一方面，按"纯粹的程序正义"要求，民主过程并不存在"脱离程序的正确性标准"，这就使得决策的正确性完全与过程是否符合程序联系起来。[德]尤尔根·哈贝马斯. 后民族结构[M]. 曹卫东，译. 上海：上海人民出版社，2002：246.

⑥ Robert A Dahl. A Preface to Economic Democracy. Cambridge: Polity Press, 1985, p.17.

们就可以取消本对统治权力所设定的所有其他的限制措施，这实在是一种可悲的幻想。不仅如此，这种幻想还使人们产生了这样一种信念，即只要我们用民选的立法机关来'控制政府'，那么约束政府的各种传统手段也就可以弃之不用了；然而事实的真相却与此相反，因为我们知道，如果为了支持那种有利于特殊利益群体的特定行动纲领，人们有必要建立有组织的多数，那么我们就必须承认，这种必要性在同时也引入了一个产生专断和偏袒的新祸源，甚至还产生了一些与多数的道德原则不相符合的结果。"①

哈耶克的批评集中指明了当代西方学术界批判民主的两个方面：一是民主的"乌托邦"，即认为民主会自动阻断权力的滥用，从而放松了对权力的制约；二是民主的"多数暴政"，即教条地遵守多数原则，从而使少数人的权利受到侵害。事实上，纯粹的民主既可能放纵国家权力，又容易侵犯个人权利，这不但是思想史发展的结论，同时也为历史上曾经出现的民主失败如法国大革命所印证。

2.　法治规制：民主失败的治理之道

人们可能会说，民主失败的原因在于民主不足。之所以民主会失败，可能正是因为民主还没有充分展开，所以，在这些人看来，"医治民主痼疾的唯一办法就是要有更多的民主"。然而，"这样的方法无疑等于火上加油"，民主的过剩亦会引起统治的危机，"民主在很大程度上需要节制"。②就民主失败的病理来看，民主失败并不是民主不足，而是民主权力没有得到有效的控制。霍姆斯（Stephen Holmes）称这种失败为"民主政权的'自杀'"。在《先定约束与民主的悖论》一文中，他警告世人，"我们不能再犯他们的自鸣得意的错误"。③

为了避免民主失败，以法治规制民主，并使两者之间的紧张关系实现某种程度的均衡成为西方政治文明的基本经验。早在古代希腊，人们就试图将民主与法治结合起来。开创了"平民政体的祖制"的梭伦（Solon）于权力的巅峰激流勇退，云游海外，他给雅典人留下的训诫就是希望他们能恪守法治。④在伯里克利时代，人们

---

① [英]哈耶克. 法律、立法与自由[M]. 邓正来等，译. 北京：中国大百科全书出版社，2000：270.
② [法]米歇尔·克罗齐，[日]绵贯让治，[美]塞缪尔·亨廷顿. 民主的危机[M]. 马殿军等，译. 北京：求实出版社，1989：100.
③ [美]史蒂芬·霍姆斯. 先定约束与民主的悖论[M]. 载[美]埃尔斯特，[挪]斯莱格斯塔德编. 宪政与民主——理性与社会变迁研究[M]. 潘勤，译. 北京：生活·读书·新知三联书店，1997：251.
④ 亚里士多德认为，是梭伦开创了"平民政体的祖制"。这里的"平民政体"一词即指民主政体。参见[古希腊]亚里士多德. 政治学[M]. 北京：商务印书馆，1965：103. 另可参见荣剑. 民主论[M]. 上海：上海人民出版社，1989：11.

分别将民主与法治作为两个领域中的两种不同方法来加以应用。在政治中，多数人掌握权力并决定城邦的大事；在私人争端中，每个人则依据法律处理纠纷。伯里克利指出："我们的制度之所以被称为民主政治，因为政权是在全体公民手中，而不是在少数人手中。解决私人争端的时候，每个人在法律上都是平等的。"①

人们越来越认识到，没有法律的生活不可忍受。柏拉图指出："极为重要的是，人们必须为他们自己制定法律并在生活中遵守它们，否则他们会无异于最野蛮的野兽。"②亚里士多德将法治视为政体评价的一个重要标准，以区别"正宗"政体与"变态"政体。为了弥补民主制度的种种缺陷，亚里士多德曾设想了一种"以法律为依归的平民政体"③结契民主与法治，实现共和。

寻求民主失败的治理之道构成了西方政治现代化过程与民主化契合的另一条线索。美国宪法之父麦迪逊（James Madison）认为，"依靠人民是对政府的主要约束；但是经验教导人们，必须有辅助性的预防措施"。④这句话体现了西方人典型的民主观念，当民主再次复兴时，人们对它充满了怀疑和挑剔。对民主的理性认识使人们走出民主乌托邦，寻求以法治的方式限制民主，从而补救民主制度的种种弊端，这一思路不但成为美国复合共和制理论的指向标，同时亦为宪政民主制的形成奠定了理论基础。

19世纪末20世纪初，西方各国纷纷实行普选制，从而形成了所谓的大众民主，将第一次民主化长波推向高潮。然而，西班牙政治思想家奥尔特加·加塞特（Jose Ortega Gasset）却认为，大众民主这种"超级民主"正在使欧洲经历一场"野蛮人的垂直入侵"。⑤他忠告，只有在纪律的约束下，民主与法律才会取得一致的含义："传统的民主政治由于自由主义和对法律的习惯性遵从这两味药剂的作用而得到缓解，由于这些原则的存在，个人把自己限制在严格的纪律范围之内。少数人能够在自由主义原则与法治的蔽护之下行动自如，民主与法律——法律之下的共同生活——的含义是一致的。"⑥

民主与法治的不可分离正是权力需要限制的真实反映。政治权力无论是人民的，

---

① [古希腊]修昔底德. 伯罗奔尼撒战争史[M]. 谢德风，译. 北京：商务印书馆，1960：130.

② [古希腊]柏拉图. 法律篇[M]. 张智仁，何勤华，译. 上海：上海人民出版社，2001：309.

③ [古希腊]亚里士多德. 政治学[M]. 吴寿彭，译. 北京：商务印书馆，1965：190～191. 亚里士多德认为，在这种"以法律为依归的平民政体"中，"主持公义的人物都是较高尚的公民，这就不会有'德谟咯葛'"。德谟咯葛原意指平民领袖，亚里士多德称其为"民众佞臣"。

④ [美]汉密尔顿，杰伊，麦迪逊著. 联邦党人文集[M]. 程逢如等，译. 北京：商务印书馆，1995：264. 参照原文略有改动。Alexander Hamilton, James Madison, John Jay. The Federalist Papers. Beijing: China Social Science Publishing House, 1999, p.322.

⑤ Jose Ortega Gasset. The Revolt of the Masses, Notre Dame. IN: University of Notre Dame Press, 1985, p.42.

⑥ Jose Ortega Gasset. The Revolt of the Masses, Notre Dame. IN: University of Notre Dame Press, 1985, p.9.

还是君主的，都需要有所限制。为了避免法国大革命悲剧的重演，贡斯当提出了对权力的限制之道，即宪法限制、分权与制衡以及以个人权利限制权力。他指出，对政府权力的限制来自以下几个方面：

"其一，来自宪法限制。宪法本身即是种对权力不信任的行为：它为权威设定了限制。假如我们相信政府具有永远正确的秉赋且永远不会走极端，宪法便没有必要设定这些限制了……其二，政府内部的分权与制衡也有限制政府权力的作用。最后也是最重要的，政府的权力必须有外部限制，即明确划定政府权限的范围以及个人在社会中不可侵犯的权利。对权力最根本的限制就是人民的独立的权利。"①

除去分析制衡、以权力制约权力外，以权利限制权力和以宪法限制权力构成了人们防范民主失败、谋取自由的根本手段。在《论自由》一书中，密尔开篇即指出了谋取自由的两个"限制之道"：

"谋取这种限制之道有二。第一条途径是要取得对于某些特权即某些所谓政治权利的承认，这些自由或权利，统治者方面若加侵犯，便算背弃义务，而当他果真有所侵犯时，那么个别的抗拒或者一般的不可以称为正当。第二条途径，一般说来系一个比较晚出的方策，是要在宪法上建立一些制约，借使管治权力方面某些比较重要的措施须以下列一点为必要条件：即必须得到群体或某种团体的想来是代表其利益的同意。"②

尽管人们防范民主失败的手段是多种多样的，然而，在制度上以宪法来制约权力，实现法治却越来越得到人们的普遍承认。在现代社会中，民主离不开法治。奥斯特罗姆从"民主死亡"的角度论证了法治约束的重要性。他指出："如果宪法说明了政府的界限和条件，那么'宪法约束'和'广泛宪法制约原则'就具有根本的重要性。无法维持制约，就标志着民主的死亡。"③

当代美国著名法学家德沃金并不满意"多数至上主义"的民主概念，而是从宪法规定的个人权利出发提出了"民主的合宪性概念"，在反对多数至上主义的基础上强调个人权利的重要性。④无论从历史的经验出发，还是从科学论证的角度入手，

---

① Jack Hayward. After the French Revolution: Six Critics of Democracy and Nationalism. New York: Harvester Wheatsheaf, 1991, p.117. 转引自[法]邦雅曼·贡斯当. 古代人的自由与现代人的自由[M]. 阎克文，刘满贵，译. 北京：商务印书馆，1999：11.

② [英]密尔. 论自由[M]. 程崇华，译. 北京：商务印书馆，1982：2.

③ [美]文森特·奥斯特罗姆. 复合共和制的政治理论[M]. 毛寿龙，译. 上海三联书店，1999：209. 奥斯特罗姆指出："当行使政府特权者不受制约时，民主就死亡了。仿照托克维尔的话来说，我们或许会成为这样一个民族，没有任凭外来的征服者将自由从自己的手中夺走，而用自己的脚践踏自由。" [美]文森特·奥斯特罗姆. 复合共和制的政治理论[M]. 毛寿龙，译. 上海三联书店，1999：221.

④ [美]罗纳德·德沃金. 自由的法：对美国宪法的道德解读[M]. 刘丽君，译. 上海：上海人民出版社，2001：21.

纯粹的民主都是失败的，而法治则是医治民主失败的一剂良方。霍姆斯指出："宪法是清醒者彼得而选民是醉鬼彼得。公民们需要宪法，正如尤利西斯需要被绑在他的桅杆上一样。[①]假如允许选民们得到他们所要的东西，那他们不可避免地会自我毁灭。用严格的规则来约束他们，他们就可以避免失足。"[②]

霍姆斯视宪政为"集体性自我管理的方法之集和"，他断言："如果我们不能以一种半独裁的方式预先约束我们的后来人，那就可能会导致民主的毁灭。"[③]他通俗地指出："如果不绑住他们自己的手脚，人民就没有手脚。"[④]哈耶克说："如果民主不维护法治，民主就不会存续多久。"[⑤]为了磨合人们政治意识上重民主、轻法治的倾向，哈耶克曾建议使用 demoarchy 来替代 democracy。[⑥]因为，在他看来，前者具备了"民主+法治"的意义，从而完整地表达了宪政民主的含义。

人们越来越认识到，为了避免民主失败就必须以法治规制民主，这甚至得到了来自政治科学的证明。在对五国公民政治文化进行广泛调查的基础上，美国政治科学家阿尔蒙德指出，以更多的政治参与追求更大的民主只是对民主政治的一种简单化的理解，民主政府不能只关心最大限度地扩大政治参与。他断定："在牺牲其他一切的条件下来最大限度地扩大那个目标的政府寿命不会很长。政治系统，如果要想使它们生存下去，也必须是相对有效和合法的。"[⑦]

2001 年 12 月，在国际政治哲学界享有重要影响的《政治学理论》杂志同时发表了三篇关于民主与法治关系的论文，对宪政与民主之间的联结进行了重要的反省

---

① 尤利西斯是古希腊史诗《奥德赛》中的英雄奥德修的拉丁名字，为了逃避半人半鸟的海妖赛壬的诱惑，他用蜡封住水手们的耳朵，把自己绑在桅杆上。

② [美]史蒂芬·霍姆斯. 先定约束与民主的悖论[M]. 载[美]埃尔斯特，[挪]斯莱格斯塔德编. 宪政与民主——理性与社会变迁研究[M]. 潘勤，译. 北京：生活·读书·新知三联书店，1997：224.

③ [美]史蒂芬·霍姆斯. 先定约束与民主的悖论[M]. 载[美]埃尔斯特，[挪]斯莱格斯塔德编. 宪政与民主——理性与社会变迁研究[M]. 潘勤，译. 北京：生活·读书·新知三联书店，1997：251.

④ [美]史蒂芬·霍姆斯. 先定约束与民主的悖论[M]. 载[美]埃尔斯特，[挪]斯莱格斯塔德编. 宪政与民主——理性与社会变迁研究[M]. 潘勤，译. 北京：生活·读书·新知三联书店，1997：256.

⑤ [英]哈耶克. 自由秩序原理（上卷）[M]. 邓正来，译. 北京：生活·读书·新知三联书店，1997：313.

⑥ 哈耶克 1968 年最早使用该词。见其向经济事务研究所（Institute of Economic Affairs）提交的论文，后收入《哲学、政治、经济与观念史的新研究》一书。(Hayek. New Studies in Philosophy Politics Economics and the History of Ideas. Chicago and London: the University of Chicago Press and Toultage & Kegan Paul, 1978, pp.96-97. p.104.中译文参见[英]哈耶克. 经济、科学与政治——哈耶克思想精粹[M]. 冯克利，译. 南京：江苏人民出版社，2000：383～388.) 在 1979 年的《法律、立法与自由》一书中，哈耶克再次使用了这一概念。(Hayek. Law Legislation and Liberty. vol3. Chicago and London: The University of Chicago Press and Toultage & Kegan Paul, 1978, p.140.中译文参见[英]哈耶克. 法律、立法与自由（第二、三卷）[M]. 邓正来等，译. 北京：中国大百科全书出版社，2000：324～327.)

⑦ [美]加布里埃尔·A. 阿尔蒙德，西德尼·维巴. 公民文化——五国的政治态度和民主[M]. 马殿君等，译. 杭州：浙江人民出版社，1989：280.

与回顾，再次激发了人们对业已完成的宪政民主架构的兴趣。[①]在此前后，哈贝马斯多次提出"民主法治国家"的概念，试图以此来均衡民主与法治之间的冲突。在他所谓的"民主法治国家"中，制度安排实现了法律制定者和法律接受者的重合，从而为民主和法治的联结提供了基础。他指出："民主法治国家，就其观念而言，是一个符合人民要求的制度，并经过人民的意见和意志而实现了合法化；在这个制度当中，法律的接受者同时也是法律的制定者。"[②]

就西方的经验来看，强调限制权力、保障权利的宪政法治体系为民主提供了解毒剂。民主失败与法治规制这一既出乎意料之外又处于情理之中的结论从另一个方向印证了民主与法治之间相辅相成的必要性，为西方宪政民主制的形成奠定了基础。民主的制度性失败与法治的先定性约束成为西方政治文明成长过程中两股既相冲突又相扶助的力量，它们之间的冲突与均衡塑造了丰富多彩的政治意识、政治制度、政治行为，为人们理解和借鉴现代西方的政治文明提供了基本的框架和视角。

作者简介

佟德志，天津师范大学政治与行政学院教授，主要从事宪政民主理论的研究。

---

① Jürgen Habermas. Constitutional Democracy: A Paradoxical Union of Contradictory Principles?. Political Theory, Dec2001, Vol. 29 Issue 6, pp.766-782; Bonnie Honig, Dead Rights. Live Futures: A Reply to Habermas's "Constitutional Democracy". Political Theory; Dec2001, Vol. 29 Issue 6, pp.792-806; Alessandro Ferrara. Of Boats and Principles: Reflections on Habermas's "Constitutional Democracy". Political Theory; Dec2001, Vol. 29 Issue 6, pp.782-792.

② [德]尤尔根·哈贝马斯. 后民族结构[M]. 曹卫东，译. 上海：上海人民出版社，2002：77.

职能代理制：私法工具在政府社会组织关系中的实践①

陆明远

摘要 引导社会组织是提高环保工作水平的重要组织保障，这已经在世界各国成为一种共识，那么，进一步创新政府管理机制，保证政府与社会组织合作顺利就成为今后我国政府、社会组织必须面对的现实问题，这不仅关乎政府、社会组织的共强发展，更决定了环境问题的有效解决。因此，本文综合比较近年来国内外政府引导社会组织的主要模式，逐步探索适合我国实际情况的社会组织培育规范机制。

关键词 环保社会组织 职能代理 政社关系

1. 问题的提出

近年来，环境问题已经成为中国发展中的热点，不仅关乎民众的生活质量，更关乎国家的长远战略。近年来，民间社会组织呈现出蓬勃发展的态势。统计显示，截至 2013 年，中国的环保民间组织已有 6000 多家，在不同层面上展开了各自的环保民间志愿活动。这一方面体现了环境保护人人有责的民众参与热情，另一方面也彰显了社会力量组织化对于环保工作的重要作用。在这个问题上，各界普遍认可西方环保组织在当地所做出的巨大贡献，同时也清楚地认识到，面对数量庞大的社会组织，政府只有加以指导和管理，才能更好地发挥它们的积极作用。因此，无论是西方的环保发展经验，还是中国的当前环境问题，都决定了需要通过科学的制度设计、有效的管理手段来促进环保组织发挥更大的作用。

---

① 2010 年度国家社会科学基金青年项目："引导民间组织健康发展实证研究"（项目编号：10CZZ031）。

2. 国外政府引导环保组织的主要经验

相比中国，西方主要国家的环保工作开展得要更早一些，环保社会组织在这些国家也取得了更大的成果，政府引导是其中重要的原因之一，其经验值得我们借鉴。

2.1 规范化的政社关系是基础

西方国家的社会自治性很强，民众已经习惯通过社会组织来解决一些问题，甚至在一些国家政府更替、时局动荡时期，社会组织仍然保持基本的管理、服务功能，但环境保护工作的艰巨性和系统性决定了政府、社会组织都不能单独完成，因此，共同的环保任务和独立的自治精神让政府与社会组织既相互联系又相互独立，这就需要对政府和社会组织的相互关系规范化。具体来说，西方国家普遍有完善的社会组织立法，如美国除了有关于社会组织的专门法律《非营利法人法》和部分州的《非法人非营利组织法人法》外，在税法等领域都对社会组织给予了充分的规范和保护。

2.2 科学化的引导手段是载体

规范化的制度设计需要良好的管理机制来实现，为了在环保领域更好地引导社会组织发展，西方的公共管理运动积累了丰富的经验。

（1）合同外包（Contracting Out）

合同外包是指政府通过公开招标与社会组织签订有关物品和服务的合同，政府作为提供者，不直接投资经营而是将具体的管理运营权交给中标的受托方执行，由政府向生产或服务提供者付费购买其生产的公共物品和服务。因此，合同外包这种委托代理形式对公共物品的排他性没有要求，而是奉行公平竞标的原则，有利于激励受托社会组织降低成本、提高质量。合同外包经常被运用于一些直接面向社会公众服务的领域，如街道清洁、树木维护等环保领域。合同外包是美国地方政府公共服务委托经营的最常见方式，在英国竞争性合同外包（招标）甚至是对某些地方政府的强制性要求。

世界各国的大量实践表明，合同外包总体上要比政府直接提供公共产品的效率要高，但是要想使每一个合同外包都能充分发挥优势，政府需要事前做好充分的可行性研究，权衡潜在的成本和收益，尤其是选择合适的合同外包领域。合同外包的成功取决于多种因素，其中最为重要的就是是否存在竞争性的市场。因而政府决策的首要任务就是合理划分公共服务合同外包的领域，充分考虑该服务的性质、市场的竞争性。另外，当前西方国家的基层政府由于过度采用合同外包，导致政府逐渐

"空心化"，这种巨大的角色转变，对政府的职权调整带来了巨大的挑战，能否吸引到足够多的符合条件的投标者，对合同中的细节问题做出足够详尽的设定，坚持对合同实施全过程的监督和动态的调整，都是政府在合同外包时必须考虑的事项。

（2）特许经营（Franchise）

特许经营是指政府根据特许权合同给予特定社会组织在一定时间内享受一种权利（通常是排他性的权利）直接向公众有偿提供其生产的物品或服务。在这种方式下，民众直接由该组织获取服务，因此，实行特许经营首先要求公共物品具有可排他性。对于政府与社会组织之间的特许经营，目前，在城市公共基础服务领域较为普遍，例如，德国的回收利用系统责任有限公司（DSD）作为负责包装废弃物回收的非营利性公司，1993 年与各州的环境部长签署协议，并接受环境部长的监督。DSD在要回收的包装废物上打上"绿点"标记，交给包装废物利用企业进行处理或循环利用。DSD 机构的宗旨是避免和减少包装废弃物，并体现在绿点标志的注册收费上。DSD 的营利部分作为次年的返还或收费抵免。参股企业并不获得任何利润。

实行特许经营的优势在于：为满足社会公众不断增长的公共需求提供了新的途径；开辟了公共服务设施融资的新渠道，减轻了财政压力；政府作为特许经营权的授予方，有权自由选择特许经营者，站在用户的立场上监督特许经营者履行义务的情况和实际运营成本的核算，充分保护公众的利益；由于特许经营者投资建设的公共设施在合同期满后，所有权归政府所有，政府可在不增加税收的情况下增加自己的财产。

（3）特定补助（Government Subsidy）

政府补助是一种政府给予社会组织补贴，保证其提供廉价优质公共产品的职能代理方式，补助的形式是多样的，可以是资金、免税，也可以是税收优惠、低息贷款、贷款担保等。补助间接降低了特定产品对消费者的收费水平，补偿了社会组织由于正外部性导致的收益损失。民众可以从接受补贴的社会组织得到更多的服务和产品，社会组织可以通过接受补助使低价出售的公共物品的成本得到补偿。政府经常通过对社会组织进行补助这种形式，使其生产的公共服务和产品的价格维持在一个较为合理的水平，从而达到使社会公众受惠的目标，而且政府还可以通过调整补助的额度和形式等手段，来调控社会组织的服务范围和内容，使其最大化服从于政府既定的目标，同时也可以防止部分社会组织因过于追求利润而造成对公众利益的侵害。补助的领域主要是一些涉及面广、公益性较强的特定行业，诸如环保宣传教育、环境科研项目等。

3. 中国政府引导环保组织的对策组合

3.1　制度建设：针对性立法

在西方国家环保工作中，对社会组织及其政府管理制定了完备的法律，这从制度上为职能代理的规范化提供了坚实的基础。因此，在管理内容上，首先应当改变目前中国对于环保社会组织管理只依靠行政法规的现状。法规组合容易出现各部门、各地区政府部门及社会组织各自为政、多头领导、权限模糊及权力真空等不良现象，法律体系意味着制度建设的系统性、科学化，是社会组织进一步发展的必要保证。

3.2　准入条件：目标备案制

在西方发达国家中，对社会组织管理非常严格，但并不是在"入口"上，而是从税务等方面进行专项管理。在准入上，社会组织只需符合法（律）定条件，就可以到地方政府部门或司法部门办理备案登记手续，受理单位非经法定事由不能拒绝社会组织的成立申请。相比之下，目前中国社会组织的准入制度遵循行政准入制度，以"严进严出"为基本原则，在组织申请条件、组织年检、报告等具体管理制度上相对比较严格，这在很大程度上束缚了大量基层社会组织的发展，而这类组织所从事的环保工作正是政府需要社会组织参与的重点区域。因此，强调政府在社会组织准入上的管理效率，适当保持制度的弹性，对于部分确实影响深远、范围广泛的大型社会组织，政府在其成立解散过程中仍然应当把好关，谨防这些组织利用体制的漏洞牟取非法利益，造成公共资源的巨大损失。同时，对于一些基层的服务类社会组织，由于其所从事工作的特点，一般没有必要设立和大型社会组织一样苛刻的条件，可以考虑试行备案制，适当放宽社会组织成立的政府限制，这样可以减轻政府管理的负担，为政府与社会组织的职能代理打下坚实的社会基础。

3.3　沟通机制：网络化意见综合

西方国家的政府和环保组织间有稳定的沟通渠道，其中，环保职能部门主要领导人定期会与主要环保组织领导人会晤。相比之下，国内环保组织在很多环保问题上已经具备了一定的技术分析和数据处理能力，也能够汇集一定的民众意愿，但是这些有价值的信息由于各种原因难以及时有效地进入政府决策过程，这种滞后性不仅会降低决策的有效性，更可能激化矛盾，例如"怒江事件"和"厦门 px 事件"。

因此，政府应该建立环保组织"白名单"，主动和这些组织定期联系，给他们一个表达意见的渠道。在这方面，国内已经有了一定的尝试，例如，2011 年环境保护部出台了《关于培育引导环保社会组织有序发展的指导意见》，明确了培育引导环保社会组织的基本原则和总体目标，即积极扶持、加快发展，加强沟通、深化合作，依法管理、规范引导，积极培育与扶持环保社会组织健康、有序发展，力争在"十二五"时期，逐步引导在全国范围内形成与生态文明建设和可持续发展战略相适应的环保社会组织体系，促进环境保护事业与社会经济协调发展。为此，环境保护部要求各地制定培育扶持环保社会组织的发展规划；拓展环保社会组织的活动与发展空间；建立政府与环保社会组织之间的沟通、协调与合作机制；奖励表彰优秀的环保社会组织与个人；加强人才队伍建设；加强规范引导，促进环保社会组织的自律；促进环保社会组织的国际交流与合作等。

3.4　政府管理：分级统合到分类规范

环保组织是个大而化之的概念，在具体管理中，不同类型的环保公益项目、组织需要不同的引导措施，这要求政府部门能够针对性地进行分类监管。但目前更强调的是通过多政府职能部门来实现分级统合管理。目前，这种逐级推进的管理体制阻碍了环保组织能动性的发挥，在不同层级的政府管理部门难以一直跟踪监测，容易造成公益资源监管的断层，同时，多层管理也容易加大政府管理的成本。具体来说，环保组织需要与相应行政级别的政府部门结成业务管理的关系，这种关系对环保组织的发展有直接影响：一方面，环保组织与主管单位要保持一致；另一方面，环保组织的级别也与主管单位的行政级别存在密切的关联。可见，双重分级管理模式使公益社团与政府部门形成了职能关联与级别关联，这两种关联的结合决定了环保组织发展与政府管理体制之间存在错综复杂的利益关系。因此，这种双重分级管理导致了环保组织总体上管理的被动化，以及环保组织对政府的单向服从关系。为此，对环保组织进行分类管理具有更为重要的积极意义，既可以满足不同环保组织的实际需要，又可以增强环保组织的能动性，变"管制"为"引导"，实现两者关系的规范化。

3.5　监督机制：项目审批到目标管理

政府引导环保组织，目的在于提高环保工作的水平，可以说，政府引导环保组织的实质上就是让环保组织以社会化的方式实现公共利益的过程，因此，包括政府、民众在内的广大相关主体，都有权力监督环保组织的项目执行。目前，大部分国家都对本国社会组织设立了严格的监督制度，包括国家权力机关、新闻媒体、普通民众、社会组织在内的广大社会主体都在不同程度上享有对社会组织的监督权。其中，政府是环保组织最为直接和主要的监督主体。西方国家的经验表明，政府的监管更多的是"合目的性"的管理，只对环保组织违反法律规定的行为进行纠正，对于其他行为，只要该行为符合当初委托的公益目的，政府并不进行干涉。政府对环保组织进行的目标管理在很大程度上促进了社会组织在工作上的积极性、创造性，同时也降低了政府的管理成本。相比之下，对中国环保组织承担政府项目建立一套完善的监督体系是十分必要的。具体来说，需要借鉴西方国家的社会组织监督管理经验，对社会组织进行目标性的预防和制约，具体包括目标管理、评估体系、监督主体等三个方面。第一，目标管理。作为环保组织的主要管理部门，各级环保部门应该立足于环保组织的目标，实现原则化管理，更好地发挥环保组织的主观能动性，提高专业水平。第二，加快构建环保组织评估体系。评估体系是政府引导环保组织的重要工具，也是监督的基础，任何监督措施在缺乏客观依据的情况下都容易发展为权力滥用。因此，需要设定科学系统的评估指标体系，制定高效合理的评估流程，使社会组织的评估体系尽快系统化、专门化，成为社会组织职能代理机制的重要组成部分。第三，形成政府为主、组织自律、民众参与的多元监督模式。在各国不断出现的社会组织腐败事件说明恰恰是由于失去了政府及民众的有效监督，才造成了社会组织不能有效表达社会意见，阻碍了公益事业的开展。除此之外，增强社会组织的自律机制也是十分重要的。需要赋予社会组织一定的职能权限，使其在法定权限内具有一定的自由裁量权。应建立"社内民主"机制，切实加强社会组织中理事会和常务理事会的作用，将其作为整个组织的最高决策部门。还需要强调的是，民众监督需要更多的途径。新闻舆论、政务公开等都是西方国家民众监督的主要方式，相比之下，中国的现状还需要改善。通过多元监督模式的建立，既加强了组织作为受托方的责任意识，完善了组织内部的自律机制，同时又有效地配合了政府部门、社会各界的外部监督，保证了整个职能代理机制健康发展。

参考文献

（1）Lester M. Salamon. The Emerging Sector. Baltimore. The Johns Hopkins University Press, 1994:5.

（2）Paul Streeten. Nongovernmental Organizations and Development. Annals of the American Academy of Political and Social Science, Vol. 554, The Role of NGOs: Charity and Empowerment. Nov, 1997: 193-210.

（3）Donahue, John. The Privatization Decision: Public Ends, Private Means. New

York: Basic Books, Inc. 1989.

（4）Burton Weisbrod. Toward a Theory of the Voluntary Nonprofit Sector in Three-Sector Economy, in E. Phelps ed.Altruism Morality and Economic Theory. New York: Russel Sage Foundation, 1974.

（5）[美]A. 阿尔蒙. 政治经济学：体系过程和政策[M]. 曹沛霖等，译. 上海：上海译文出版社，1998：433.

（6）[美]安东尼·唐斯. 僚制内幕[M]. 郭小聪，译，北京：中国人民大学出版社，2006：43.

（7）贾西津. 转型时期的行业协会[M]. 北京：社会科学文献出版社，2004：75.

（8）夏大慰. 政府规制——理论、经验与中国的改革[M].北京：经济科学出版社，2003：74～76.

作者简介

陆明远，1979 年生，法学博士，天津大学管理与经济学部副教授。

府际合作机制：创新及其意义[①]

薛立强

摘要 20世纪90年代以来，在既有的府际合作机制之上，发展出来府际联席会议、区域合作论坛、府际合作协议、一体化政策、利益共享、组织间网络、多中心治理等一系列创新型府际合作机制。创新的动力来自：分权改革与市场经济体制的建立健全，跨域重大突发事件的推动作用，互联网的广泛应用，新公共管理、公共治理、府际关系等理论的发展。府际合作机制创新对进一步改善府际关系、推进地方政府改革和地方治理具有重要意义。

关键词 府际合作机制创新意义

府际合作是府际关系中相互协调、配合的一面，是指为实现公共利益，政府部门和非政府部门等公共治理主体之间彼此合作，在相互依存的环境中分享权力，共同管理公共事务的过程，是中央与地方、地方与地方及公私部门共同构成的政策网络。对于一国内部的府际合作而言，从中观上认清其机制及其变化，有利于从宏观和微观上认识府际合作的发展趋势，以及相关政府改革的方向和任务。20世纪90年代以来，中国的府际合作正在发生着以纵向合作为主向以横向合作为主的转变，这是府际合作机制的一大创新。这一创新的表现如何？其动力是什么？对于推动中国府际合作、地方治理、地方政府改革具有怎样的意义？本文力图对这三个问题进行一定的探索。

1. 府际合作机制创新

府际合作是府际关系的一种常态，可以说，一国内部只要存在不同层级、不同区域的政府，就存在一定形式、一定程度的府际合作。只不过受到政府体制、经济

① 天津社科基金项目：城镇化背景下的城市市容管理创新研究（TJGL11-055）；中国博士后科学基金第52批面上资助项目：城市生活垃圾管理中的府际合作研究（2012M520576）。

体制、社会发展水平、历史文化传统等的影响和制约，不同时期的府际合作具有不同的特征。改革开放之前府际合作的主轴是纵向政府间的合作。改革开放以来，尤其是 20 世纪 90 年代以来，在保持纵向合作的基础上，横向合作获得了显著发展。随着府际合作基本状态的发展，府际合作机制也在发生转变。

1.1　改革之前的府际合作机制

改革之前的府际合作机制是指，基于当时的条块关系体制和计划经济体制而形成的府际合作主体关系及其运行方式。其主要特点是，中央政府和上级政府在府际合作中发挥着主导作用，地方政府和下级政府要么与中央政府和上级政府进行纵向合作，要么在中央政府和上级政府的"领导"或"安排"下进行横向合作。其主要机制如下：

（1）政策执行中的合作协议机制。这种机制主要表现在纵向政府之间。在政策执行中，上级政府和下级政府、上级部门和下级部门、一级政府和其所属部门会签订"协议"，以明确责任，共同完成任务。但是，这样一种"协议"并不是平等协商的结果，而是基于既有政府体制的一种领导与被领导关系的体现。在"合作协议"签署过程中，下级几乎没有和上级平等协商谈判的权利和机会。

（2）对口支援机制。这种机制是一种在共同的上级政府直至中央政府的安排下，同级以及不同级政府及其部门之间互助的横向合作机制。根据目的的不同，"对口支援"又分为三种，一是扶贫型对口支援，二是发展型对口支援，三是危机管理型对口支援。[①]在当代中国，对口支援机制是有组织的府际合作的一种重要机制。

（3）政策协调机制。这种机制主要表现为，为了解决相关政府及其部门之间日常管理中的矛盾和问题，在共同上级的干预下，通过政策协调的方式而进行的合作。在中国的条块体制下，"条条""块块"之间经常发生矛盾，政策协调机制是解决条块矛盾，实现条块合作的一种机制。

改革之前府际合作机制的重大优势在于，在中央高度集权、计划经济体制和条条主导的情况下，中央政府和较高层级地方政府有能力调动各方面资源，能够较为迅速、有力地平衡政府间关系，推动发展，克服危机。但是，这样的机制也有不足，主要问题是：第一，以纵向间统辖关系为背景，不同地方政府之间出于"自愿"的

---

① 扶贫型对口支援是指，在中央和上级政府的安排下，富裕地区对贫困地区的对口支援。发展型对口支援是指，为了实现国家或地区的发展战略而由中央政府或上级政府安排的对口支援，如重大工程项目中的对口支援。危机管理型对口支援是指，在面对单一地方政府难以解决和处理的紧急问题和重大灾害时，上级政府直至中央政府组织的地方政府之间的对口支援，如应对地震灾害和灾后重建中的对口支援。参见赵伦，蒋勇杰. 地方政府对口支援模式分析——兼论中央政府统筹下的制度特征与制度优势[J]. 成都大学学报（社科版），2009(2)：4～7.

合作往往较少。第二，以明确的统辖关系和行政区划为边界，而不同政府主体之间又存在相互竞争的一面，因此相关主体的利益协调往往较为困难。第三，既定政府体制是管理的主渠道，因此府际合作往往处于次要和补充地位，这造成合作机制的执行力较弱。第四，府际协调与合作往往要经由较高层级政府"牵线搭桥"，这造成府际合作只能关注"大事"，而对日常管理中的"小事"往往关注不足，反应迟缓。第五，府际合作一旦按照多层级政府间的正式运行规则进行，就要投入巨大的人力物力财力，导致成本过高。第六，往往只是政府及其部门参与，企业、第三部门、公众等社会力量参与不足。①

1.2　创新型的府际合作机制

创新型的府际合作机制是指，改革开放以来，尤其是 20 世纪 90 年代以来，随着经济体制改革、政府改革、社会管理体制改革的不断推进，而新出现的一系列府际合作主体关系及其运行方式。其主要特点是，在保持和发展原来纵向合作机制的基础上，横向合作机制获得了显著发展，企业、第三部门、公众等社会力量成为府际合作的主体，在府际合作中日益活跃。需要注意的是，这一时期府际合作机制的创新是一个渐进的过程，除了极少数的情况外，几乎很难明确指出各种新兴府际合作机制出现的具体时间。按照其参与主体由小到大的范围，创新型的府际合作机制主要有以下几种形式：

（1）府际联席会议。该机制是在一级政府内部某项事务的主管机构设立联席会议，由主管机构定期或不定期地召集相关部门开会，共同商讨相关事务并制定策略的一种府际合作方式。例如，为了应对非正常上访和群体性突发事件，各级政府普遍在信访部门设立了处理相关事务的联席会议。该会议由信访部门牵头，其他政府部门都是参加单位，只是根据非正常上访和群体性突发事件的性质和涉及的范围选择性参与。

（2）区域合作论坛。该机制是由一定区域内的政府组织共同举办的，就区域内共同关心的问题进行讨论，并制定一致的行动方案的一种府际合作方式。例如，2003年以来，"9+2"泛珠三角区域合作与发展论坛已经取得了一定的成果。该论坛由广东省倡导并得到福建、江西等八省（区）政府和中国香港、澳门特别行政区政府的

---

① 上述问题综合了下面一些文章的观点：陶希东. 转型期跨省都市圈政府间关系重建策略研究——组织体制与政策保障[J]. 城市规划，2007(9)：9～16；陈瑞莲，刘亚平. 泛珠三角区域政府的合作与创新[J]. 学术研究，2007(1)：42～50；杨龙. 中国经济区域化发展的行政协调[J]. 中国人民大学学报，2007(2)：93～98；冯邦彦，周孟亮. 区域合作与资源优化配置——"泛珠三角"战略的经济学分析[J]. 暨南学报（哲学社会科学版），2005(4)：11～15。

积极响应和大力推动，①旨在交流各地经济发展情况，总结区域合作经验，研讨今后的发展思路，探索省（区）际可能加强合作的领域和方式方法，增强区域整体竞争能力。

（3）府际合作协议，又称府际契约。它是指相关政府作为区域合作的主要参与方，通过签订政府间协议如"规划纲要""合作框架协议""合作宣言""合作意见""合作备忘录"等，来推动共同发展的一种府际合作机制和方式。2001 年，上海市与江西省签订了改革以来我国首份府际合作协议——《上海市江西省加强全面合作协议》。2004 年，"9+2"政府签署《泛珠三角区域合作框架协议》。此后，珠三角、长三角、环渤海以及其他区域陆续签订了很多府际合作协议。相对于区域合作论坛而言，府际合作协议更为实际，一旦签订，相关政府部门就需要采取措施，解决问题，落实协议。

（4）一体化政策。该机制最初来源于欧洲一体化，是一种不同政府之间的政策协同机制。二战之后，为了抗衡来自苏联的威胁，以及防止德国东山再起，西欧国家在美国的敦促下开始了一体化进程。1951 年，在法国的倡议下，一些西欧国家（法国、联邦德国、意大利、比利时、荷兰、卢森堡）在巴黎签署了《建立欧洲煤钢共同体条约》（《巴黎条约》），这成为真正的欧洲一体化的开始。此后，欧洲一体化又经历了建立自由贸易区、关税同盟、统一大市场、经济货币联盟和政治联盟等五个阶段。从欧洲的实践来看，一体化政策机制主要表现为不同的政府主体以协调一致的方式制定并执行政策，维护和实现共同利益，避免共同风险的一种措施。在中国，改革开放以来，一些地方政府为了推进共同发展，应对共同挑战，也在自觉或不自觉地实行一定的一体化政策。例如，江西省发改委、财政厅、交通运输厅于 2013 年 3 月底联合下发通知，同年 4 月 1 日起，货车计重收费基本费率上升为每吨公里 0.09 元。对于这次涨价，江西省发改委收费管理处表示，这是为了跟周边省份价格衔接。②

（5）利益共享，又称市场机制。利益共享是指相关政府主体基于共同的利益诉求，运用平等合作与交易的方法来解决共同面临的问题，以达到共赢目的的一种府际合作机制。近年来，地方政府的利益主体性日益明显，但由于行政区划的阻隔和传统体制的封闭性，地方政府之间一度爆发了严重的恶性竞争。随着社会主义市场

---

① 参与论坛的政府部门包括：广东、福建、江西、湖南、广西、海南、四川、贵州、云南等八省（区）政府，中国香港、澳门特别行政区政府。国家发改委、商务部、国务院港澳事务办公室、国务院发展研究中心担任论坛指导单位。泛珠三角区域合作与发展论坛简介[EB/OL]. 泛珠三角区域合作与发展论坛网站，http://www.southcn.com/panprd/zl/forum/200405230328.htm.
② 江西高速涨价称"衔接周边省"，这个涨价理由好霸道[N]. 北京青年报，2013-04-08.

经济体制的建立健全，越来越多的地方政府认识到合作与利益共享的重要性，以市场交易规则的制定和遵守为代表的地方政府间的利益共享机制获得了发展。尤其是进入 21 世纪初后，该机制进一步发展到地方政府间的区域发展、流域治理、环境治理等领域。例如，一些地方政府已经在共同出资进行流域治理、排污指标交易等方面展开探索。

（6）组织间网络。该机制是指，一些相关的公私组织之间由于长期的联系和互动而形成的一种比较稳定的合作结构形态，这样的合作结构可以通过集体决策、联合行动来提供服务，以便更快捷地适应不断变化的技术和市场环境，提高自身的竞争力。可以说，传统科层制下的府际合作并不缺乏组织间的沟通协调，但这样的沟通协调的主线是单一性质的政府主体间的纵向命令与服从关系，并不是这里的组织间网络机制。在府际合作的意义上，组织间网络机制主要是不同性质的主体间基于平等地位、长期互动而形成的一种稳定的合作关系。例如，在公共服务供给方面，中国已经出现了社区公共服务平台、政务超市、公共服务民营化、教育权制度、新型居家养老服务等一批公私组织间网络机制。

（7）多中心治理。该机制将府际关系的各个主体视为不同的"中心"，强调各个中心之间基于共同的诉求和各自的考量而展开合作。多中心合作机制将政府机构、企业、第三部门、公众等都视为府际合作主体，认为府际合作是这些主体之间开展的平等的、多向的合作。一个例证是，杭州市开展的"综合考评机制"。2005 年以来，杭州市在对政府部门的考评中，逐步形成了目标考核、领导考评、社会评价等多个维度相结合的综合考评机制，在社会评价中，市民代表、党代表、人大代表、企业代表等 9 个层面都是投票主体，[①]共同评价政府的表现，一定程度上体现了多中心治理的精神。

除上述府际合作机制之外，学者们基于先进国家的经验和相关理论，还提出了一些府际合作的新机制，如伙伴关系机制、复合行政机制等。[②]可以说，这些机制一定程度上代表了中国府际合作及其机制建设的新方向。此外，需要指出的还有，第一，上述创新型府际合作机制的出现和发展并不意味着传统机制的消失。实际上，

---

① 9 个层面的代表分别是：市民代表，党代表，人大代表，政协委员，省直机关、老干部、专家学者、行风评议代表，区、县（市）四套领导班子成员，区、县（市）的部委办局及街道（乡镇）党政（包括人大）负责人，社区党组织和居委会负责人，企业代表。杭州市综合考评委员会办公室机构简介[EB/OL]. 杭州考评网，http://www.hangzhou.gov.cn/kpb/jgjj/jgjj/。

② 伙伴关系机制是指，打破既有的条块隔阂和层级束缚，鼓励政府及其机构之间的平等互动，以发挥不同层级政府及其部门合力的一种机制。参见蔡英辉. 伙伴型府际关系——内涵解析与实现路径[J]. 唯实，2012(Z1): 171～175. 复合行政机制，即在跨行政区划、跨行政层级的不同政府之间，吸纳非政府组织参与，经交叠、嵌套而形成的多中心、自主治理的合作机制。参见王健，鲍静，刘小康，王佃利. "复合行政"的提出——解决当代中国区域经济一体化与行政区划冲突的新思路[J]. 中国行政管理，2004(3): 44～48.

前述三种传统府际合作机制也获得了新发展并且继续发挥着重要作用。第二，创新型府际合作机制的出现和发展受到全球化的深刻影响。府际关系的整体转型和很多具体合作机制的出现，都不同程度地汲取了先进国家和地区的经验以及根据这些经验总结的理论精华。例如，上述的一体化政策、组织间网络、多中心治理等机制，以及之后介绍的新公共管理、公共治理、府际关系等理论。

2. 府际合作机制创新的动力

20 世纪 90 年代以来，府际合作机制的出现和发展标志着中国府际合作机制的重大创新。这些创新受到改革开放带来的一系列变化和发展的推动，也是对这些变化和发展的反映。具体而言，创新型府际合作机制发展的动力有以下四个方面。

2.1　分权改革、市场经济体制的建立健全与府际关系主体自主性的提升

改革开放以来，中国实际上进行了两种分权，一是政府间的放权，中央政府将相当部分决策权下放给各级地方政府，使地方政府拥有了一定的自主性。二是国家—社会间的分权，公众获得广泛的社会自由，个体、私营经济发展起来，社会组织和民间团体日益活跃。伴随着分权改革的，是经济体制改革的进行和市场经济体制的建立健全。这两方面的重大改革释放了各类府际关系主体的自主性和活力，各级地方政府、公众、私人企业、第三部门等在府际关系中日益活跃，奠定了府际合作机制创新的基础。在这样的情况下，之前以纵向政府间合作为主的、形式较为单一的府际合作机制显然不能满足现实需求，多向度的府际合作日益成为政府及其部门之间、政府与社会之间的互动网络，不同主体之间基于互利合作的、致力于发展区域经济和解决公共事务的府际合作机制必然发展起来。

2.2　处理跨域重大突发事件的现实需要

近年来，诸多跨域重大突发事件给人们留下了深刻的印象。例如，2003 年非典型肺炎的大面积蔓延，2005 年的松花江水污染事件，2006 年的禽流感事件，2008 年的南方雪灾，2009 年的甲型 H1N1 流感疫情，2010 年地沟油事件，2011 年的山东蓬莱漏油事件，2013 年初的山西天脊化工厂苯胺泄漏导致漳河流域水污染事件，等等。这些跨域重大突发事件的发生和处理除了使中国政府和民众深切感受到政府职能履行方面存在重大缺陷外，还暴露了既有政府体制下府际合作方面的严重不足。

在应对这些严重的突发事件时，一些地方政府以行政区划为界，之间没有畅通的沟通渠道和有力的应对机制；一些地方政府漠视居民的合理要求甚至生命财产安全，想方设法撇清自身责任，缺乏共同负责的意愿和行动。这些严重不足，很大程度上提出了改进府际合作机制的要求，对府际合作机制创新发挥了重要的"倒逼"作用。

2.3　互联网的广泛应用与信息传播的迅速化

1994 年中国接入互联网以来，网络应用发展迅猛。根据第 31 次《中国互联网络发展状况统计报告》，截至 2012 年底，中国网民规模已经达到 5.64 亿，互联网普及率达到 42.1%。其中手机网民规模为 4.20 亿，网民中农村人口占比为 27.6%，规模达到 1.56 亿。①在府际关系的意义上讲，这是府际合作机制创新的重要"催化剂"。互联网的普遍应用大大提升了信息传播的速度、广度和深度，使各类社会事件和公共治理议题几乎同时呈现在各级政府和公众面前，从而打破了之前政府对相关信息的掌控和过滤，以及政府决策与行为的"黑箱现象"，要求各级各类政府之间及政府与公众之间必须进行及时的沟通与协调，以共同应对挑战、克服问题、谋求发展。

2.4　新公共管理、公共治理、府际关系等理论的发展

新公共管理理论是对 20 世纪 70 年代后半期以来西方国家掀起的一场声势浩大且旷日持久的政府改革运动的理论概括。在理论上，新公共管理要求突破"传统公共行政管理的那种刻板（僵化）、层级官僚体制形式，逐步转变为一种灵活的、以市场为基础的（新）公共管理形式。后者并不是一种改革事务或管理方式的微小变化，而是政府作用以及政府与公众社会关系的一种深刻变化"，为府际关系机制创新提供了理论支撑。在府际关系的意义上，新公共管理理论强调政府要及时回应民众的要求，提供"回应性服务"；强调公共服务机构的分散化和小型化；强调竞争机制的引入和管理效率的提高；强调引入私人部门管理方式进行公共管理；强调政府部门要积极认真地听取居民的意见，满足居民的要求。治理概念最早出现于 1989 年世界银行的报告中，此后迅速扩展到公司治理、地方治理、全球治理等领域中。在地方公共治理领域，治理理论的特征是：治理主体的多元化，主体间责任界限的模糊性，主体间权力的相互依赖性和互动性，自主自治的网络体系，政府作用范围及方式的重新界定。府际关系理论最早缘于 20 世纪 30 年代罗斯福新政引起的美国联邦制下府际关系的运作实践。最初人们对府际关系的研究，在联邦制国家主要探讨二元联

---

① 中国互联网络发展状况统计报告[EB/OL]. 中国互联网络信息中心，[2013-01-15]. http://www.cnnic.net.cn/hlwfzyj/hlwxzbg/hlwtjbg/201301/t20130115_38508.htm.

邦主义，在单一制国家主要探讨中央地方关系，其共同之处是研究全国性政府与一级政区政府的关系。[①]此后，随着研究的深入，广域行政、府际管理、跨域管理、府际关系网络、府际伙伴关系等概念逐渐被学界提出和认可，研究对象也逐渐扩展到各级各类政府及其部门，以及社会居民之间的关系。总体而言，这些理论的新发展一方面是对实践中诸多新问题的反应，另一方面也奠定了府际合作的理论基础，指出了府际合作的新方向。

3. 府际合作机制创新的意义

一方面，府际合作机制创新是对改革开放以来尤其是 20 世纪 90 年代以来一系列变化的适应性变革；另一方面，这些创新又对进一步改善当前的府际关系、推进地方政府改革和地方治理提出了新的要求，具有重要意义。

3.1　府际合作机制创新推动府际关系的新发展

当代中国的府际关系体制架构形成于改革开放之前。它有三个特点：一是中国共产党"一条主线"贯穿到底，由此形成一个强有力的组织网络。[②]二是"行政体"地方政府。[③]《中华人民共和国宪法》规定：国务院统一领导全国地方各级国家行政机关的工作。地方各级人民政府都是国务院统一领导下的国家行政机关，都服从国务院。三是条块结构与计划经济体制相结合。在计划经济体制下，由于计划制定和物资调控的权力集中于中央政府和省级政府，这造成条条在条块结构中处于主导地位。[④]上述三个特点共同导致改革开放前的府际关系体制架构是一种中央高度集权的结构，府际关系主要体现在纵向政府之间，政府间横向沟通交流处于从属地位。改革开放以来，各级地方政府和企业、社会组织、公众等成为府际关系的活动主体，政府间横向联系变得日益密切。在这一过程中，以横向合作为主的府际合作机制发展起来，成为府际关系新发展的重要内容和重要标志，并推动了多向度府际合作的进一步发展。这是因为，第一，这些新兴的府际合作机制提供了府际合作的具体途

---

① 在联邦制国家，即联邦政府与联邦成员政府的关系；在单一制国家，即中央政府与一级地方政府的关系。

② 这既体现在一级政府内部，又体现在纵向政府之间。在一级政府内部，党委是领导核心；在纵向政府之间，下级服从上级，全党服从中央。

③ 现代国家的地方政府体制基本上可以分为两类，一类是"自治体"地方政府：地方政府在性质上是"本地的政府"，由本地居民选举产生，拥有特定事务的法定自治权。另一类是"行政体"地方政府：地方政府在性质上是中央政府的派驻机构，人事任命和管理权限由中央委派和授予。

④ "条条"是指从中央延伸到基层的各级政府中职能相似或业务内容相同的职能部门。"块块"是指各个层级的地方政府。参见周振超. 当代中国政府"条块关系"研究[M]. 天津：天津人民出版社，2009：2。

径和方式，使府际合作不再仅仅是相关方的"意愿"。第二，这些新兴的府际合作机制的发展过程也是自身不断合理化和规范化的过程，有利于府际关系整体上的合理化和规范化。第三，这些新兴的府际合作机制一旦发展起来，自身拥有的生命力将成为府际关系进一步发展的内生动力。

3.2　府际合作机制创新开辟了地方政府改革的新领域

从内容上看，地方政府改革可以分为三个层面，一是地方政府体制的改革，二是地方政府管理和服务流程的完善，三是地方政府尤其是基层政府与公众关系的改善。在既有的改革中，这三个层面改革的基本做法是：第一，地方政府的体制改革议题由中央政府决定，地方政府更多地是被动地执行中央的决策。第二，地方政府管理和服务流程的完善一般是分散化进行的，即相关部门基于内外压力，采取措施完善本部门的管理和服务流程。第三，政府与公众关系的改善主要通过政府的民生政策和惠民措施来进行。不可否认，在特定的历史条件下，这些改革发挥了应有作用，有效地提升了地方政府管理的效果和水平。但同时，这些改革也存在不足，主要是：有关地方政府体制改革的决策缺乏地方政府的参与，实施效果往往大打折扣；分散化的地方政府管理和服务流程的完善往往难以巩固和扩展其改革成果；仅仅依靠民生政策和惠民措施来改善政府与公众的关系会越来越加大政府的负担，但并不一定能够满足公众的所有要求。在一定意义上，发展府际合作机制能够克服这些不足，从而开辟地方政府改革的新领域。例如，通过建立府际合作机制，吸纳地方政府参与政府体制改革的决策，能够提高相关决策及其执行的合理性和有效性。通过不同政府部门之间、不同辖区政府之间的合作，能够促进地方政府及其部门管理和服务流程的一体化建设，从而巩固改革成果。通过企业、第三部门、公众等对政府决策和管理的参与，能够增进地方政府与社会主体的沟通，有效改善政府与社会的关系。

3.3　府际合作机制创新提供了地方治理的新路径

治理理论以及地方治理的现实都表明，企业、第三部门、公众等越来越成为地方治理的主体，且在地方治理中发挥着越来越重要的作用。但关键的问题是，如何找到一些具体的机制和路径，使这些主体能够有效地参与地方治理，在地方治理中释放"正能量"。在这方面，府际合作机制是一种可行的选择。在各类创新型府际合作机制中，利益共享机制、组织间网络机制、多中心治理机制，以及学者们新提出的伙伴关系机制、复合行政机制等，都有容纳企业、第三部门、公众等治理主体的空间，并且，后者的参与能够丰富和扩展各级各类政府部门合作的内容与范围，从而巩固府际合作机制的建设成果。而在公共服务方式创新中，正在形成一种政府、公众、国有企业、事业单位、私人企业、民间组织共同参与的、双向互动的公共服务供给模式。该模式通过政府、企业、第三部门、公众等多中心治理和组织间网络的构建，能够实现参与方的诉求表达、权利实现和利益共享。从府际关系的视角看，这实际上也是府际合作机制的创新，从而为地方治理提供了新路径。

总之，府际合作机制及其创新是中国各方面发展的一个侧面，在一定程度上为中国的进一步发展注入了动力。但是，在看到府际合作机制创新的同时，也应注意以下两点：一是，中国的府际合作机制创新仍然处于起步阶段，一些创新型的府际合作机制仍然处于萌芽和非常弱小的状态，一些府际合作机制还很不完善。二是，府际合作与府际竞争是一国内部府际关系的两个方面，府际合作机制创新并不意味着府际竞争的消失。两大问题的解决，仍依赖于中国的进一步改革和发展，以及进一步的府际合作及其机制创新。

参考文献

（1）Owen Hughes. Public Management and Administration: An Introduction (2 ed.). Macmillan Press LTD., ST. Martin's Press, Inc., 1998,p.1.

（2）何精华. 府际合作治理：生成逻辑、理论涵义与政策工具[J]. 上海师范大学学报（哲学社会科学版），2011（6）：41～48.

（3）杨爱平. 区域合作中的府际契约：概念与分类[J]. 中国行政管理，2011（6）：100～104.

（4）张紧跟. 当代中国地方政府间横向关系协调研究[M]. 北京：中国社会科学出版社，2006：121～124.

（5）薛立强，杨书文. "双向互动"视角下的公共服务方式创新——中国经验的总结[J]. 中国行政管理，2010（7）：57～61.

（6）郑永年. 中国模式：经验与困局[M]. 杭州：浙江出版联合集团，浙江人民出版社，2010：139.

（7）陈振明. 评西方的"新公共管理"范式[J]. 中国社会科学. 2000（6）：73～82.

（8）胡仙芝. 从善政向善治的转变——"治理理论与中国行政改革"研讨会综述[J]. 中国行政管理，2001（9）：22～24.

（9）赵景来. 关于治理理论若干问题讨论综述[J]. 世界经济与政治，2002（3）：75～81.

作者简介

薛立强，1977 年生，河北鹿泉人，法学博士，天津商业大学公共管理学院副教授，天津大学管理与经济学部博士后研究人员，主要研究方向为当代中国政府与政治、城市管理研究。联系电话：13920695416；电子邮箱：xueliqiang2006@126.com。

法治框架下农村土地纠纷的类型化分析及化解路径

陈　丹

摘要　我国农村土地纠纷主要类型为集体所有权权属纠纷、承包经营权权属纠纷、土地流转纠纷和土地征收补偿纠纷等，其根源在于历史沿革的复杂过程导致管理混乱、长期以来模糊管理的惯性、农村习俗与法律制度的不相容、政策缺陷引发管理漏洞、权力滥用侵蚀农民利益、基层管理缺失等。农村土地纠纷的化解必须在法治框架下，重新整合和完善现有纠纷解决途径，构建理性和多元的农村土地纠纷解决机制。

关键词　农村土地　纠纷解决机制　法治化　征地

近年来，农村地区的社会矛盾较为集中和突出，尤其是农村土地纠纷不断凸显。与农村土地制度改革的历史进程相印证，我国农村土地纠纷呈现明显的阶段性特征。20世纪80年代和90年代，农村土地纠纷主要表现为农村内部的土地承包纠纷和乡镇政府侵犯农民土地承包经营权，村民与村级组织间关于土地发包、调整及收益分配的纠纷较为突出。自2004年国家实施税费改革以来，各种支农惠农政策接踵而来，土地赋予的经济价值迅速上升，同时，快速城市化使得农村土地的非农化收益不断提高。土地价值的"跳变"，导致农村土地纠纷呈现爆发性增长。其中，原本放弃土地的村民索要承包地、原本转包的村民索回转包土地以及征地补偿等土地纠纷尤为突出。至此，土地纠纷从幕后走向台前，取代了以往较为突出的税费负担问题，成为农村地区最为突出的社会矛盾。

1. 农村土地纠纷的主要类型

尽管农村土地纠纷的表现形式和涉及内容纷繁复杂，但化繁就简，从纠纷的内容来看，可以概括为四种类型，即集体所有权权属纠纷、承包经营权权属纠纷、土地流转纠纷和土地征收补偿纠纷。

1.1 集体所有权权属纠纷

简要地说,权属纠纷就是与土地产权归属相关的纠纷,是在既定的土地法律制度框架内,各当事方就土地所有权、使用权、土地侵权及派生权利主张存在对立冲突或争议的状况。从表现形式来看,土地所有权纠纷有村集体与村集体之间、村民小组与村民小组之间、村集体与国家机构之间三种类型。一是出现在临界的两个村集体之间。由于历史上两个村无地界标志或地界标志不明,在经历长时间的发展变化后,原地形地貌已无法辨认,或因兴修水利、平整土地、开荒、更改河道等造成地界变化,新划地界不清或不合理导致地界纠纷。二是表现在同一个村的不同村民小组之间。我国农村土地所有权多次变迁,随着 20 世纪 80 年代人民公社体制的解体,生产队也逐步演变成现在的村民小组。但由于乡、村、社、队、场因合并、分割、改变隶属关系等行政建制变化遗留的权属未定,导致村集体内部各村民小组之间的土地权属不清,引起纠纷。三是表现在村集体与国家机构之间。主要原因是过去兴修水利、兴办企业等原因,将原属于村集体的土地无偿划拨或转让给国营农场、企业或政府部门等,但一直未能返还给村集体,由此引发土地纠纷。

1.2 承包经营权权属纠纷

由于承包经营权的分配十分繁琐,难以做到绝对公平公正,且多涉及国家政策变迁,引起的纠纷较多。具体集中在四个方面:一是土地发包过程的规范性和公正性。《中华人民共和国农村土地承包法》对发包程序有明确规定,但实际发包过程不召开全体村民会议,未经 2/3 以上的村民代表同意;村干部不经过民主议定原则私自发包,或以低价发包。二是土地调整过程的合理性和公正性。如违法收回已经发包给农户的承包地;强行收回外出务工农民、进入小城镇落户农民及出嫁女等的承包地;在承包期内用行政命令的办法硬性规定在全村范围内几年重新调整一次承包地,借颁发农村土地承包经营权证书之机重新承包土地等。三是违规预留机动地。一般规定,发包方预留的机动地面积不得超过本集体经济组织耕地总面积的 5%。但很多地方超标准预留机动地,引发土地纠纷。四是集体组织成员权和成员资格问题。这类土地纠纷尤为突出地表现在妇女土地权益方面,包括因外嫁、离婚或丧偶、男方入赘等而丧失土地权利。

1.3 承包经营权流转纠纷

现行法律规定,本着自愿有偿的原则,土地承包经营权可以依法采取转包、出租、互换、转让或者其他方式进行流转。土地承包经营权流转纠纷是流转双方在流转过程中及履行流转合同时发生的纠纷。主要有四种情形：一是当事人双方自愿流转，但由于农户之间多为口头协议，不签订正式的书面流转合同，自行流转，不到土地流转管理部门报批、备案、登记，这很容易引起分歧。而一旦有人违约，将难以追究违约责任，引起纠纷。二是非法流转不受法律保护。土地承包经营权流转，不得改变土地集体所有性质，不得改变土地用途，不得损害农民土地承包权益。但一些土地流转，违背法律、法规，改变耕地的农业用途。如许多种植粮食的土地流转后进行非粮作物经营或非农生产；部分受让人在流转的土地上建房屋、圈舍，对土地造成破坏等。三是村集体行政干预强行流转。承包经营权流转基于农民的自愿原则，但一些地方集体经济组织主动介入，以各种手段强迫承包方将承包地流转，集中土地搞所谓"规模经营"和"产业化"，导致土地流转纠纷。四是机动地和"四荒地"的经营问题。一般而言，机动地是预留用地，而四荒地则主要是那些不宜采取家庭承包方式的荒山、荒沟、荒丘、荒滩等土地。目前，机动地和四荒地发包程序往往不规范，如发包给自己的亲友、低价承包等；所得收入的分配也不合理、不透明乃至被侵占、挪用，由此引发社会纠纷。

1.4　土地征收补偿纠纷

土地征收补偿纠纷就是在国家强制征收土地过程中产生的纠纷。它不单是一个农地用途转换的过程，也是一个土地所有权转移的过程。随着城市化进程的不断加快，对农村土地的整理、整合，以及大量征用土地，使征地补偿纠纷成为最近 10 年来数量上升最快的一类纠纷。这类土地纠纷主要有四种情形：一是征地范围过宽，随意性很大。根据我国《中华人民共和国宪法》和《中华人民共和国土地管理法》的规定，公共利益需要是国家启动征地权的唯一理由。但由于缺乏对公共利益本身的合理界定，这一原则在现实中被无限放大。二是征地程序不公开，无视农民利益表达。我国土地征收程序分为建设单位申请、拟定补偿方案、政府核准方案、拨付发证四个阶段。但现实中，征收程序不公开，无视农民利益表达的案例屡见不鲜，很多村民对征地范围、征地补偿款数额不清，进而引发强拆、对抗等土地纠纷。三是征地补偿标准过低。《中华人民共和国土地管理法》第四十七条规定，征收土地的按照征收土地原用途给予补偿，应当依法足额支付土地补偿费、安置补助费、地上附着物和青苗补偿费等费用，安排被征地农民的社会保障费用，保障被征地农民的生活，维护被征地农民的合法权益。但这一补偿标准已很难满足被征地农民的现实需要，补偿不够合理，被征地农民的土地权益未得到充分体现。四是征地补偿分配不合理。按照《中华人民共和国土地管理法实施条例》的规定，三类补偿款的分配方式不尽相同。其中，土地补偿费归农村集体经济组织所有，但应在集体经济组织内部进行平均分配；地上附着物及青苗补偿费归地上附着物及青苗的所有者所有；安置补助费必须专款专用，用于保障失地农户的基本生活。然而在现实中，难以做到公平合理，就此产生大量纠纷。

2. 农村土地纠纷的产生根源

应当说，中国农村土地纠纷的形式多元，成因复杂。农村土地纠纷的形成是长期多种因素累积的结果，这些因素既包括源于农村社会变革的历史性原因，也存在农地本身的制度性缺陷，还包括一些人为性因素。概括起来，主要有 6 个方面。

2.1　历史沿革的复杂过程导致管理混乱

我国农村土地制度经历了十分复杂的历史变迁过程，最早可以追溯到 1947 年通过实施的《中国土地法大纲》和 1950 年颁布实施的《中华人民共和国土地改革法》，由此确立了均分化的农村土地私有制。之后，农业合作化运动加快推进，逐步实现了从土地的农民所有制向集体所有制的转变。进入 20 世纪 80 年代，在维持传统"三级所有，队为基础"的管理体制基础上，将土地的使用权和收益权逐步下放到农户，由此确立了家庭联产承包责任制的双层经营体制。在确立家庭承包经营制之后，农村土地政策又经历了数次调整。不难看出，复杂的发展变迁过程给当前的土地产权关系带来诸多难以理清的历史遗留问题，土地所有权和使用权的频繁变动导致权属界定不清，是造成当前大量土地所有权和承包经营权权属纠纷的源头。

2.2　长期以来模糊管理的惯性

一直以来，我国的农村土地都缺乏精细化、精确化管理。地籍管理是土地管理的基础，土地档案、地籍资料是有效防止土地权属争议发生的行之有效的措施。但中国从来没有在全国范围内建立统一的地籍册。1986 年《中华人民共和国土地管理法》颁布之前，从中央到地方政府，均对土地的管理和监督力度不够，地籍管理基本上是空白，一些定界历史资料缺失，导致土地权属争议难以认定。1988 年进行了第一次全国土地详查工作，但资金投入少，技术人员配置不到位，所形成的基础资料技术水平低，地籍资料不完整。农村耕地面积的糊涂账，给土地管理带来难度。长期以来的模糊管理，造成很多土地纠纷。

2.3　农村习俗与法律制度的不相容

农村土地习俗是指传统乡土社会中大量传统秩序遗留下来的规则，这些规则相比现代法律更有利于人们的平常生活，一些乡规民约在农民流转土地时起的作用甚至超过了法律。例如，妇女土地权益纠纷问题很大程度上就是源于农村习俗，虽然法律规定女子与男子享有同样的土地承包经营权，但各地在执行时对女子的土地承包权大都有诸多限制。这些习俗是农村社会长期历史传统的积淀，是被农民广泛接受和遵守的"老规矩"，即便有悖于法律制度，仍能得到绝大部分村民的认可和支持，其力量甚至要大于正式的法律制度，要改变是相当困难的。农村土地制度同时受到国家政策法规的正式制度和乡规民约的非正式制度的双重规范。因此，一旦农村土地政策法规与农村社区长期遵守的传统习俗相冲突，就难以得到真正的贯彻执行。

2.4　政策缺陷引发管理漏洞

目前，农村土地政策存在诸多缺陷，尚不够完善。因而为各级政府非法侵占农民土地权益提供了可乘之机和解释空间。以土地所有权的相关政策为例，经历了从私有化到集体化、从合作化到人民公社化的复杂历史变迁过程，早期的集体所有制以1962年的"农业六十条"为主要原则，即"三级所有，队为基础"，且生产队拥有土地所有权。这一框架随着20世纪80年代的农村改革逐步被乡镇、行政村和村民小组（自然村）所取代。但法律规定始终未对其进行明确，到底哪一级集体是农村土地的主要所有者。尽管这种"有意的产权模糊"起到了搁置争议、减少矛盾的历史作用，但在新时期，所有权主体不明确，直接导致大量的土地侵权。村民小组（自然村）最接近和最能代表农民利益，但却不具备行使土地所有权的行政管理能力。在现实中，由于村民小组功能不断弱化，其所有权容易被上一级集体组织行政村乃至地方政府所盗用或侵蚀，农民的利益难以得到有效保护，进而引发土地纠纷。

2.5　权力滥用侵蚀农民利益

很多农村土地纠纷源于村级组织和政府职能部门的权力滥用，损害农民利益。以村级组织而言，村干部在土地分配、土地流转、征地补偿等诸多环节发挥着十分重要的作用，也有很大的权力，一旦权力运用不当或违规操作，就会引发纠纷。权力滥用还普遍源于政府职能部门，这突出体现在征地上。地方政府拥有土地管理、审批、实施及监督等多项权能，权能的过于集中使得地方政府的自由裁量权很大。如地方政府利用手中的征地审批权，单方面制定征地方案或强行征地，在征地面积上，批少征多、多征少用等；在征地程序上，越级批地、未批先征、以租代征、批而未供等；在征地用途上，批非征耕等。此外，在征地补偿费上，压低、克扣、拖欠、截留和挪用征地补偿也是土地纠纷的多发领域。

2.6 基层管理缺失

基层政府和村级管理职能缺失也是造成土地纠纷的重要原因。在土地权属管理环节，建立精确化的地籍管理制度是基础性工作。但这些基础性工作仍远远不能满足现实需要，土地确权登记工作尚未完成。同时，需要引起密切关注的是，基层管理缺失是与基层组织社会控制力弱化相伴而生的。在农村地区，由于乡村基层组织自律不严，民主法制意识淡薄，损害群众利益的行为时有发生，对群众的号召力、凝聚力和说服力大大减弱。由此，也进一步弱化了基层管理职能，形成恶性循环。

3. 化解农村土地纠纷的法治路径

如上所述，农村土地纠纷类型的多元化、产生根源的多元化及所涉及利益主体的多元化都要求我们寻求包括诉讼在内的土地纠纷解决的多元机制。尽管《中华人民共和国土地管理法》规定了解决土地权属纠纷的三种方式：协商、行政裁决、诉讼，这也构成了在日常中处理农村土地纠纷的主要方式，但并不能满足土地纠纷化解的现实需要。在当前法治框架下，解决农村土地纠纷还必须处理好政策与法律的关系，处理好非诉纠纷解决机制与诉讼的关系，处理好农村习俗与法律制度的关系。由此，妥当化解农村土地纠纷必须构建一个更加理性的、多层次的纠纷解决机制。

3.1 和解（协商）

和解是依纠纷主体自身的力量，在平等和自愿的基础上，通过协商解决纠纷的方式。和解通常无须第三方的介入，无须严格遵守实体法规范和程序规范，和解协议也没有强制力，却是一种最为平和的纠纷解决方式。

在我国，和解虽然属于双方协商解决，但其中国家公权力也有参与。例如，因土地权属不清、范围不清、界限不明引起的土地所有权和使用权争议，各方当事人本着互谅互让的原则，经协商取得一致意见后，签定土地权属协议书，并应立即持协议书向土地行政主管部门申请登记确认，领取土地证书，避免反复。该规定亦有利有弊，有利的是将和解的成果较好地保存下来，并赋予了比通常和解协议较强的约束力，这与我国的土地登记制度的特征相契合；不利的是可能带来当事人意思自治与国家公权力之间的冲突。协商、和解本就是属于争议主体双方私权利范围的事，而该协议却要由土地主管部门来确认，且法律对是否确认的标准及确认的程序并无明确规定，对政府的权限也没有约束。这样就难免发生公权力侵犯当事人处分权与意思自治的情况。因此，为保障当事人的土地权益，更好地解决土地争议，应从程序上对此予以完善。一是应完善土地行政主管部门对和解协议确认的标准及确认的程序；二是应明确规定，当事人如认为土地行政主管部门未依法登记确认或有其他侵犯当事人合法权益的行为，当事人有权申请复议或提起诉讼，将和解与法律上的救济程序有机结合起来，把当事人的处分权与土地管理的合法性结合起来。

3.2 调解（人民调解与行政调解）

调解，通常是指在没有法定权威的第三方帮助解决冲突的背景下，冲突双方或多方通过施加影响产生特定结果的过程，通过协调、说服并帮助双方进行协商交流，以达成解决纠纷的合意。

从实践来看，人民调解和行政调解的确在很大程度上在化解农村土地纠纷上担当重要角色。但是，不论是人民调解还是行政调解都存在一些局限和问题，应当予以重视并逐步解决。其中，人民调解应注意与司法救济途径的衔接。尽管调解委员会事实上解决了为数不少的土地争议，但在法律和政策的贯彻以及在当事人权利保护方面，确实存在明显的问题。对于调解解决的纠纷，应注意与司法的救济途径相协调。法院如发现调解协议违反了自愿原则或违反了法律的强制性规定，即应对调解协议予以撤销，依法做出公正的判决。就行政调解而言，首先，应提高基层行政机关公信力，提升解纷能力。由于基层土地行政部门的公信力还不够高，使很多行政调解流于形式，并未很好地发挥其效用。就工作人员素质来看，缺乏培训，理念也较为陈旧，都成为行政调解在农村基层土地纠纷中充分运用的阻碍。其次，避免行政调解异化，防止强行调解。行政调解有行政权力的参与，必须要通过法律法规加以规制和限定适用范围。最后，适当提高行政调解协议的效力。作为调解的一种，行政调解也不可例外地无法强制执行，但仍然可以通过提高一定类型的行政调解协议效力来强化其调解效果。尤其对于农村土地纠纷来说，若能从调解协议效力上强化调解的执行，将从很大程度上缓解纠纷的扩大化和群体化。

3.3 行政裁决及复议

行政裁决，即行政机关依法对平等主体之间发生的与行政管理相关的争议做出处理决定的具体行政行为；而行政复议是上级行政机关对行政相对人不服下级行政行为的审查及决定行为。

行政机关处理土地纠纷存在一定的局限性，而行政裁决与复议又具有强制力，因此必须预防其滥用。要保障农村土地纠纷的公正处理，应当有针对性地解决好下列问题：第一，基层行政机关必须做到依法行政，严格依照国家法律法规处理土地纠纷，避免以政策代替法律，更不能将地方政府一些管理性的目标带到土地纠纷的解决中。第二，做到程序公正。行政机关应保持中立，不偏袒任何一方，应当保障争议各方陈述权、申辩权的充分行使，保障其程序参与的权利。同时行政机关处理纠纷须严格遵守程序规定，如申请、受理、调查、听证等必须依法进行。第三，在农村逐步培育司法解决纠纷的意识。根据不同土地纠纷性质，通过行政诉讼或民事诉讼最终解决纠纷。当事人对行政裁决或复议不服，应及时告知其寻求司法救济的权利及行使的方式。因土地纠纷引起的行政诉讼比较复杂，带有一定程度的政府管理色彩。实践中，有的行政机关在处理土地纠纷中过多考虑自身利益，甚至操纵程序、违法办案，侵害了当事人的合法权益，故通过行政诉讼予以监督亦十分必要。

3.4 信访

我国信访制度的建立与发展有着深刻的历史和社会渊源，在历次政治经济的转型期和政策形成过程中，信访成为平反冤假错案、落实政策、解决各种实际问题的重要途径。在法治框架下，信访不是一种正式的纠纷解决机制，但作为一项重要的群众工作，在实践中不失为调解、化解纠纷的重要途径之一。

土地信访唯有纳入法治化轨道，才能更加理性地发挥解纷功能。土地信访工作的优化可以从以下几个方面着手。一是推进土地信访的信息传递和沟通功能。纠纷的最终解决需要依靠法制化的纠纷解决方式，应通过土地信访的平台大力宣传《中华人民共和国物权法》《中华人民共和国土地管理法》《中华人民共和国农村土地承包法》《基本农田保护条例》等法律法规，使农民群众知法懂法，逐步学会寻求法治途径解决土地纠纷。二是畅通土地信访渠道。建立干部下访、定点接访等制度，通过强化群众工作，了解群众诉求，依法维护信访人的正当权益。三是完善土地纠纷排查调处机制。建立健全土地矛盾纠纷动态巡查机制，对土地利用状况进行监测，做到及时发现和及时处理。

3.5 诉讼

诉讼是法治国家解纷的最常用手段，当然也是我国在解决农村土地纠纷的途径中最正式、最权威、最规范的一种方式。土地纠纷所涉及的诉讼主要包括行政诉讼和民事诉讼。与行政裁决、复议相比，诉讼更加客观、中立和公正，也应当更有利于保护当事人的合法权益。

诉讼在解纷中的地位无以匹敌，应当起到主导作用。然而现实中，农村诉讼的利用率却很低，土地纠纷大多采取协商或调解的方式解决。从根本上讲，要在基层更好地发挥司法解纷的功能，应从提升其司法公信力、保障司法独立性、简化小型审判程序上等方面着手。应该充分看到，以诉讼的方式解决土地纠纷，不仅具有个案意义，而且具有示范效应。在诉讼中，法院应以重点保护农民的合法权益为原则，尤其是在行政诉讼中。这是因为土地权益关系到农民的生存与发展，而农民是事实上的弱势群体和诉讼能力较差的一方，不给予重点保护就难以实现真正的公平，更不利于维护农村社会的稳定。另外，从制度构建上看，诉讼主体制度、证据制度、保全程序、审判程序、执行程序等尚须从立法层面进一步完善，才能更好地保护农民的合法权益。

参考文献

（1）白呈明. 农村土地纠纷的状况及其特征[J].调研世界，2006(11).

（2）贺雪峰. 农村土地的政治学[J]. 学习与探索，2010(1).

（3）何·皮特. 谁是中国土地的拥有者？[M]. 北京：社会科学文献出版社，2008.

（4）蔡虹. 农村土地纠纷及其解决机制研究[J]. 法学评论，2008(2).

（5）嘉娜·亚历山大主编. 全球调解趋势[M]. 王福华等，译. 北京：中国法制出版社，2011.

作者简介

陈丹，1981 年生，博士，天津商业大学副教授。联系电话：13752363125；电子邮箱：chendan737@126.com。

论公民自治权与国家权力的平衡：社会契约论视角

沙　金

摘要　国家权力来源于社会个体权利，社会个体权利是国家权力获得正当性的依据。当国家权力具有相对独立性之后，其行使应遵守一定的规则和界限。在社会契约理论下，稳定的社会治理结构应当既能够给予国家权力必要的权限，又要对国家权力加以必要的限制，使其既能维护公民的自治权，又能防止公民自治权的滥用，破坏社会秩序，避免国家权力对公民自治权的不当干预。从一定意义上说，稳定的社会治理结构应当是一个公民自治权与国家权力保持平衡的结构。卢梭社会契约论的理论内涵，对处理我国公民自治权与国家权力的平衡关系具有深远意义。

关键词　公民自治权　国家权力　社会契约　社会话语权平衡

1. 具有权力性质的公民自治权

卢梭在《社会契约论》中指出："我设想，人类曾达到过这样一种境地，当时自然状态中不利于人类生存的种种障碍，在阻力上已超过了每个个人在那种状态中为了自存所能运用的力量。于是，那种原始状态便不能继续维持，并且人类如果不改变其生存方式，就会消灭。"为了生存，人们改变了交往方式，通过相互承认和尊重彼此的利益来调整人与人之间的关系。这种相互的承认和尊重促进了权利观念的形成，使权利逐渐成为社会生活中调整人们社会关系的重要工具。格林认为："没有这种承认或者承认的要求，权利就不可能存在。权利是而且必须是社会的产物，不仅如此，权利还是有自我意识的社会的产物——人们已经察知其共同利益并共同具有这种意识。所以，人们愿意并且能够共同协调他们的行为。"权利的形成为公共权力的产生奠定了基础。卢梭认为，人类只有在缔结社会契约的过程中，让与并且集合个体权利而形成公共权力，才能最终克服这种阻力。随着公共权力的产生，人类社会由自然状态转变成了政治状态。

由此我们可以得出这样的结论：公共权力来源于社会个体权利，社会个体权利中含有公共权力的成分，具有公共权力的性质。社会个体权利是公共权力获得正当性的依据。卢梭进一步认为，在任何一个政治社会中，个体成员都具有两种身份：既是主权者，也是臣民。我们可以这样理解：一方面，当社会个体作为主权者时，其拥有参与公共权力并制定法律的权力，可以参与管理国家和社会事务，此时社会个体权利中的权力性质得以体现，社会个体被称之为公民；另一方面，当社会个体作为臣民时，其权利的行使受到了法律的规范，不具有参与公共权力的权力，此时社会个体权利中的权力性质无法显现，社会个体被称之为臣民。

一定意义上说，国家公共权力的出现，正是人们自治的结果。正是因为公共权力具有调整人们社会关系的功能，所以人们通过缔结社会契约的方式选择公共权力作为社会治理的工具，以实现共同利益。因此，公民自治权具有权力的性质。国家出现以后，形成了国家与社会的二元对立，社会被分为国家管理的领域和社会自我管理的领域。随着市场经济和民主政治的发展，国家与社会关系发生了深刻变化，公民的自治空间逐渐扩大，自治能力不断增强，公民自治成为公民社会治理的重要模式。自治是相对于他治的一个概念。公民自治是公民和公民社会组织自我管理、自我约束、自我发展的社会治理模式，是公民参与社会治理的一种形式和途径。公民自治权是相对于国家权力而言，公民自我管理的一种权利和能力。公民的自治权主要包括两方面的内涵：一方面，公民的自治权是公民的基本权利，具有独立性、排他性，即其他任何主体都不得非法干涉公民的自治行为；另一方面，公民自治权的行使需要以公民具有自我管理、自我约束的能力为前提。公民的自治能力是实现自治权价值的重要基础。公民社会组织依法、依公民之间达成的协议对组织内部事务及相关社会事务的管理，正是公民行使自治权的体现。托克维尔指出："自治、独立的社会是民主的基础，没有社会的自治与独立，民主制度形同虚设。"

2. 社会治理结构：公民自治权与国家权力的平衡

关于政府的作用，卢梭认为："政府就是臣民和主权者之间所建立的一个中间体，以便使得两者互相适合，它负责执行法律并维持社会的以及政治的自由。"在讨论政府与社会个体之间的关系时，卢梭提出了这样一种连比例："我们可以用一个连比例中首尾两项的比率来表示主权者对于国家的比率，而连比率的比例中项便是政府。政府从主权者那里接受它向人民所发布的一切命令；并且为了使国家能够处于很好的平衡状态，就必须在全盘加以计算之后使政府自乘的乘积或幂与一方面既是主权者而另一方面又是臣民的公民们的乘积或者幂，二者相等。"连比例表明：主权者对政府行使权力的程度应该与政府对臣民行使权力的程度保持平衡。如果主权者对政府行使权力的程度超过了政府对臣民行使权力的程度，则政府将无法履行对臣民进行管理的职责；如果主权者对政府行使权力的程度小于政府对臣民行使权力的程度，则会导致政府专制。这种相互作用的平衡关系反映出政治体平衡的本质。

根据卢梭提出的政府与社会个体之间的平衡关系，我们发现，在社会治理结构上，当我们将作为社会主权者的公民与公民所拥有的具有权力性质的自治权联系在一起时，公民自治权与国家权力之间的权力平衡关系就显现出来。作为公民社会的主体，公民同样具有参与管理国家和社会事务的权力，从这一层面来看，与国家权力一样，公民自治权具有权力的性质。在社会治理结构中，公民需要赋予政府一定的权力，以便政府能够在社会治理中履行服务公民、保障公民权利的职责。但同时也要对国家权力予以必要的限制，保证国家权力的正确行使。在限定国家权力的行使范围时，应首先保证国家权力能够有足够的能力对社会进行必要的治理。如果公民自治权的过分行使造成了国家权力的行使范围过小或者行使水平过低，则不利于政府对社会的治理，从而会导致社会的混乱、公民权利得不到保障，最终出现社会治理结构失衡的局面；反之，如果国家权力的行使范围过大，侵犯了公民的自治领域，剥夺了公民的自治权，则会导致政府专制，同样不利于对公民权利的保障。政府的专制会使得公民的具有权力性质的自治权突破现有权力体制，推翻国家权力，通过重新赋予权力，建立公民自治权与国家权力的平衡关系。所以，国家权力的行使需要以尊重公民的自治权为必要前提。"权利既排斥权力的非法干预，也要求权力的积极作为，为实现权利创造政治的、经济的、文化的各种条件"。对公民自治权保障力度的加强，需要对国家权力予以必要的限制，但并不必然需要削弱国家权力，相反，国家权力的积极运用是实现公民权利的重要保障。

从国家与社会的关系上看，国家最初的职能是保护公民的基本权利，维护社会公共利益。然而，由于国家权力具有相对的独立性，不易受到社会权力的监督与制约，从而造成国家权力过度膨胀而社会权力严重萎缩的局面。在现代社会治理上，过分强调国家权力的作用，会导致专制，使公民丧失自治能力和自治活力，不利于经济社会的健康发展。现代法治建设的目标就是要通过法律保障公民的自治权，避免国家权力对公民自治权的压制和限制，从而形成民主法治的社会秩序。在缺乏有效制度加以监督的情况下，国家权力的过度膨胀必然会严重干预公民社会领域，侵犯公民的权利，使国家权力成为官僚阶层谋取利益的工具。以社会权力制约国家权力是民主政治的体现。谢晖教授认为："我们所致力于的现代法治，事实上是一种以现代民主政治为基础，与现代市场经济相适应，反映人的独立自主意识，尊重人权的社会制度，其内容包括国家法治和社会自治。"我国长期实行的高度集权政治体制，使社会缺乏独立性和自治能力，无法有效地制约国家权力。目前，在我国一些地方，权大于法的现象比较普遍，法律得不到有效执行。因此，只有制约政府的权力，才能避免权大于法，使保障公民权利的法律真正产生效力。制约政府权力需要通过制度建设合理配置政府部门和部门领导人的权力，防止权力过分集中，同时加强司法对权力的监督和制约，形成民主、开放、独立的监督机制，预防和惩治腐败，保证政府权力正确行使。

由于公民本身具有自利性和非正规性的特点，使公民在行使自治权时容易违背公益性的原则进行非法经营等违法活动，触犯法律。陈金罗教授认为："现代化的社团管理，应是利用法律法规进行调控和规范的宏观方式，这也是时代发展的必然要求和趋势。如果面对众多的非政府组织，政府以有限的人力去进行事无巨细的具体管理，则只能会处处显得无能为力。同时，这也是一种不科学的、落后的人治表现。"法律作为公民利益的代表，能够充分保障公民自治权的实现。应尽快完善相关立法，加强对公民和公民社会组织行使自治权的监管，接受广大社会群众的监督，保证公民自治权的有效行使。

因此，一个稳定的社会治理结构，既要给予国家权力必要的权限，以便国家权力保障公民权利；又要对国家权力加以必要的限制，以避免国家权力对公民自治权的不当干预，侵犯公民的权利。既要维护公民的自治权，又要防止公民自治权的滥用，破坏社会秩序。从一定意义上说，稳定的社会治理结构应当是一个公民自治权与国家权力平衡的结构。

3. 我国社会建设中公民自治权与国家权力平衡关系构建

3.1 保障公民参与权

公民参与是公民自治的前提和动力。没有公民的参与，公民自治就无法真正实现。正是由于公民对国家和社会事务的积极参与，才使得公民自治得以发展。《中华人民共和国宪法》第二条规定："中华人民共和国的一切权力属于人民，人民行使国家权力的机关是全国人民代表大会和地方各级人民代表大会，人民依照法律规定，通过各种途径和形式，管理国家事务，管理经济和文化事业，管理社会事务。"这一明文规定反映出参与权是公民的一项基本权利，作为国家真正的主人，公民有权利参与与公民利益有关的所有国家事务的管理。公民参与国家事务管理的行为是行使参与权的表现，是维护公民利益的重要手段，受到国家宪法和法律的保护，体现了公民独立的主体地位。公民对国家和国家工作人员的监督是公民合法利益得以实现的有力保障，也是公民参与国家事务管理、行使参与权的重要体现。《中华人民共和国宪法》第四十一条规定："中华人民共和国公民对于任何国家机关和国家工作人员，有提出批评和建议的权利；对于任何国家机关和国家工作人员的违法失职行为，有向有关国家机关提出申诉、控告或检举的权利。"根据权力的性质及其来源，有权必有责，用权受监督。公民监督权的行使，既能够防止国家权力对公民合法权益的侵犯，又能够保证受损的公民权益得到及时有效的补救。国家需要采取积极的措施保障公民监督权的实现。唯有让公民的监督权得到充分的行使，才能保证国家权力为民所用的根本宗旨。

宪法赋予公民参与权意味着公民同样具有管理国家公共事务的合法权力。公民参与权不仅针对与公民自身利益相关的公共政治生活，同时也针对政府决策。公开性和开放性体现了公民社会的基本精神。公民参与权的有效行使，要求政府信息公开和透明。现实生活中，政府对信息的垄断，往往直接导致了社会公众对政府的不信任，同时为错误信息的传播提供了空间，造成社会恐慌，破坏了政府与公民之间的信任关系。因此，政务公开，保障公民的知情权，对政府权力的行使形成有力的监督，让权力在阳光下运行，是保障公民参与权的重要基础。随着经济和社会的发展，传统的管制型治理模式已很难有效解决日益增多的经济问题和社会问题。专业知识和全面而准确的信息对政策的科学制定和有效落实至关重要。政府可以充分利用公民和公民社会组织掌握的专业知识和信息方面的优势，科学地制定政策并有效地落实，从而提高政府管理公共事务和提供公共服务的效率，实现政府决策的科学化和民主化。在民主政治社会中，每个公民拥有平等的参与机会和参与资格。美国政治学家科恩就曾指出："民主是一种社会管理体制，在该体制中社会成员大体上能直接或间接地参与或可以参与影响全体成员的决策。"

我国传统上是一个宗法伦理非常浓厚的社会，在我国社会转型的过程中，社会利益分化不断扩大，利益冲突和群体性事件频发，政府应该积极引导公民合法、有序地参与管理国家和社会事务，积极推进政治体制改革，抓紧落实相关立法，充分保障公民政治权利。公民参与权的有效行使，对限制政府权力、发展社会主义民主政治、充分发挥公民自治权的价值具有重要意义。随着我国政治体制改革的推进，公民的民主意识、权利意识以及公共精神不断提升，公民行使权利的形式也在不断丰富，保障公民的参与权和自治权正是我国宪法人民主权原则的体现。

3.2　建设法治政府

法治政府对保障公民权利、防止政府权力的滥用、发展社会主义民主政治、构建公民自治权与国家权力良好互动关系具有重要意义。在公民社会法治精神不断提升的条件下，建设法治政府的总体思路是：

第一，加强保障公民权利和限制政府权力的制度建设。有法可依是实施依法治国基本方略的前提。建设法治政府，首先要加强保障公民权利和维护社会公平正义的制度建设。有效保障公民的权利就需要对政府的权力做出必要的限制。制约政府权力需要通过制度建设合理配置政府部门和部门领导人的权力，防止权力过分集中，同时加强司法对权力的监督和制约，形成民主、开放、独立的监督机制，预防和惩治腐败，保证政府权力正确行使。我国的《中华人民共和国行政诉讼法》《国有土地上房屋征收与补偿条例》规定只能由人民法院对被征收人强制执行，做出房屋征收决定的市、县级人民政府无权强制执行，正是政府权力受到司法制约的体现。在制度建设中，应充分反映人民意愿，政府应多向社会公开征求意见，保证人民群众意见得到充分表达，并建立健全专家咨询论证制度，提高制度建设质量，更好地维护公民权益。

第二，推进依法行政是建设法治政府的必要前提。法律的生命在于完全彻底的实施。首先，要提高行政机关工作人员依法行政的意识和能力，特别是要强化程序意识，严格按程序执法，牢固树立依法行政的法治理念。建立各级行政机关工作人员学法的长效机制，提高运用法律手段解决社会矛盾和问题的能力，提高执法人员的素质。其次，要通过制度建设规范行政权力运行。政府和公职人员的一切执法行为，都必须恪守程序，依法进行，禁止不合法的执法机构或不合格的执法人员行使行政执法权。因此，要进一步规范行政执法主体、权限和程序，明确执法责任，提高执法效率和规范化水平。最后，还要规范行政裁量权的行使，避免行政机关滥用行政裁量权侵犯公民合法权益。我国先后制定的《中华人民共和国行政处罚法》《中华人民共和国行政许可法》等法律，在规范政府行政行为方面发挥了重要作用，加快了推进我国依法行政的进程。

第三，推进政务公开，强化人民监督。法治政府也是阳光政府。政府的权力是人民赋予的，因此，政府权力的行使必须向人民公开，接受人民监督，确保人民充分的知情权。只有使政府及其公职人员处于社会监督之下，才能有效地约束政府及其公职人员，实现依法行政，保证法律的有效实施，进而提高人民群众对政府的信任。在制度建设方面应强化社会公众对领导干部收入、房产、投资以及配偶子女从业等情况的监督。在政务公开的方式上，政府应加强电子政务建设，充分发挥互联网的优势，以方便人民群众对政府的监督。

第四，强化行政问责制是建设法治政府的一个重要途径。行政问责制的重点在于预防政府官员失职失责行为的发生，及时避免失职失责行为产生影响的扩大。行政问责制的实施体现了权力与责任的相互统一，有利于促使政府官员依法行使职权，忠实履行职责，真正把人民的利益放在首位，同时也有利于促使其他行政执法人员认真为人民服务，真正实现责任政府，从而树立政府良好的社会形象，获得社会公众的信任。在完善行政问责制度时，应加强对问责程序的完善，通过程序保障问责的合理、合法。

参考文献

（1）[法]卢梭. 社会契约论[M]. 何兆武，译. 北京：商务印书馆，1982.

（2）[英]格林. 政治义务原理讲演集[M]. 剑桥大学出版社，1968：45. 转引自[美]贝思·J. 辛格. 实用主义、权利和民主[M]. 王守昌等，译. 上海：上海译文出版社，2001：61.

（3）范进学. 权利政治论[M]. 济南：山东人民出版社，2003：10.

（4）谢晖. 价值重建与规范选择[M]. 济南：山东大学出版社，1998：261.

（5）陈金罗. 社团立法和社团管理[M]. 北京：法律出版社，1997：33.

（6）[美]科恩. 论民主[M]. 北京：商务印书馆，1979：10.

作者简介

沙金，1981 年生，天津商业大学公共管理学院，博士，讲师。联系电话：18322632031；电子邮箱：shajin7785@163.com。

滨海新区综合执法体制改革的实践及其效果①

摘要　滨海新区的城市管理体制一直处于改革的进程中，十八大以后，又进行了新一轮改革。本次改革通过执法重心下移、权力下放、队伍下沉等多种形式保障了执法的效果。这种街镇综合执法改革，改变了以往街乡镇作为区级政府派出机关和基层政府承担着大量属地管理职责，但没有相应的行政处罚权，使得街镇政府无法发挥应有职能的局面，实现了管理方式的创新。

关键词　城市管理　体制改革　行政执法

党的十八届三中全会对于深化行政执法体制改革提出了新的总体要求，天津市滨海新区深入贯彻党的十八届三中全会和天津市委十届四次全会精神，针对新的要求做出了一系列改革，努力实现以综合执法改革促进政府职能转变。

1. 滨海新区新一轮综合执法体制改革的指导思想

1.1　重心下移，强化属地管理

我国乡镇街道办事处承担的公共管理职能具有一定的综合性，在整体上被赋予了保护本区域安全的法律责任。作为区政府派出机关和基层人民政府，承担着大量的属地管理责任，但是我国之前并没有现行法律明确规定街道办事处的行政执法职能，也没能给予相应的处罚权力，有责无权，当街道发现违法或危险事故时想管却没有权力去管；同时和行政执法部门的沟通不彻底，不能清楚地明确各自的责任，衔接不紧密，因此造成了街道辖区发生纠纷或违法行为时，执法工作混乱，想为不敢为，能为不作为，乡镇街道秩序涣乱。

滨海新区通过由政府扩大综合执法范围，区城市管理综合执法局在街道办事处

---

① 本文的写作基于滨海新区城管执法局的调研数据和相关文件。

设立街道综合执法队，由街道办事处、区城市管理综合执法局双重领导指挥，使管理重心由政府下移至街道，即街道办事处享有一定的行政执法权。也就是说每个街道负责一块区域，每个街道有负责区域的行政执法权，有权处理本区域发生的事物，一些职能部门的执法工作和街镇政府密切配合，有明确的执行工作法律依据和工作机制，避免街道行政执法工作无力可发，想为不敢为，也使就近执法、属地管理的构想得以实现。

1.2　权力下放，强化权责对等

我国没有法律法规明确街道办事处的行政执法定位，当前各级政府的行政执法职能基本上授于县级以上政府职能部门，街镇政府只拥有少量的行政执法权。在行政管理体制不断改革的过程中，国家和地方在涉及街道的法律法规之间或政策之间往往缺乏有机衔接，这导致街道办事处的行政执法工作难以统一、缺乏标准。而且当前各级政府公共管理事务中管理事项和责任下沉，执法权限却没有伴随下沉。因此，当本辖区发生纠纷或违法行为时，街镇政府在行使管理职能的过程中，常常会发现无权去管但又不得不管的现象。一些职能部门的执法工作需要街镇政府配合，但缺乏明确的依据和工作机制，使街道行政执法工作无力可发，想为不敢为，也使就近执法、属地管理的构想难以统筹。

但是权力下放并不是意味着把所有行政执法权全部赋予街镇，街镇执法主要对象是那些容易发现、处置简单易行的违法行为，否则没有甄别，授权过多，反倒会产生新的问题。所以街道办事处和乡镇政府行使行政执法权的对象主要涉及城市管理、水务管理、卫生行政管理、劳动保障、环境保护、殡葬管理、房屋安全管理、公安消防安全管理、商务管理、文化、安全生产监督管理等。

1.3　队伍下沉，强化执法队伍力量

目前，不少街道办事处、管委会法治工作人员法律基础不够、人员较少，因此各地基层执法队伍中均有大量的劳务派遣人员，而这些人员由于没有执法证件、素质较低，导致执法能力不足，执法标准不统一。各街道虽然成立了执法队，配备了3～7名执法人员，但并不足以应对平时繁多的执法任务，执法缺位的现象时有发生。为此应加强对基层执法队员的培训，有利于全区统筹调剂专业人员，避免基层执法人员综合素质和专业经验难以适应实际工作需要的情况。对城管工作人员加大支持力度，使每一名执法人员都能够严格遵守法律法规要求，坚持有法必依、执法必严、违法必究，用良好的作风和形象赢得党和人民的信任。给予街道执法相应的足够的指导，尽量避免"摸着石头过河"的状况。滨海新区在18个街镇建立了综合执法大

队，由综合执法大队以街镇名义执行行政处罚权。在队伍配备上，把原先分散在各个行政部门的近 1000 名执法人员和辅助执法人员全部划转到街镇综合执法大队，并按照与街镇常住人员 3:10000～5:10000 的比例，逐步加强基层执法力量，全方位完善资金、装备等保障，确保综合执法有效开展。改变了以往解决问题缓慢、各部门推诿扯皮没有部门肯负责的局面。

2. 滨海新区新一轮综合执法体制改革的内容

2.1　一支队伍管全部

完善综合执法组织架构，实现一支队伍管到底。过去由于行政执法体制机制不健全等原因导致执法部门之间权力边界分不清、多头执法、重复执法、相互推诿扯皮，难以形成合力，往往七八顶大盖帽管不住一顶破草帽。天津市滨海新区加强街镇执法从完善管理体制为抓手，与城市网格化管理结合，组建区综合执法局、功能区综合执法局、街镇综合执法大队，并设立区城市网格化管理指挥中心，率先实现街镇一支队伍管全部、管到底的基层执法新模式，着力解决执法主体不清、权责不明的问题。围绕构建权责一致、快捷高效的基层行政执法体制，整合执法体制，下移执法重心，缩短执法半径，将与人民群众日常生产生活直接相关的行政执法活动，授权街镇实施，推行"一支队伍管全部、管到底"的执法新模式，实现基层执法全域覆盖。2014 年 8 月 7 日新区挂牌成立 18 个街镇综合执法大队，区综合执法局将 700 余名执法人员划转到各街镇执法大队，下放行政、人事和财务管理权。执法大队由街镇和区执法局双重管理。但是付世成教授认为，一支队伍管执法不能忽视执法的专业性，要坚持专业化执法程序，保证人员的专业性；各种执法集中在一个队伍里，要注重队伍自身的管理，加强执法监督，避免队伍庞大臃肿，避免滥用权力；执法职能集中在一起，行政管理的其他诸如审批、管理等职能还由相应部门承担，需要保证这些部门之间对接顺畅。

2.2　一张清单明责任

科学界定综合执法范围，理清政府权力清单，按照"三可三不"划转职能。"三可"，即与城管执法强相关的执法权可划入，多个部门执法依据相似、易权责交叉的可划入，现场检查和凭借经验易于判断、不需要专业设备和技术检测手段即可定性的可划入。"三不"，即市场监管领域行政执法不划入（将来统一纳入筹建的市场监管局），专业化程度高、不需要大量巡查的不划入，属于中央垂直管理的海关、国税、金融监管、出入境检验检疫等部门和涉及国家安全与需要限制人身自由的不划入。同时，通过明确综合执法职能范围，进一步划定政府部门与综合执法机构的执法职责界限，理清政府部门执法权力清单，构成新区独创的分类执法格局，即综合执法局统一负责综合类行政执法；市场监管局统一负责市场监管类行政执法；各有执法权部门负责行业执法和专业执法，做到每类事只有唯一部门管理。

2.3　一个平台全监督

创新监管方式，一个平台全监督。这个平台是在智慧滨海"三个一"的基础上，充分利用互联网、智能识别、电子签章等技术，提升建设的综合执法监督指挥平台。监察局管理，由专门处室专职负责，采取服务外包模式运作。指挥中心作为区综合性城市管理的实施主体，统筹城市网格化管理、市民热线管理等职能，主要负责区城市管理全方位、全时段监督指挥，及时巡查发现、受理举报、移交案件，分类处理和监督核查；对各类案件进行整理分析，发现和排查隐患，对政府部门、企事业单位涉及城市管理的履职情况进行监察、评价和服务；管理巡查员队伍，负责城市管理基础数据库建立、维护、开发及管理等工作。建立健全城市网格化管理信息平台，将新区按照标准划分成若干边界清晰、大小适当的网格化管理基本单元，实现网格化管理全覆盖。信息平台实时记录网格化信息员巡查发现、指挥中心立案分派、相关部门处置反馈及网格化信息员现场核查结案等闭环运行全流程。实现综合执法工作"执法责任网格化、勤务管理可视化、法规应用编码化、处罚审批网络化、案卷管理电子化"。依托信息平台技术整理分析，及时发现城市部件和事件矛盾多发、影响城市管理秩序的隐患，直接报告区政府，充分发挥综合监察作用。将信息平台与城建热线、报警热线、市民热线以及媒体报道等信息来源紧密结合，充分发挥外部监督作用。

2.4　一套机制强保障

完善配套设施，一套机制强保障。推行执法管理标准化，对全区综合执法机构从服务基础、服务管理、服务质量、服务公开、服务形象、服务效能、服务监督、服务运行、服务评价九个方面制定明确标准，促进严格规范、公正文明执法。建立如街镇例会、信访投诉、考核通报、督查专报等一系列工作制度，加强队伍建设，通过增加人员、提供资金、改良装备、人员培训等一系列制度措施，全方位、多渠道强化执法保障。通过行政执法体制机制以及管理的改革，有效破解基层执法难题。实现四个转变：多头执法转变为集中执法，权责不清转变为权责统一，监管不力转变为监管到位，保障不足转变为保障有力。

3. 滨海新区新一轮综合执法体制改革的效果

3.1 一支队伍管全部解决了全责交叉、执法效率低的问题

十八届三中全会决定提出深化行政执法体制改革，指出理顺城管执法体制，提高执法和服务水平。"一支队伍管全部、管到底"是一种解决途径和方向，有利于解决权责交叉、多头执法、不独立和效率低的问题，这对于在基层如何实现国家治理有一定的探索意义。经过全市多个地方试点后，天津在滨海新区率先推开执法改革。"试行证明，街镇综合执法半径短、反应快、效率高，有效破解了基层执法难题。"天津市滨海新区城市管理综合执法局副局长杨焕香说。

随着改革的实施，城管执法的范围逐渐扩大。城管执法局的执法范围建立在中央 2002 年提出的市容环境卫生、城市规划管理、城市绿化管理、市政管理、公安交通（侵占道路）、工商行政（无证商贩）、环境保护（部分）等 7 项基础上。其中，大部分城市将林业管理、违法设置户外广告、流动摊点的管理权纳入了城市管理综合执法局；街镇执法地位也逐步明确，大部分街镇综合执法队伍都以上级执法局的名义进行执法，日常工作接受上级执法局和街道办事处双重领导，其中财务和办公地点一般由街镇办事处负责，考核和监督由上级执法局负责。各地不断统一行政执法的标准和程序，将多个执法权责归并到部分部门，再由地方政府和各部门制定执法条例和执法规范，进一步统一执法依据和流程，初步改变了多头执法、重复执法、扰民执法等现象，提高了执法效率和效能。

执法机制体制也在不断优化，由城管综合执法局统一在各街道设立执法队伍，实现了部分执法重心的下移，使行政执法开始适应城市管理综合化、区域化的发展趋势，并提高了基层执法人员的执法能力和效率。

3.2 一张清单明责任有利于构建权责一致的执法体系

滨海新区将区政府 17 个部门的相关执法权限部分或全部下放至街镇,组建综合执法大队，行使 13 大类近 300 项行政处罚权以及与之相关的行政强制措施，主要涉及城市管理、水务管理、卫生行政管理、劳动保障、环境保护、殡葬管理、房屋安全管理、公安消防安全管理、商务管理、文化、安全生产监督管理等，加快了转变政府职能的步伐。理清执法权力清单，使责权利关系统一、简明，操作性强，缩短执法半径，有利于构建快捷高效、责权一致的基层行政执法体系，为全面提升政府治理能力提供坚强保障；有利于保持综合执法体系的相对独立性；有利于区局统一

指挥、统一调配，避免街道出现法律意识不强、地方保护主义等；有利于保证执法工作秩序和工作重心，避免个别街道和部门将不属于执法范畴的急难险重任务交给执法队完成，使矛盾向综合执法部门转移。

3.3　一个平台全监督保障了执法程序和执法效果

区级监督指挥平台主要通过受理投诉、视频查看、案卷评查、现场监督等方式，对街镇、功能区综合执法机构实施行政处罚、行政强制、行政检查的合法性、正当性以及执法效能进行综合考评。主要包括勤务管理、行为监督、过程监督、结果监督。并且建立街镇、功能区内部监督指挥二级平台，负责对本系统综合执法的指挥、调度、监督和管理，及时受理各类问题信息并反馈处置结果。平台的特点是全方位覆盖滨海新区 2529 平方公里；全天候处理，平台设立专职坐席人员，实行 24 小时轮流值守，随时受理、分派各类事件问题；全过程监督，平台可以通过视频系统（动中通取证、移动视频监控、手持视频终端等智能化装备）等方式，对执法全过程进行实时监督。

勤务管理指对执法人员定点定时勤务，定段定区域巡查情况以及执法装备使用情况进行监督。监督执法人员是否严格遵守法律规范，对负责区域进行巡查，对违法情况进行处理，这种方式缩短了执法半径，加快了事故处理的效率，缩短了处理违法事件的时间，减少了事故发生的可能，减轻了事故对本区域居民的威胁。

行为监督指对执法人员执行用语规范、举止规范、仪容规范、着装规范等情况进行监督。对执法人员的执行用语、举止，仪容、着装进行监督，保证了执法人员执行任务时的素质，维护了党和政府的形象，得到了人民的信任。统一执法人员的着装，更有利于群众更加清楚地看到执法人员，从而寻求帮助，加快了解决问题的步伐，减少了危机存在的威胁。

过程监督指对执法主体的办案时限以及文书制作质量进行监督。对办案时限进行监督，减少了每个案件的办理时间，提高了执法人员的办案效率，避免了案件累积太多得不到及时处理。对文书制作质量监督，提高了案件处理的质量，避免了应付差事而造成的案件处理有误，增强了执法人员办案的责任心，从而避免案件处理不当与案件误判。

结果监督指对主体是否适合、法律适用是否正确、执法程序是否合法、处罚是否适当等情况进行监督。对案件的整体进行监督，增加了案件处理的正确率。做到案件处理有法可依、有法必依，每个案件处理得客观公平。在法律范围内，加大处罚力度，以儆效尤。

3.4　一套机制强保障提高了执法管理效能

城管执法是马路执法、一线执法，面对的主要是困难群体和弱势群体，深陷违法成本低而执法成本高的尴尬境地，经常遭遇以暴力威胁手段抗拒执法的情况，执法人员人身安全受到威胁，执法权益不能得到有效保障，亟需建立公安、城管联动保障机制，增加执法的资金人员支持，保障执法人员的人身安全及自身利益。所以综合执法在开展重大执法行动前可以事先报备公安分局调配警力予以配合，重点管理区域综合执法和公安共同开展联合巡查行动，综合执法人员遭遇暴力抗法时，公安迅速出动警力进行现场执法保障。

通过完善配套设施，使属地责任明确，街镇既有权、又担责，"以块为主"的属地管理责任得到落实；反应能力得到增强，缩短了执法半径，消除管理盲区和执法空白，实现了违法问题早发现、早控制和早解决；执法效能得到了提高，开展网上办案，对各类事部件问题进行全天候收集、立案、分派和处置，提高了执法管理效能。

作者简介

杨书文，天津财经大学经济学院财政系主任，副教授。

周燕，天津财经大学行政管理专业硕士研究生。

政府执行力与公信力问题研究综述
——基于政策过程的视角①

刘　畅

摘要　政府信任危机是当今世界面临的普遍问题，公共政策执行的效果直接关系着政策的权威性与完整性，进而影响着政府公信力的建设和维护。本文拟从政策过程的视角全方位探寻提升我国政府公信力与执行力的有效途径。

关键词　执行力　公信力　政策过程　研究综述

《中共中央关于全面深化改革若干重大问题的决定》描绘了深化改革的宏伟蓝图。而深化改革，成败在于政府公信力与执行力的强弱。有效的政府治理，必须切实转变政府职能，增强政府公信力与执行力。在公共政策过程中，政府公信力如何生成，政府执行力与公信力之间存在怎样的关系，如何杜绝政府信任危机，进而提升政府公信力与执行力，这些都是具有重要实践意义和理论价值的问题。本文首先梳理国内外有关政府公信力与执行力的研究现状；再从我国政策过程的实际情况入手，以我国外资政策为例，从问题的提出、政策制定、政策执行到政策评估和终结等全过程考察政府公信力与执行力的变化趋势；评价与总结现有文献，在此基础上探讨我国政府执行力与公信力研究的发展趋势。

1. 关于政府公信力与执行力的研究

1.1　政府公信力与执行力的内涵研究

自 20 世纪 60 年代以来，美国政府公信力一直处于下降趋势，且下降幅度较大。美国全国选举研究会（NES）针对政府信任危机进行的一系列研究证实，美国民众

本文系国家社科基金项目"外资政策严谨过程的地方政府执行力研究"（14CZZ019）的阶段性研究成果。

对政府的信任度确实呈现大幅下降趋势（Nye Joseph，1964）。相对于西方国家对政府公信力的研究,我国学界与政府部门对于政府公信力的关注和研究相对较晚。2003年"非典"事件后，国内学者及政府部门才表现出对政府公信力的密切关注。政府公信力被认为是政府通过自身信用获取公众信任的情况或程度（龚培兴，2003）；是社会公众对政府行为的一种评价（吴威威，2003）；是政府获得社会公众信任和支持的一种能力，即政府的影响力与号召力，它是政府行政能力的客观结果，体现了政府工作的权威性、民主程度、服务程度和法治建设程度（唐铁汉等，2005）。国外直接以政府执行力为对象和内容的研究成果主要是管理学领域的企业执行力研究（Henri Fayol，1999）、公共政策科学领域的政策执行力研究（Richard F.，2000；Larry Bossidy & Ram Charan，2002），以及公共行政学领域在政治与行政二分法基础上形成的与决策相对应的执行研究（Frank J.，1998；Peter Plastrik，2002）。国内学者从法学、经济学、社会学等不同学科对政府执行力进行了研究（蔺全录，2009；于凤荣，2012；王殿春，2013）。由于政府执行力主要是从我国行政管理体制改革意义上阐发的，总体上属于政治学研究范畴（徐珂，2006；谢庆奎，2007；莫勇波，2011）。

1.2 政府执行力的构成要素和影响因素研究

该研究认为执行主体、执行资源、执行制度等是政府执行力的重要构成要素和能量来源（莫勇波，2007；姚克利 2010）；认为政府执行力的构成要素包括理解力、判断力、领导能力等七种能力（谢庆奎、陈慰萱，2008）。政府执行力主要受到来自制度、技术、文化、组织结构等因素的影响（蔺全录，2006；顾杰，2008）。

1.3 影响政府公信力建设的因素研究

政府公信力建设的反差显现出它在很大程度上取决于政府管理的理念、行为与效率的状况（龚培兴，2008）。政府公信力不仅与政府自身表现有关，而且与信任的投入者密切相关。政府管理行为根植于理念，理念是认识论，行为是过程论，而政府管理效率则是结果（唐铁汉，2010）。政府失信的原因主要包括：一是政府职能转变滞后；二是传统的政府管理方式不能适应市场经济发展的新要求；三是政府依法行政还存在着许多不完善的地方（吕维霞，王永贵，2010）。

1.4 政府执行不力及提升路径研究

当前政府执行力不高主要表现为抗令不行、有禁不止、逃避执行、歪曲执行等（于秀琴，2010；谢庆奎，2011）；对于政府执行不力的原因分析，主要从执行过程的角度出发探究执行不力的原因（Aaron，2002；莫勇波，2010）；从执行力的构成要素出发进行探索（徐元善、孙台维，2012；陈坦、骆广东，2013）；采用博弈论的方法分析地方政府执行不力的原因（丁煌，2011；潘镇，2013）。针对地方政府执行不力，提出从新制度主义视角提升政府执行力（胡象明、孙楚明，2010）；以治理理论为视角（丁煌，2012）；从问责制与绩效考评的角度出发（史耀疆，2000；莫勇波、张定安，2013）。

2. 关于中国政策过程理论的研究

2.1 国外公共政策理论思想的本土化

通过对西方公共政策研究的分析理论进行阶段总结和全面分析，提倡在我国政策研究中引用和借鉴心理分析的方法，更好地为公共政策制定服务，改进我国公共政策制定过程（胡象明，2012）。对萨托利冲突理论的相关研究成果进行了全面总结和评价，并使其明确化、理论话和体系化（宋衍涛，2010）。

2.2 转型期中国公共政策过程脉动

对和谐社会建设进程中我国公共政策体系利益调控的基本特征进行了深入研究（朱广忠，2012）；以缺陷理论、更新理论和循环理论构建了公共政策平衡理论框架，分析建设和谐社会过程中发生不和谐现象的政策根源，以期公共政策能在平衡各种矛盾和利益关系中发挥重要作用（庄国波，2011；杨绍陇，2010）。

3. 关于地方政府执行外资政策的研究

3.1 外资政策演变研究

我国的外资政策，是引导外商直接投资产业流向，并以此带动产业结构优化升级的主要政策工具（裴长洪，2006；赵晋平，2002）。改革开放以来，外资政策几经调整，从最初的单纯以优惠吸引外资进入我国到现在以提升引资质量为主要目的限制与鼓励并存的招商引资政策（张春光，2009；张政华，2011）。尤其是加入 WTO 后，为了适应国际形势的变化，我国外资政策更是频繁调整（赵蓓文，2011；刘畅2012），运用政策网络理论分析政策网络结构、网络关系、网络权力及利益格局、网络环境和网络的制度性因素，系统和动态地研究外资政策的变迁过程（刘畅，2013），探讨外资政策调整对外商直接投资决策的影响（杨焕诚，2012；方旖旎，2013）。

3.2　地方政府执行外资政策的博弈研究

一方面是地方政府与中央政府间的博弈，中央政府更加注重引资质量，明确鼓励吸引技术先进型外商投资企业；而地方政府更加重视引资数量，希望通过大量外资来带动就业和经济增长（Stoever，1994；朱鸿伟，2006；彭澎，2004）。另一方面是地方政府之间的博弈。即地方政府在中央政府外资优惠政策的基础上纷纷出台各种外资优惠政策，这种过度调节提高了优惠水平，导致引资成本的增加，也导致外资规模过于膨胀，外资产业结构不合理（张贵岩，2000；张浩、丁明智，2006；张贵锋，2013）。

综上，现有研究已经取得了较为丰硕的成果，但是，总体上重规范研究而轻实证研究，重静态研究而轻动态研究，这就削弱了理论研究对具体实践的指导能力。本文在借鉴已有理论的基础上，具体研究不同地方政府对我国外资政策不同时期的执行策略选择，动态性较强。

4. 对现有研究的评价

对于政府执行力的研究，从概念界定上，现有的成果大多把政府执行力等同于公共政策执行研究，而笔者认为，二者并不完全相同。前者侧重于研究提高执行主体即政府执行效能的方法和路径，而后者涉及执行主体、执行客体、执行环境、执行机理、执行阻滞机制等，仅仅是对政策执行这一政策运行环节的考察。就目前的研究现状而言，我国还存在一些不足之处，例如在整体理论研究上，大多是直接套用国外的理论进行分析；而以西方学者提出的政府执行力的各种理论和模型作为分析框架和原则的基础，提出符合中国实际情况的有关执行力的研究相对较少。在执行力理论的研究上，对于社会中出现的现实问题，在对政策执行产生影响的主要因素的研究方面，则更侧重于对政策主体的研究，而对于政策执行的方法论研究，对政策执行的过程、资源和手段的研究相对较少。国内文献对政策执行力指标体系和评估体系的研究相对缺乏，因而使政府执行力的研究只停留在定性的层面而难以量化和进一步分析，也使得政府执行力的大小和方向难以衡量，在这种情况下提出的提升途径等难以具备可信度。

对于政府公信力的研究，首先，当前的热点仍然集中于政府公信力的浅层面分析。现有文献资料对于政府公信力的研究主要在于探讨政府公信力的基本概念与内涵，并形成了相对具有代表性的观点，这对于初期的研究来讲是必要的；但是概念的相互关系尚未厘清，反映在学术探讨中，关于"政府公信力""政府公信度""政府信用""政府信任"等相关概念仍存在使用的随意性与替代性。其次，研究思路宥于传统的分析惯性，基本未走出"研究现状即存在问题—问题成因分析—对策探讨"的分析框架。而事实上，政府公信力并不是一个简单一维性的问题，对其探讨应着眼于立体式与多维度的分析。最后，当前零散性研究较多、定性分析多，因而缺乏研究的系统性与实证分析。今后政府公信力的研究应向系统性研究发展，从各个不同视角、定性与定量的不同角度反映政府公信力研究的系统性探讨。

参考文献

（1）David J. Lieberman. Executive Power: Use the Greatest Collection of Psychological Strategies to Create an Automatic Advantage in Any Business Situation. Wiley Press, 2009.

（2）Jeremy D. Bailey. Thomas Jefferson and Executive Power. Cambridge University Press, 2007.

（3）Harvey C. Mansfield, Jr. Taming the Prince:The Ambivalence of Modern Executive Power. The John Hopkins University Press, 2010.

（4）Calogero G, Giacomo Pignataro. Do local governments do it better? Analysis of time performance in the execution of public works. European Journal of Political Economy, 2012(7). pp.137-151.

（5）莫勇波. 政府执行力——理论思路与现实路径研究[M]. 北京：经济科学出版社，2013.

（6）[美]保罗·托马斯. 执行力[M]. 西安：中国长安出版社，2003.

（7）[美]萨巴蒂尔. 政策过程理论[M]. 北京：北京三联出版社，2004.

（8）金峰. 多维视角下地方政府执行力研究[M]. 成都：西南交通大学出版社，2013.

（9）吕维霞，王永贵. 基于公众感知的政府公信力影响因素分析[J]. 华中示范大学学报，2010(4).

（10）舒小庆. 政府公信力：价值、指标体系机器实现途径——兼论我国诚信政府建设[J]. 南昌大学学报，2008(6).

（11）殷华方. 中央—地方政府关系和政策执行力：以外资政策为例[J]. 管理世界，2007(7).

（12）陈慰萱. 政府执行力：构成要素、影响因素与提升路径[J]. 当代世界与社会主义，2009(8).

（13）莫勇波. 地方政府执行力评价体系的构建及测度[J]. 四川大学学报（哲学社会科学版），2009(9).

作者简介

刘畅，女，1981 年 2 月生，天津财经大学经济学院副教授，复旦大学公共管理流动站博士后。联系方式：天津财经大学经济学院财政系，300222；电子邮箱：liuchang8125@126.com。

中国自然灾害应急管理的政策工具及其优化

闫章荟

摘要 运用政策工具研究途径，分析中国自然灾害应急管理。研究的对象是中国自然灾害应急管理过程中所应用的政策工具，研究范围限定于自然灾害应急管理，时间限定于改革开放之后。基于政策工具理论，总结分析中国自然灾害应急管理的公共政策工具种类，探究各类公共政策工具的具体用途，为自然灾害应急管理政策工具规划提出对策建议。

关键词 自然灾害 应急管理 政策工具

政策工具是公共政策目标与政策结果之间的桥梁。目前，我国可供选择的自然灾害应急管理政策工具可以划分为三种类型：强制型公共政策工具，混合型公共政策工具与自愿型公共政策工具。中国自然灾害应急管理过程由政府完全主导型开始逐渐向政府、社会与市场共同参与型转变，这一转变并不是一种精心设计的结果，而是带有诱导性的制度变迁，即自然灾害应急管理的制度安排往往以应对某一特定自然灾害的方式应运而生。自然灾害应急管理过程中，政策工具选择非常关键，政策工具规划合理、运用得当可以在较大程度上提高自然灾害应急管理效率与效益，以及民众对自然灾害应急管理效果的评价。

1. 我国自然灾害应急管理政策工具类型

严格意义上说，中国自然灾害应急管理公共政策工具应用始于 20 世纪 80 年代，1988 年《中华人民共和国水法》的颁布实施，是自然灾害应急管理政策工具应用的起点。进入 21 世纪之后，"非典"事件推动了中国应急管理公共政策工具的完善，自然灾害应急管理公共政策在质量和数量上都有了质的飞跃，2007 年《中华人民共和国突发事件应对法》的出台标志着自然灾害应急管理政策工具体系基本建成。

根据政府介入自然灾害应急管理的程度，中国自然灾害应急管理政策工具可以划分为强制型工具、混合型工具和自愿型工具三种类型。目前，中国自然灾害应急管理仍以强制型政策工具为主。

1.1 强制型政策工具

强制型政策工具主要是指借助政府的权威与权力，对目标群体进行控制和指导，包括直接供给、管制以及其他命令性、权威性工具。

（1）直接供给。直接供给是指政府相关部门在自然灾害预警及应对过程中提供的各类公共物品、公共服务、公共财政支出。如，防汛抗旱、危房改造、饮水安全、公路灾害防治等重大工程；再如，各地的应急避难场所，抗震防洪基础设施，政府为防灾减灾拨付的专项资金，对各类自然灾害隐患点的治理，中小学危房改造，农村困难户的危房改造等。

（2）管制。中国自然灾害应急管理强制型政策工具包含 6 个类型：国家综合防灾减灾规划、法律、行政法规、应急预案、行政系统内部相关文件和标准体系。

目前，我国共有 6 部灾害应急管理相关法律，包括《中华人民共和国环境保护法》《中华人民共和国突发事件应对法》《中华人民共和国防震减灾法》《中华人民共和国森林法》《中华人民共和国防沙减沙法》和《中华人民共和国水法》。《中华人民共和国突发事件应对法》（以下简称《突发事件应对法》）是我国应对自然灾害事件的一般性基本法。我国在防治洪水、沙漠化、地震和森林灾害方面的专门性法律颁布实施时间普遍较早，内容多为框架性和原则性规定。由国务院制定实施的行政法规共有 15 部，这些行政法规在细节上进一步充实了应急管理的强制型政策工具。例如，规定了军队参加抢险救灾过程中，地方政府的责任范围和联动方式，汶川地震灾后恢复重建等内容。地方性法规中主要包括两部分内容，一部分是对法律与行政法规的实施性规定，另一部分是地方特有的防灾减灾强制型规制措施，例如，山东省制定了《地震应急避难场所管理办法》，北京市出台了《大气污染防治条例》，湖北省出台了《抗旱条例》。减灾规划则对未来一段时间内从预警、应对和救助的全过程进行应急管理指导。《国家综合防灾减灾"十二五"规划》已经出台实施，个别地方政府也根据国家综合防灾减灾"十二五"规划，编制了地方性防灾减灾规划，如四川省与青岛市都已编制完成综合防灾减灾"十二五"规划。地方政府规章与部门规章数量不多（其中地方政府规章 3 部、部门规章 10 部），为一些具体工作设定了法律标准，民政部出台了《受灾人员冬春生活补助工作规程》，河北省印发了《防灾减灾绩效管理办法》。2006 年初，数十部应急管理预案先后出台，中国应急管理预案体系基本完善，自然灾害应急管理已经能够做到有法可依。此外，中国还有大量灾害应急管理相关标准，例如，有关建筑物防震标准就多达 25 项。对于以上规制仍然没有涉及的内容，中国行政体系内部一般会以通知、意见、办法等形式下发文件临时用于指导灾害应急管理工作。

就具体内容而言，管制性政策根据一般涉及 6 个方面：①灾害应急管理的基本原则，以人为本，最大程度地保护人民的生命和财产安全，公共部门内部协同配合，充分发挥民间组织和群众的力量已经成为自然灾害应急管理的基本原则；②灾害应急准备，包括资金、物资、装备、培训和演练等内容；③灾害预警和信息管理；④应急处置，包括应急主管机构、协调机构、应急救援和求助等方面；⑤灾后重建；⑥法律责任。

（3）命令性与权威性工具。命令性与权威性工具包括政府专门针对自然灾害应急管理工作而设置的机构、政府间联动和能力建构等内容。

在中央层级，为灾害应急管理设置的机构主要包括：国家减灾委员会、国务院办公厅应急管理办公室、民政部门应急领导小组办公室、国务院针对特定灾害设置的临时性综合协调部门。国家减灾委员会是中国灾害管理的综合协调机构，主要负责研究制定国家减灾工作的方针、政策和规则，协调开展重大减灾活动，推进国家灾害应急救助和减灾体系建设，指导地方开展减灾工作，推进减灾国际交流与合作，组织、协调全国抗灾救灾工作。国务院应急管理办公室在中国灾害应急管理过程中充当着信息通道的作用。国务院各相关部门之间的信息联络保障工作由民政部应急领导小组办公室负责。国务院还设有几大类灾害管理专项协调部门，主要包括：国家防汛抗旱总指挥部，具体工作由水利部承担；国务院抗震救灾指挥部，具体工作由中国地震局承担。各级地方政府一般在政府办公厅设有应急管理办公室，在灾害发生之后，由主要责任部门牵头成立临时性应急协调机构。

当前，灾害应急管理过程中的政府联动方式主要包括召开工作联席会、高层政府向下级政府派驻工作组等方式。如 2014 年 10 月 30 日，重庆市涪陵区召开 2014 年度防震减灾工作联席会，区防震减灾工作领导小组副组长、副区长徐瑛出席会议，区防震减灾工作领导小组成员单位负责人参加了会议。

防灾减灾能力建设一直是中国灾害应急管理工作的重点内容，《国家综合减灾"十二五"规划》提出，要提高城乡建筑和公共设施的设防标准，加强城乡交通、通信、广播电视、电力、供气、供排水管网、学校、医院等基础设施的抗灾能力建设。大力推进大中城市、城市群、人口密集区、经济集中区和经济发展带防灾减灾能力建设，有效利用学校、公园、体育场等现有场所，建设或改造城乡应急避难场所，建立城市综合防灾减灾新模式。

1.2　混合型政策工具

混合型政策工具是指政府通过劝导、信息提供、费用缴纳等方式引导政策目标群体的行动，但是最终的行动选择仍然由政策目标群体自行做出。自然灾害应急管理过程中，混合型政策工具以宣传教育为主，如国家将每年的 5 月 12 日设立为"防灾减灾日"，《国家综合减灾"十二五"规划》规定，在每个省份至少新建或改扩建一个防灾减灾文化宣传教育基地，重点扶持中西部灾害多发地区，配置防灾减灾相关专业器材及多媒体设备，为公众免费提供体验式、参与式的防灾减灾知识文化服务。要开发国家防灾减灾宣传教育网络平台，建立资源数据库和专家库，建设国家防灾减灾数字图书馆，实现资源共享、在线交流、远程教育等功能。开发防灾减灾系列科普读物、挂图和音像制品，编制适合不同群体的防灾减灾教育培训教材，组织形式多样的防灾减灾知识宣传活动和专业性教育培训，开展各类自然灾害的应急演练，加强各级领导干部防灾减灾教育培训，增强公众防灾减灾意识，提高自救互救技能。

地方政府在防灾减灾宣传方面也有各自的创新性做法，如天津市推动气象灾害预警服务进社区，建立社区气象服务站，为辖区居民提供突发气象灾害城区分区预警信息和精细到每 3 小时更新的气象预报信息。

1.3　自愿型政策工具

自愿型政策工具的核心特征是政府几乎不对政策目标行动进行干预，以自愿为基础，具体包括家庭、社区、社会组织及市场等工具。

社区作为防灾减灾的一个基础单元，在灾害预警及应对过程中发挥着重要作用。2007 年，国务院办公厅颁布《国家综合减灾"十一五"规划》，明确要求在全国开展综合减灾示范社区创建活动。2007 年 9 月，民政部制定并印发了《"全国综合减灾示范社区"创建标准》，并于 2013 年对该标准进行了修订。目前，我国已经建成数千个国家级防灾减灾示范社区，如 2014 年 12 月 2 日，北京市朝阳区丽都社区地震安全社区建设项目经北京市朝阳区地震局验收，北京市朝阳区丽都社区成为地震安全示范社区。

2. 中国自然灾害应急管理政策工具选择

2.1 影响自然灾害应急管理政策工具选择的因素

（1）自然灾害发生与应对的复杂性。灾害应对任务的复杂性研究始于社会科学领域对灾害过程中人的因素的关注。1945 年，美国地理学家吉尔伯特·怀特开始从人类行为的角度研究自然灾害，引领了自然灾害研究的转向。之后的相关研究从人与自然相互作用的视角，强调人的因素所导致的灾害复杂性以及在减少灾害复杂性、提高灾害应对的适应性方面的重要性。

总体而言，学界认为灾害应对任务的复杂性来源于以下几个方面：

第一，人的复杂性。自然灾害应对的核心要素是人和技术，因此，人的错误是导致灾害的重要原因，同时可以通过调整人的行为而减少灾害的影响和损害。例如，特拉格（Trager）认为，人的错误将使得核能风险增大 50%～70%；摩尔（Moore）认为，60%以上的海事灾害是由于人和组织在操作过程中的错误所导致的。而作为灾害应对任务的执行者，人的情感、知觉、人与人之间的沟通障碍、不完备的信息、存在瑕疵的决策过程都可能增加灾害应对任务的复杂性。

第二，技术的复杂性。随着科技的发展，灾害应对过程中对技术的依赖日益明显。技术进步在提高灾害应对效率的同时，也将增加灾害应对的复杂性。首先，灾害应对过程中的沟通依赖于移动技术的发展，一旦移动技术和设备出现问题，则无法实现灾害应对人员之间的互动和协作。其次，技术系统本身也是一个复杂的巨系统，由大量的复杂构建所形成，因此，技术系统自身的复杂性也增加了灾害应对任务的复杂性。

第三，灾害事件的复杂性。灾害的复杂性历来是灾害学研究的重点内容之一，而社会科学界普遍把灾害事件的复杂性作为灾害任务复杂性的重要来源之一。

第四，互动过程的复杂性。灾害尤其是重大自然灾害的应对需要众多人员和组织协作完成，在协作中酝酿了互动的复杂性。首先，参与灾害应对的组织具有多元性，他们来自不同的管理体制之中，具有不同的组织文化和发展战略，其参与灾害应对的目标在总体一致的前提下，还有许多巨大差异，甚至完全相左的细分目标，其互动过程和结果必然包含无限的复杂性与多样性。其次，灾害应对始于不完备信息，而大量组织、系统和人员的加入和互动则可能进一步造成信息的误读，进而产生大量的非确切信息，这进一步增加了灾害应对任务的复杂性。

第五，文化的复杂性。一方面重大自然灾害的发生往往并不遵循人为设定的行政界限，因此，灾害应对过程中的跨区域文化冲突在所难免。另一方面，人口的流动性造就了单一区域内的多元文化，这使得灾害应对过程中需考虑不同受灾群众的文化特征，尊重其文化习惯。

（2）灾害应急管理目标的变迁。任何自然灾害应急管理的目标都是战胜灾害，具体而言，又有不同侧重点。中国自然灾害应急管理目标与中国社会发展进程和政府施政理念密切相关。

1998 年洪水灾害发生之时，中国正处于经济建设的关键时期，"发展是社会的第一要务"，自然灾害应急管理的主要目标是"确保长江大堤和松花江大堤的安全，确保重要城市的安全，确保人民的生命和财产安全"。这一目标的确立在一定程度上损害了一些地区和民众的现实利益，网络内抵制这一目标的组织负责人受到了处罚。

伴随中国经济发展模式的转型和政府执政理念的转变，中国灾害应对网络的核心目标开始转变，确保普通人的生命和财产安全逐步成为灾害应对网络内各组织间的共识。"坚持以人为本，……，千方百计保交通畅通、保正常供电、保市场供应、保基本生活、保安全稳定"是 2008 年南方低温雨雪冰冻灾害应对网络的核心目标；"一切想着人民，一切为了人民，一切为人民的利益而工作，确保灾区人民生命安全"是汶川地震应对的核心目标；玉树地震灾害应对网络的目标基本与汶川地震期间相同，但更加重视对"人"的尊重，例如，玉树地震期间，玉树民宗局特地组织僧侣为亡灵诵经超度，充分尊重了当地的风俗习惯。

综上，中国自然灾害应急管理目标经历了由重视经济价值到重视生命价值，再到体现人文关怀、以人为本的转变过程。

（3）政策环境。就经济环境而言，中国自改革开放以来，市场经济体系逐步建立，国民生产总值增速稳定，国家财政收入与居民家庭收入都有显著增长。一方面，随着政府职能转变，政府在做好市场调节和经济监管工作的同时，更加重视社会管理职能与公共服务职能，国家财政支出中用于社会管理与公共服务的支出比重已成必然。另一方面，居民家庭收入大幅度提高之后，中国近年来的数次自然灾害应急管理过程中，社会捐助资金的数额越来越大，在 1998 年洪水灾害期间的社会捐助额为 1 亿元，中央财政下拨 22 亿元用于抗洪救灾；在 2008 年南方低温雨雪冰冻灾害期间的社会捐助额度达 22 亿多元；汶川地震灾害应急管理过程中先后到位的各类社会捐赠款物已达 750 多亿元；玉树地震灾害期间各类救灾捐赠款物总价值达 85.09 亿元。

就政治与行政环境而言，我国政局基本稳定，政府的民主化进程逐步加快，公共事务中民众的参与水平不断提高。从行政机构设置情况来看，民政部与国务院临时性应急管理协调机构共同构成了特大自然灾害应急管理指挥协调中心，地方各级政府普遍设置应急管理办公室及临时性应急管理协调机构构成自然灾害应急管理次级协调中心。应急管理过程中虽然仍然存在着一系列协同问题，但基本上已能保障自然灾害应急管理的高效率应对。

就文化环境而言，公民市民社会精神逐步形成，社会参与意识不断提高，公益心与同理心在社会中普遍形成。

就社会环境而言，社会组织经历了 20 多年的发展，在数量上和社会影响力方面都逐年增加，已经初步具备承接部分灾害应急管理工作的能力。

2.2 自然灾害应急管理政策工具选择

由影响因素分析可知，自然灾害应急管理的复杂性与不确定性一方面要求政府强势权威的存在，一方面又要求吸纳多元主体，建立灾害应急管理多元互动组织网络，协同应对自然灾害。

目前，强制型政策工具仍然是灾害应急管理最主要的工具选择。政府加强对防灾减灾工作的直接投入，强化灾害应急管理相关法律与预案的权威性，在灾害应对过程中，保障核心机构的绝对权威与权力有利于维持灾害应急管理的有序与高效。混合型工具与自愿型工具的采用，有助于鼓励社会组织及社区、居民有序地参与，培育多元应急管理格局，降低灾害应急管理的不确定性。

3. 自然灾害应急管理政策工具规划建议

《中华人民共和国突发事件应对法》总则中规定，国家建立统一领导、综合协调、分类管理、分级负责、属地管理为主的应急管理体制；国家建立有效的社会动员机制，增强全民的公共安全和防范风险的意识，提高全社会的避险救助能力。这意味着中国自然灾害应急管理政策工具选择的总体原则，一方面，以政府供给为主，通过政府直接提供、管制性公共政策实施以及相关机构设置等政策工具，继续完善防灾减灾工作，实现减少自然灾害连锁反应，最大限度减轻自然灾害危害的目标。另一方面，针对自然灾害发生及演化过程的复杂性，在面临预防、应急和灾后救助等过程中的突发需求时，引入混合型工具和自愿型工具弥补强制型工具的不足。就政策工具选择影响因素而言，当前，国民经济的健康发展，为强制型政策工具的选用提供了财力保障。随着大部门体制改革，服务型政府建设以及整个行政体系职能转型，强制型政策工具作为灾害应急管理的最主要政策工具将得到进一步完善与充实。民主政治的进一步发展，居民生活水平的提高，市场经济体系的建立，市民社会的完善，又为混合型政策工具与自愿型政策工具的采用提供了重要的基础与资源。

基于以上分析，现阶段自然灾害应急管理政策工具规划应注意以下几点。

3.1　进一步充实与细化强制型政策工具

（1）强制型政策工具应用中存在的主要问题。目前，中国强制型政策工具主要存在以下问题：就体系而言，中国自然灾害应急管理法律体系尚不健全，一些灾种的应急法律尚不具备。就内容而言，现有规定较为粗放，多为原则性和框架性的规定，缺乏实施性规定。应急预案体系上行下效的特点突出。国家总体应急预案出台后，各地方政府相应出台了各自的应急预案。现在中国已经有 22 个省（市）出台了突发公共事件应急预案，但是这些预案几乎完全仿照中央政府的应急预案体系设计，在机构设置、协调方式、责任认定等方面基本采取了相同的设置方式。地方政府是灾害应急管理的具体实施主体，每个地方应该根据自己当地的实际来制定应急预案，而不是仿照中央政府的应急预案来编制。现行的预案编制方式将使地方政府的应急预案无法与现实良好地对接，最后只能沦为虚设。就政策法律之间协同性而言，不同层级、不同地区应急预案的协调启动机制缺失。如省级应急预案与国家总体应急预案的适用问题还没有明确规定，若同时启动，两者如何衔接协调也没有具体的规定，这都为以后的灾害应急管理工作留下了隐患。省际间和部际间的预案实施冲突现在只能由国务院总理出面裁决才能解决。就执行效果而言，中国的灾害应急管理过程并未完全遵循法律或预案的设定。最突出的表现是，法律一般规定灾区所在地的地方政府为灾害应急管理的主体，但是在中国历次灾害应急管理实践中，中央政府都在一定程度上承接了灾区地方政府的职责，成为灾害应急管理的主体。虽然，中央政府的强势介入使得中国能够快速战胜灾害，较好地应对自然灾害带来的各种后果。但是，就长远而言，却不利于中国政府整体质量的提升，也不符合中国政府的改革宗旨与目标。

（2）对强制型政策工具应用有以下三条建议。

第一，进一步丰富灾害应急管理的法律体系，细化法律条款。全国人大及常委会立法、国务院行政法规从原则上规定应急的主管机构与责任机制，明确中央政府与地方政府的职责权限和活动范围，规定横向部门的协调方式与协调制度，通过立法将应急管理主体间协同合作制度化。应制定《突发事件应对法》的具体执行细则，可以以条例的形式出台。具体规定各级政府、民间组织、私人部门和每个公民的角色和责任；限定各级政府、民间组织和私人部门参与灾害应急管理的人员范围。应急预案应该细化规定具体的灾害应急管理细节，包括灾前预防、灾中应对和灾后重建等环节的具体实施细节，描述各类参与主体在灾害应急管理中的最佳行动方案，并给出备选方案。

第二，加强强制型政策工具的执行力度，尤其是在预防自然灾害发生及降低自然灾害损害的相关环节上。例如，在建筑物的防震标准上，中国已经建立了比较完备的标准体系，在设计规范、加固技术规范、鉴定标准等多个方面都有相关标准。另外，中国对一些无人居住类建筑亦有设计、建筑和加固标准。但是，2008年初汶川地震发生之前，中国的各类建筑物的抗震等级设置得并不高，而且对现有建筑标准的执行也不够严格，中国也没有把农村居民的自建住宅建设纳入国家标准管辖范围，这是汶川地震人员伤亡数量重大的一个重要原因。

第三，加大防灾减灾的直接供给，完善基础设施建设，将防灾减灾基础设施建设纳入城市和乡村建设发展规划，统筹发展防灾减灾基础设施。

3.2 发挥混合型政策工具与强制型政策工具的互补作用

应急状态下执法所面对的相对人是一个非常特殊的群体，普遍情绪比较激动，因此，各类矛盾易激化，并可能进一步导致群体性事件发生。鉴于此，自然灾害状态下，执法方式应更具灵活性，在特定情势下，对灾民采取非强制性执法方法，如指导、劝告、建议等，谋求相对人同意或协助。如湖南在2008年雪灾中通过给予每位司机奖励200元的鼓励措施，引导他们离开京珠高速，绕行国道，分流车辆，取得很好的效果。

3.3 培育灾害文化，为自愿型政策工具运用创造条件

所谓灾难文化，即灾害观，是在长期与自然灾害斗争的过程中，一个地区、一个国家或一个民族所积累形成的知识、观念（包括道德观、价值观等）和习俗等。灾害应急管理法律和预案体系的完善本身就是一种灾害文化建设，国家通过灾害应急法律和预案体系的建设完善，从上到下确立了灾害应急管理的重要地位，提高了整个社会的风险意识。灾害文化是一种协作文化。灾害应急管理不仅是政府的责任和工作，还是每个公民、每个组织、每个社区的共同责任。政府、民间组织和个人在灾害应急管理中有着各自发挥作用的领域。中国的灾害应急管理法律中尚不存在民间组织和个人参与灾害应急管理的具体规定与制度安排，这样的局面导致中国的私人部门和民间组织有着参与灾害应急管理的热情，但是却因为不知道如何与政府组织进行协作而被拒之门外。例如在玉树地震灾害中，大量民间组织和私人组织的救援力量被阻隔在了灾区之外。在灾害应急管理法律和预案体系中，对民间组织、私人组织参与灾害应急管理的方式、范围以及与政府组织的关系做出明确规定，应是未来中国灾害应急管理法律和预案体系建设的一个重要方面。

参考文献

（1）Erman Coskun and Dilek Ozceylan. Complexity in Emergency Management and Disaster Response Information Systems (EMDRIS). Proceedings of the 8th International ISCRAM Conference – Lisbon, Portugal, May 2011.

（2）Trager, Jr., T.A. Case Study Report on Loss of Safety System Function Events. AEOD/C504, U.S. Nuclear Regulatory Commission, Washington, DC, 1985.

（3）Moore, W.H. The Grounding of Exxon Valdez: An Examination of the Human and Organizational, 1994.

（4）Factors. Marine Technology. Vol. 31, Jan. 1994, pp.41-51.

（5）Helmreich, R.L, Merritt, A.C. Culture at Work: National, Organisational and Professional, 1998.

（6）Influences. Aldershot: Ashgate, 1998.

（7）Chen, R., Coles, J. Lee, J., Rao, H.R. Emergency Communication and System Design: The Case of Indian Ocean Tsunami. Proceedings of the IEEE/ACM International Conference on Information and Communication Technologies and Development, 17-19 April, Doha, 2009.

（8）Erman Coskun and Dilek Ozceylan. Complexity in Emergency Management and Disaster Response Information Systems (EMDRIS). Proceedings of the 8th International ISCRAM Conference – Lisbon, Portugal, May 2011.

（9）Grabowski, M. Wet and Dry Tsunami Warning Systems: Lessons From High Reliability Organizations. Journal of Homeland Security and Emergency Management, 2010. Vol. 7: Iss.1, Article 46.

（10）Manoj, B. S., and Baker, A. H. Communication Challenges in Emergency Response. Communications of the ACM, 2007. 50(3), 51-53.

（11）Comfort, L.K., and Naim Kapucu,. Inter-organizational Coordination in Extreme Events: The World Trade Center Attacks. September 11, 2001, Natural Hazards, 2006. 39(2), pp. 309-327.

（12）Erman Coskun and Dilek Ozceylan. Complexity in Emergency Management and Disaster Response Information Systems (EMDRIS). Proceedings of the 8th International ISCRAM Conference – Lisbon, Portugal, May 2011.

（13）童星，张海波. 基于中国问题的灾害管理分析框架[J]. 中国社会科学，

2010(1): 132～146.

　　（14）让伟大抗洪精神发扬光大[N]. 经济日报，1998-9-29(1).

　　（15）中纪委监察部通报要求严肃查处防汛抗洪斗争中的违法违纪行为[N]. 经济日报，1998-8-26(3).

　　（16）认真贯彻落实党中央国务院决策有力有序有效应对雨雪冰冻灾害[N]. 人民日报，2008-02-02(2).

　　（17）温家宝总理在地震灾区的 88 小时[N]. 法制日报，2008-05-18(3).

　　（18）张海波. 当前应急管理体系改革的关键议题——兼中美两国应急管理经验比较[J]. 甘肃行政学院学报，2009（1）：55～59.

作者简介

　　闫章荟，女，1979 年 10 月生，管理学博士，复旦大学国际关系与公共事务学院博士后。

委托—代理理论对于政府间管理的问题研究

东　方

摘要　本文以介绍制度经济学中的委托—代理理论为前提，立足于委托—代理理论对于我国政府间管理问题的研究，对委托代理关系的基本内容进行界定，对构成委托—代理理论模型的三个要件进行梳理。分析了我国省（市）级政府和市（区）级政府间的委托—代理关系，发现了市（区）级政府的道德风险问题以及公共政策选择中的逆向选择问题，并提出对策建议。

关键词　委托—代理理论　政府间管理　道德风险　逆向选择

委托—代理理论是制度经济学中的一个重要理论基础模型，最初是由私营部门发展起来的，现如今，这种委托—代理关系可以存在于一切合作性组织中，存在于企业的每一个管理层级上。这就说明，由私营部门管理产生的代理理论可以被推广到公共管理部门来。所以，笔者将利用制度经济学中的委托—代理理论框架来解释省（市）级政府和市（区）级政府之间的关系。其合理性在于可以将省（市）级政府和市（区）级政府看作相对独立的经济人，可以运用信息非对称理论、激励相容理论来研究和分析政府间的关系问题。

1. 委托—代理理论的基本内容

制度经济学中的委托—代理理论（Theory of Principal-Agent）是关于如何建立合理的风险分担机制与有效的激励和监督机制，促使代理人采取适当行动，最大限度地增进委托人利益的学说。这一理论认为，委托—代理关系的存在，是由于资产所有者无力管理或因为他们自己直接管理资产的代价超过收益，因此，只要在委托代理人管理资产时的边际收益大于代理行为的边际成本，确立委托—代理关系就将成为可能。换言之，委托—代理理论的核心就是研究和寻求以最小的代理成本获取最大代理效果的途径与方法。

上级政府与下级政府间的委托—代理关系，在此以省（市）级政府和市（区）级政府为例，在政府财政收支中表现为省（市）级政府财政部门和市（区）级政府财政部门的委托—代理关系，主要涉及财政收支及财政转移支付（财政补助）。在这一层委托—代理关系中，上级政府是委托人，处于信息劣势；下级政府是代理人，处于信息优势。

构成委托—代理理论模型有三个要件。

1.1 信息的非对称

即代理人因具体操办委托人交办事宜而拥有比委托人更多的隐蔽信息（Hidden Information），使得代理人处于信息优势地位，而委托人处于信息劣势地位。

1.2 契约关系

委托—代理关系首先是一种契约安排关系，该契约规定委托人与代理人的责、权、利界限以及某一可立约指针（如利润指针）之间的函数关系。

1.3 利益结构

委托—代理框架里面一个最基本的问题是：委托人如何设计一个代理人能够接受的契约（激励机制）促使代理人采取适当行动，在代理人追求自身效用最大化的同时最大限度地增进委托人的利益，也就是说在这个框架存在这样一个利益均衡，委托人的利益实现就是建立在自身利益最大化的基础上。

2. 省（市）级政府和市（区）级政府间的委托—代理关系

我国省（市）级政府和市（区）级政府间的关系变迁与经济体制转型紧密联系，不可分割。省（市）级政府和市（区）级政府作为政府机构的上下级，两者之间是一种单向性的命令—服务关系。然而，随着计划经济体制的日渐解体和市场经济体制的逐步确立，这种关系也随之发生了巨大的改变。行政性分权和经济性分权结合的放权让利改革，使市（区）级政府担当了推动本地区经济增长的重任，其掌握的经济决策权和可支配的资源得到相应拓展。省（市）级政府和市（区）级政府间不再是单纯的行政隶属关系，而是具备了不定期的契约关系的性质，因而成为具有不同权力和利益的对等的博弈主体。此时，省（市）级政府和市（区）级政府间的事权关系以及由此产生的财权关系，可以用经济学中的委托—代理理论来表述，它具备了委托代理关系的三大基本要件，即信息的获知、契约关系和利益结构。省（市）级政府作为委托人、市（区）级政府作为代理人构成了委托—代理关系。

从信息的获知来看，省（市）级政府的目标函数是制定一系列政策进行宏观管理，从而实现公共品的有效配置以及社会福利效用的最大化，而市（区）级政府则进行具体的实施工作。省（市）级政府显然不如市（区）级政府了解本地区的福利需求情况，上级政府和下级政府之间信息严重不对称，省（市）级政府获得信息的成本巨大，使得其在委托—代理关系中由于缺乏足够的信息量而处于信息劣势；而市（区）级政府凭借其地域优势掌握着大量的信息而处于信息优势。

从契约关系看，面对众多公共产品、公共服务的提供，以及国有资产的管理，省（市）级政府实际上没有也不可能有能力进行直接经营和管理。因此，委托—代理关系必然出现。省（市）级政府通过转移支付拨给市（区）级政府一定的资金来完成特定的专项任务，并对此形成契约关系。

从利益结构看，作为委托人的省（市）级政府为了使宏观政策得以贯彻实施，将会提出很多的优惠政策以作为一种报酬机制，激励代理人尽心尽责，努力达到福利效用的最大化。作为代理人的市（区）级政府据此选择自己的努力行为，以求得自身利益最大化。尽管委托人与代理人的目标函数是不一致的，但他们都是利益最大化的追求者，通过一种有效的激励约束机制的建立有可能实现各方利益的最大化。通过激励机制的建立，促使代理人尽心尽责，以使效用达到最大化。省（市）级政府和市（区）级政府之间的目标利益不完全相同，有时甚至存在着冲突。这种委托—代理关系与私有经济中的委托—代理关系有一些共同点，但差异更为显著。共同点主要表现在：一是委托人对随机的产出没有直接的贡献；二是代理人具有信息优势，其行为不易被委托人直接观察到。而省（市）级政府和市（区）级政府间的委托—代理关系具有自身的特殊性，表现在：首先，委托人目标的多元化。省（市）级政府级作为委托人，不能仅仅通过获得剩余索取权来使自己的利益最大化，获利行为并不是唯一的目标，经济发展、经济稳定、资源和环境保护等各种发展目标的统筹兼顾都是其考虑的因素；其次，委托人不能自由退出委托—代理合约。由于现实中省（市）级政府和市（区）级政府之间委托—代理关系的必然性，使得委托人在没有找到合适的代理人的情况下也只能采取"宁滥勿缺"的态度，有时不得不接受一个不满意的代理人。

3. 委托—代理理论适用于政府间管理时出现的问题

3.1 市（区）级政府的"道德风险"问题

道德风险是指代理人利用自己的信息优势，通过减少自己要素的投入或采取机会主义行为来达到自我效用最大化，从而影响组织的整体效益。市（区）级政府兼具区域经济调控主体和经济利益主体的双重角色，在省（市）级政府和市（区）级政府的博弈中，由于委托人监督不力且两者之间存在严重的信息不对称，因此，市（区）级政府往往会选择背叛上级政府，即以种种借口不执行其相关政策。如当前区域公共问题日趋严重，已成为区域经济一体化发展的主要障碍，而各地方政府往往囿于本地方的局部利益，对区域公共事务和公共问题采取不作为或寄望于"搭便车"，使得区域公共物品供给持续性不足、"公用地困境"、地方保护主义等现象滋生。

3.2 公共政策选择中的"逆向选择"问题（Adverse Selection）

逆向选择是指在信息不对称状态下，接受合约的一方一般采取隐蔽信息并且利用另一方信息缺乏的特点而使对方不利，从而使博弈或交易的过程偏离信息缺乏者的意愿。在省（市）级政府和市（区）级政府的博弈中，由于上级政府无法识别代理人潜在的备择方案的实际效用，使得下级政府在落实宏观政策的实施方案的选择过程中，往往越是劣质的备择方案越容易成为现实的选择，造成最后的结果与委托人的理想效益存在较大差距。如下级政府对可持续发展所要求的资源和环境保护工作重视不够，出现了一些以局部经济利益最大化为目标的短期行为，对全局性的可持续发展战略实施造成了一定的阻力。

总之，在上下级政府事权和财权的关系这个问题上，省（市）级政府和市（区）级政府有着不同的比较优势，上级政府在收入筹集和监管政府间竞争从而避免出现免费"搭车者"上有比较优势；而下级政府可以根据不同辖区内人们的偏好更有效率地提供地方公共产品。这就要求在滨海新区的治理问题上，天津市政府需和滨海新区政府部门具有良好的信息沟通。天津市政府在进行机制设计时可以充分利用显示原理，让区政府表达出自己的真实意图。天津市政府应将项目的目标（如期望达到的经济效益与社会效益等）、投资额度范围等信息公开，区政府也应该更加鲜明地将实际情况和自身状况如实上报市级政府，双方经过讨论与协商，最终达成相对一致的预期。同时，可以通过建立健全外部和内部激励—约束机制，使代理关系中所产生的道德风险和逆向选择得以控制。

参考文献

（1）武宜忠，杨芬. 委托—代理理论视角下的政府行为失范及其对策[J]. 经济研究导刊，2010(34).

（2）高燕妮. 试论中央与地方政府间的委托—代理关系[J]. 改革与战略，2011(1).

（3）江孝感，王伟. 中央与地方政府事权关系的委托—代理模型分析[J]. 数量经济技术经济研究，2004(4).

（4）江庆. 中国省、市、县乡级纵向财政不平衡的实证研究[J]. 安徽大学学报（哲学社会科学版），2012(5).

作者简介

东方，1985 年 7 月生，硕士，天津财经大学经济学院，助理研究员。联系电话：13752613085；电子邮箱：dongfangdeer@163.com。

依法治税背景下税收执法风险管理应用模型研究

杜国祥

摘要 税收执法风险是指因税收执法行为而带来的不利后果的不确定性。相对于欧盟和 OECD 成熟的税收执法风险管理理论和实践，我国尚处于初级阶段。本文从我国税收执法风险管理现状及其特点出发，对国内外相关理论和实践进行分析和研究，然后提出建立税收执法风险管理 PDCA 模型，并提出建立税收执法风险预警与防范三维结构模型，最后就我国如何围绕执法目标建立适合中国特点的综合税收风险管理体系提出初步建议。

关键词 风险管理 风险预警 税收执法

2009 年，国家税务总局制定了《大企业税务风险管理指引（试行）》，提出要在大企业管理领域实施风险管理；并在全国征管和科技工作会上明确提出，要树立风险管理理念，大力推行信息管理税，建立现代税收管理体系；2011 年，国家税务总局在《"十二五"时期税收发展规划纲要》中明确提出，要将风险管理理念贯穿于税收征管全过程，要制定税务风险管理战略规划，建立风险预警指标体系、评估模型和风险特征库，按照采集信息、分析识别、等级排序、应对处理、绩效评估等步骤设计税务风险管理流程，根据不同风险，采取有针对性的应对措施。税收执法风险的中心目标就是明确哪些风险须予以处理，需要对在前一阶段已识别的税收执法风险点依次进行系统的度量和分组，在此基础之上对风险进行排序定级，评估和选择哪些需要处理，哪些不需要处理，最佳的风险处理方式是什么。对税收执法风险的评估通常需要考虑两个方面的因素，一是可能性的大小，二是风险造成的危害严重程度。税收执法风险管理就是组织通过对税收执法风险的识别和衡量，采用合理的手段对税收执法风险加以处理，以最小的成本获得最大的安全保障的一种管理活动。

1. 我国税收执法风险管理的现状及其特点

1.1 纳税人权利意识提高与责任意识降低并存更易使税收执法风险转化具有确定性

纳税人是税收执法的受众对象，同时也是税收执法风险产生的根源之一。一方面，随着我国纳税人权利救济制度的不断完善，纳税人观念由"皇粮国税"的被动式纳税逐步向依法主动纳税过渡，与社会法治进程紧密相关的由重义务向义务与权利并重发展；越来越多的纳税人主动学习税法，邀请专业中介机构辅助办税，动辄复议诉讼；另一方面，全社会依法诚信纳税的意识普遍薄弱。我国几千年来所形成的征税人征税观念根深蒂固，而以主动如实自行申报为基础的现行税法要求则是近20年左右的事，相当一部分纳税人自觉学习税法并按规定申报缴纳税款意识尚未形成，他们明知有税法，由于受传统意识的影响而故意不如实申报纳税，加之税务机关事后处理力度偏软，偷逃税款情况比较普遍。

1.2 税收执法风险管理的理论体系尚未建立

税收执法风险管理是风险管理理论与税务管理相结合的产物，其主要目的在于对有限资源进行合理配置和充分运用，以最小的税收成本实现税收执法风险的减少和纳税人税法遵从度的提高。我国正式在税收执法领域引入这风险管理概念是在2000年后，截至目前，税收执法风险管理这一概念的内涵外延仍未明确，其与税收风险管理、税收执法风险防范、合规风险管理等概念之间混用的情况仍然比较普遍。关于税收执法风险管理的价值追求、实施主体及如何实现对税收执法风险的有效管理等理论问题更是众说纷纭。由于缺乏系统的理论指引，国内各级税务机关在税收执法风险管理实践方面仍在摸索中前行。

1.3 税收执法风险管理的整体效能发挥不充分

目前，我国税收执法风险管理在全面支持税收事业发展、提高税务机关整体管理效能方面仍有较大差距。具体表现在：一是缺少战略层面的风险管理，现行税收执法风险管理多局限于战术性、操作性的管理，宽领域、跨业务序列的风险管理规划、职能机构和技术平台都未建立，现有的绩效评估标准还不够科学、规范，评估指标单一、范围狭窄，风险管理工作评估体系仍不完善。二是税收执法风险管理与一线税收业务仍存在脱节现象。目前税收执法风险管理更多的是注重事后的分析和处置，缺乏为一线业务提供直接的风险预警支持，使得有些职能部门和一线业务干部感觉风险管理过虚，影响基层一线岗位干部的工作积极性。三是税收执法风险管理信息缺乏。一方面，行业之间、行政机关之间信息交流、沟通、共享的平台尚未建立，社会诚信体系尚不完善，要从税务机关外部获得风险信息难度很大。另一方面，税务机关内部各部门、各地税务机关之间的信息也缺乏有效的整合和共享，税务系统内部之间风险信息的交流和共享机制也有待进一步完善。

2. 建立系统的流程和科学的方法相统一的税收执法风险管理应用模型

税收执法风险管理模型能够应对目前税务系统执法过程中存在的风险，并将可预见或不可预见的风险消灭在萌芽状态下，对于减少执法队伍行为风险，提高工作效率具有重要预警作用，下面主要从理论与数理模型两个角度介绍税收执法风险管理应用模型。

2.1 税收执法风险管理 PDCA 理论分析（Plan-Do-Check-Action）

PDCA 循环又称戴明环（参见图 1），是全面质量管理的基本方法，共分 4 个循环阶段：P（Plan），计划，确定方针和目标，确定活动计划；D（Do），执行，实地去做，实现计划的内容；C（Check），检查，总结执行计划的结果，注意效果，找出问题；A（Action），行动，对总结检查的结果进行处理，成功的经验加以肯定并适当推广、标准化，失败的教训加以总结，以免重现，未解决的问题放到下一个 PDCA 循环。将 PDCA 循环管理方法引入税收执法风险管理，不仅因为其全面管理的特点，更在于它是周而复始循环管理的过程，一个循环完成，解决了一部分问题，可能还有其他问题尚未解决，或者又出现了新的问题，再进行下一次循环，这与因目标的动态性而出现的执法风险特点具有高度的一致性。

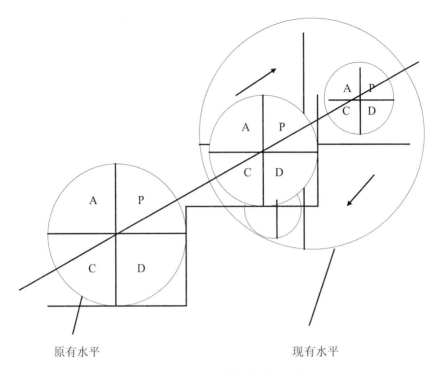

原有水平　　　　　　　　　　　现有水平

图1　PDCA循环上升示意图

（1）制定税收执法风险管理规划（Plan）

无规划便无管理，管理规划是税收执法风险循环管理的基础。该阶段的主要任务是建立税收执法风险管理组织架构、查找执法风险点并进行评估、确定执法风险管理目标责任，并在此基础上制定本单位税收执法风险管理实施方案（参见图2）。

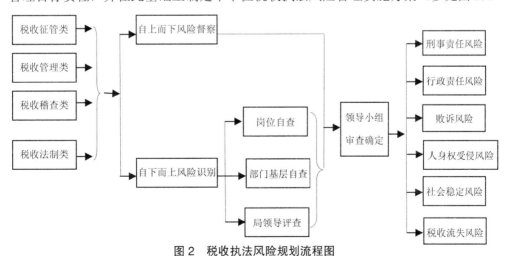

图2　税收执法风险规划流程图

（2）税收执法风险管理实施（Do）

近年来，执行力问题引起了管理者的高度重视，体现了对管理工作规律认识的不断深化。在风险管理中，执行力的高低决定了风险管理的成败。执行阶段是整个循环管理过程的核心，除了按计划和方案实施外，还必须要对过程进行测量，确保工作能够按计划进度实施。同时建立起数据采集，收集过程的原始记录和数据等项目文档。执行过程是一个动态过程，由事前预防、事中监控、事后处理三个环节组成。事前预防的目的是构筑"防火墙"，重在改善税收执法的内部和外部环境，尽最大努力消除风险诱因，降低风险发生的可能性；事中监控的目的是及时发现风险事项，要求充分运用信息化手段，覆盖税收执法的全过程，横向到边，纵向到底，不留死角；事后处理的主要任务是对监控中发现的风险事项组织深入调研，提出解决方案，反馈到预防环节，也为下一轮循环修订措施提供依据，同时还要追究风险事项责任。这三个具体环节形成一个统一的执行体系，进一步形成一个闭合的小循环管理系统，三个环节在循环管理之中相互支持相互促进，共同提高执行阶段的有效性。如图 3 所示。

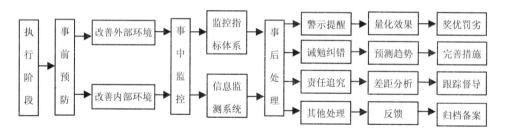

图 3　税收执法风险执行阶段结构图

（3）税收执法风险管理检查考核（Check）

执行阶段的成效如何、存在什么困难、出现什么问题，都需要通过检查考核工作来解决。检查考核阶段的主要任务是全面检查风险管理计划的执行情况，确认风险管理目标的实现程度，总结经验，找出差距，从而为修正阶段提供依据。检查考核阶段的工作要注意几个问题：

①量化效果。考核检查必须是明确而具体的，要对各种风险控制指标实现的程度进行量化评估。为了对不同循环周期的情况进行对比，一般要用到排列图、柱状图、波动图等，采用这些方法就是为了用数据"说话"，即更精确地描述风险控制程度。

②预测风险管理趋势。执法风险数据库中存储的大量数据背后隐藏着许多重要的信息。应利用数据挖掘和知识发现等数据处理技术，特别是信息关联规则挖掘技

术，对税收执法行为数据进行深度分析，揭示各种税收执法过错行为与执法者之间的内在联系，找出执法过错行为的规律，辅助税务机关有针对性地采取管理措施。

③差距分析。对由于执行力太低、有关预防措施没有落实而出现执法风险的事项一一列举，并分析查找原因，做出评估。帮助税收执法部门查找问题，看清差距，采取有效应对措施。

④反馈。将量化考核结果、对风险管理趋势的预测以及发现的薄弱环节，反馈到有关职能机构。形成信息交流渠道，方便执法者总结经验，修正执法行为。

（4）税收执法风险管理修正（Action）

修正阶段的主要任务是对检查结果进行分析，成功的经验加以肯定，并予以标准化，便于今后工作遵循；对失败的教训也要总结，以免重现。对于没有解决的问题，应在下一个循环中去解决。

①奖优罚劣。对照检查结果，按照本单位奖惩制度的规定，对执法风险防范成效显著的单位、个人予以表彰，对失察失管或违规违纪者进行纪律处分或经济处罚。

②完善措施。税收执法风险管理中，对已经取得明显成效的措施，要通过有效的形式使之转化为工作标准。新标准的制定要按照公文管理的规定规范办理，通报相关部门；对新标准组织必要的培训，并由责任部门保障贯彻执行，配之以必要的检查手段。

③跟踪督导。对反馈到相关职能机构的问题进行跟踪督导，检查落实情况，确保需要改进的地方已经纠正。督促相关部门对问题深入分析，采取实际措施，避免风险再次发生。

④归档备案。将整个风险管理过程的相关资料，通过电子数据手段，按照档案管理要求，分门别类进行规范化整理，分析其中的内在规律，以备日后查验。

2.2　税收执法安全的风险预警与防范三维结构模型

（1）预警与防范的工作流程

找出影响执法安全的各种因素进行聚类分析，以确定预警指标体系，确定临界区域，找出安全级别的值域，逐个指标项目和要素来确定。识别、诊断、评价：识别哪个环节即将或已经发生危机；诊断现象、成因、发展趋势；评价执法危机或执法事故的损失，汇总聚类分析各个要素的情况，得出总的执法安全所处状态，采取措施的决策，执行方案（参见图4）。

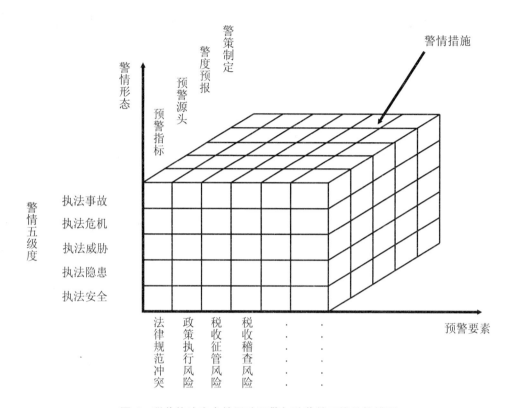

图4   税收执法安全的风险预警与防范的三维结构模型

分析方法共有 4 种。理论分析法，根据理论分析出来的可能的预警要素建立预警指标体系。实证分析法，选择实践中多个有代表性的案例，提取并验证各个因素以及各个因素下指标是否存在相关关系。调查分析法，借助具体的调查，通过税收理论专家和税法执行专家总结出来。指标因素分析法，对以上方法获得的指标进行因素分析，通过提取公因子办法，确立指标体系。

预警指标体系的计算办法分为主客观指标体系以及主客观指标数值的确定，客观指标的确定通过直接计算而得，主观指标的处理采用五级语义态度量表，比如，法律规范冲突指标可以采用完全冲突、基本冲突、局部冲突、基本不冲突和完全不冲突五个级别来对应 5 个警度级别。

量化程序。确定评价指标集: $Z = \{Z_1, Z_2, \cdots, Z_n\}$，确定评价集: $W = \{W_1, W_2, \cdots, W_n\}$，确定评价集隶属度 u: 如果评价级为 5，则 $u = \{u_1, u_2, \cdots, u_5\}$。

对评价体系建立模糊矩阵:

$$R = \begin{bmatrix} r_{11}, r_{12}, \cdots, r_{1m} \\ r_{21}, r_{22}, \cdots, r_{2m} \\ \cdots \\ r_{n1}, r_{n2}, \cdots, r_{mm} \end{bmatrix}$$

计算模糊综合隶属度值集 $B = R \cdot U^T$，计算综合隶属度 $U = W \cdot B$，综合隶属度就是测评总分，是对各种主观指标做出的数量化评价。

（2）警度级别确定模型

不同指标的标准化采用风险预警模型的研究：$Q_j = \dfrac{x_{ioj}}{(x_{ioj})} \times 10$，$x_{ioj}$ 表示 i 项目下第 j 指标的统计数值，(x_{ioj})max 表示 x_{ioj} 的理想值。

警度级别的预报可以采用两种办法：一是建立关于预警要素的普通模型，做出预测，然后根据警限转化为警度级别。二是建立关于预警要素的警度模型，直接由警兆的警级预测预警要素的警度，这是一种回归等级技术。

采用五级警度方便和各个指标相对应；每一级别的警限有各自设置办法。采用的分析方法一是专家意见法，给出五级警度，然后由专家评估，对专家的评定结果采用肯德尔和谐系数检验，直到达到较高的一致性时，才作为最终的警限。二是校标法，以比较成功的执法单位为例。三是调查法，通过大量的数据收集设置警限。四是经验总结法，根据本地区税务机关的实践经验总结，设置警限。

（3）税收执法单位的执法危机或执法事故的综合等级评定

税收执法风险的评估结果由税收执法风险的评估总公式 $S=f(p \cdot c)(p \to 0, c \to 0)$ 决定。其中，p 代表执法风险发生的概率，c 代表执法风险导致的损失程度。

税收执法风险的评估。采用双因素法对执法风险进行评价，指标使用风险系数。可以将风险系数其分为 3 级：特大风险系数大于等于 3；重大风险系数大于等于 2 小于 3；一般风险系数为大于 1 小于 2。风险系数的获得：风险系数=危害度×风险发生的概率。

危害度的求取。危害度$= \dfrac{1}{n} \sum_{i=1}^{n} Q_i \cdot H_i$，$Q_i$ 代表第 i 个项目的权数，H_i 代表第 i 个项目的损失程度。

风险发生概率的求取。风险发生概率的求取是对风险爆发可能性的度量，常用统计分析法和主观概率法求得。

（4）税收执法风险的损失指数计算

可以将其分为 3 级，特大事故损失指数大于等于 3；重大事故损失指数大于等于 2 小于 3；一般事故损失指数为大于 1 小于 2。

$$M_i = E_{qe} + I_{qi} + P_{qp} + S_{qs} + D_{qd} + C_{qc}$$

其中，M_i 为税收执法风险的损失指数；E 为税收流失程度，通过财务分析求得；I 为单位形象损失程度，通过自身主观评估求得；P 为人身危险程度，指人身伤害程度或人身伤害造成的经济损失；S 为社会稳定状态受威胁程度，通过自身主观评估求得；D 为行政追责（党纪、政纪、执法过错责任）程度，通过自身主观评估求得；C 为刑事追责程度，通过自身主观评估求得。

q_e 为税收流失在总损失中所占的权重；q_i 为形象损失在总损失中所占的权重；q_p 为人身危险程度在总损失中所占的权重；q_s 为社会稳定受威胁程度在总损失中所占的权重；q_d 为受党、政追责程度在总损失中所占的权重；q_c 为受司法追责程度在总损失中所占的权重。

（5）税收执法单位执法安全的综合等级评定

等级评定可分三层进行统计，方法和步骤为：建立测评专家小组，客观数值可以直接获得，主观数值则可由专家根据评定要求给出。采用美国国家经济安全预警警度划分方法，将评估集分为五级，一级为执法安全，即没有风险、没有损失的状态；二级为执法隐患，即风险发生的潜在可能性；三级为执法威胁，即风险发生的现实可能性；四级为执法危机，即风险发生的当前可能性；五级为执法事故，即风险事件已经发生。按照指标重要性评判，请专家根据以上模型中的指标的重要性给出评判。

构造判断矩阵：

$$U = \begin{bmatrix} u_{11}, u_{12}, \cdots, u_{1n} \\ u_{21}, u_{22}, \cdots, u_{2n} \\ \cdots \\ u_{n1}, u_{n2}, \cdots, u_{nn} \end{bmatrix}$$

其中，U 表示评价指标集；u_i 表示评价指标；u_{ij} 表示 u_i 对 u_j 相对重要性数值。

计算单一准则的重要性排序，采用几何法求出 U 的最大特征根所对应的特征向量，并进行正规化处理，所求特征向量即为评价指标重要性排序。

对一致性的检验，当 CR<0.10 时，即认为判断矩阵具有满意的一致性；CR>0.10 时，证明一致性差，需调整判断矩阵，直到达到满意的一致性为止。

计算综合权重排序，确定指标隶属度，计算评价值，$P = V \cdot S^t$。

由以上最后计算值得出税务机关总的执法安全等级，但参照结果时仍需注意尽管总体安全等级处于安全状态，但是个别单位或个别单位的个别项目仍可能处于严重的危机状态，因此仍需要参照个别企业的安全级别或个别项目的安全级别进行单行管理和风险防范管理。数据在获得时，对于一些难以获取的数据遵循近似处理。

决定风险系数主要有两大因素——可能性与后果严重程度，建立执法风险评估的矩阵模型首先要对两大因素进行定义，分别建立相应矩阵，在此基础上建立税收执法风险可能性—后果矩阵，根据对应结果分别实施一般关注、常规检查、重点关注、立即控制，鉴于国内风险管理教材及研究大都采用此模型，将之运用于税收执法风险只需要针对税务管理特点进行不同的要素定义即可。

3. 我国实施税收执法风险管理的政策建议

3.1 建立基于执法目标的综合税收风险循环管理体系

（1）明确的执法目标是正确理解执法风险管理内涵和外延的基础

确立目标是开展税收执法风险管理的前提，从系统实施风险管理的角度，需要研究和实践的基础应该是统一的，对任何风险概念的提出和管理均应以其目标作为出发点，确定了目标也就界定了风险识别的范围，风险分析和处理才更具有针对性，税收执法风险来自税收执法的目标，对于税收执法的目标，我国现行法律规范及官方解释并未给出明确答案，但从税收执法工作实践中总结一些经验，并结合相关文献阐述，可以归纳为收入目标、法治目标、调控目标、纳税服务目标、征管质量和效率目标、队伍建设目标和党风廉政目标。其中收入目标、队伍建设目标和党风廉政目标可纳入税务机关内部目标，纳税服务目标、征管质量和效率目标可纳入针对纳税人的外部目标，法治目标、调控目标可纳入兼具内外的综合目标，围绕不同目标产生的执法风险会出现差异，但适用的执法风险管理的理论和流程应当是一致的。

（2）综合税收风险管理和循环风险管理是构建我国执法风险管理的两大理论支撑

执法目标的层次性及差异性决定了税收执法风险的多样性，在国际组织税收风险管理发展过程中，税收执法者越来越认识到综合税务风险管理的重要性。在税务管理过程中，纳税人、税务机关和其他公共机构扮演了不同的社会角色，并相互作用完成税收管理目标。税务管理角色中的某些行为会带来纳税人的反应行为，反之为影响纳税人的行为，一个税务管理部门需要了解自身及社会中的其他行为，包括内部和外部风险。很多风险是税务机关所无法控制的，借鉴国外的税收风险管理经验，需要正确认识执法风险管理理论对所有风险的包容，从一个组织广泛的角度去审视，在某种程度上能涵盖所有的风险或问题，用一种整体研究的方法建立统一适用的风险管理模型流程技术，并结合税务机构管理、组织文化、人力资源等方面综合推进税务风险管理，实现管理效能最大化。

3.2 正确把握社会管理创新过程中各社会主体的职能定位,以纳税人为导向,提高纳税遵从度

(1)纳税人的责任是知晓税法并按规定如实准确申报缴纳税款,税务代理人在维护委托人合法利益、避免违法风险的同时,也能最大限度地减少税收流失。

长期以来,纳税人更多接受的是税务机关的单向管理,自主学习税法并按照规定纳税的习惯还没有完全养成。我国税收政策变动频繁,规范性文件数量远多于法律条款,不易理解,即使绝大多数税务机关工作人员也很难做到政策精通。因此健康繁荣的税务代理人制度对于降低税收风险具有突出作用,可以最大限度改变纳税人税收政策信息不对称的情况,这点在国外已得到充分证实,日本有85%以上的纳税人是通过税理士事务所代办纳税事宜,美国约有50%的公司委托代理人代办申报纳税,个人缴纳所得税几乎100%是委托代办。良好的治税环境与税务代理的发展相互促进,这些国家通常有着严密的税收征管体制以及先进的税收征管手段,纳税人的经济活动处于税务机关的监控之下,违反税法的纳税人将会遭到严厉的处罚,因而公民有着良好的纳税意识,对寻求税务代理有着强烈的需求。国外税务代理发展较好的国家一般都制定有相应的法律制度,如,日本的《税理士法》;韩国的《税务士法》;德国的《税务代理咨询法》等,当前我国发展税务代理首先需要进一步明确税务代理人的法律地位,对税务代理人的权利和义务作出规定。在税务代理业务向律师、会计师、税务师普遍开放的基础上,借鉴国外经验将部分比较复杂的税收业务界定为注册税务师的法定业务,例如所得税汇算清缴报告、税前扣除项目、土地增值税清算报告等,该部分业务若没有注册税务师签字,税务机关不办理纳税申报。规范纳税人委托税务代理人办税的服务费用,在合理费用测算基础上,可以考虑适当降低,另一部分由税收收入承担,对于税务代理人帮助建账、记账的,可享受减免应纳税额一定比例的优惠。

(2)为了最大限度减少税收执法带来的风险,税务机关在提高纳税人自主遵从上需要充分履行自身职责。

借鉴国外税收风险管理的成功经验及按照我国现行税法要求,税务机关的主要职责是严格执法以维护税法刚性,给纳税人提供必要的纳税服务让纳税人更加知晓税法,更加便利地办税。正如本文前面所分析的那样,严格执法对于纳税遵从度提高的影响是突出的,执法若不严格,对税务人员本身有很大的法律风险,纳税人也会无视税法的刚性,遵从会变得更加随意,造成税收流失。我国《中华人民共和国税收征收管理法》第七条规定:"税务机关应当广泛宣传税收法律、行政法规,普及纳税知识,无偿地为纳税人提供纳税咨询服务。"可见,纳税服务是依法执法的重要

组成部分，服务型税务机关也是政府职能转变的要求。并非所有的错误都是纳税人有意为之，在我国尤其如此，纳税遵从度不高与税务机关的宣传有很大关系。税法制定或者更新后，虽然公告就产生执行的效力，但通常最先知晓的是税务机关，最应当知道并遵守的却是纳税人，如何尽快地让纳税人遵从需要税务机关发挥社会服务功能实施教育援助，一方面，提供容易理解的法律和纳税申报资料，并且保证纳税人能够比较便捷地获得税收申报的资料、税收法律文件，纳税人能在合适的时间以合适的方式和税务机关联系，互联网能够随时提供更新的法律及申报政策，在电视广播、报刊杂志长期设立税收宣传专题节目或专栏；把税法知识教育当作公民义务教育的一部分纳入大中小学教育。另一方面，给纳税人提供税法的前期咨询服务，咨询是一种双向沟通，一般发生在税收事件之前，也可以降低税务机关的风险，对纳税人开展多种形式的培训，必要时可以为纳税人提供税收筹划服务。

3.3　依法建立税权监督制约体系

（1）科学配置税收执法权力

权力的归位是相对于税收执法权力的扩张和越位而言，也可称为权力的收缩或减少。权即责，权力回归正位，有利于最大限度地减少执法风险。政策制定权和执法权本是完全独立的公权范畴，但由于我国税收法制本身的不完善，导致政策制定权力行使较乱。现行的大量政策采取了授权制定的形式，除区县税务机关的内设机构及派出机构外，三级税务执法机关均具有一定程度的政策制定权，且由其制定的政策远远多于以法律、行政法规形式的税收政策。这种政策还通过内部掌握意见、处理便函等非合法方式出现，执法权与政策制定权的交错常常导致纳税人和社会公众不能广泛民主参与，成为公权力侵犯私权的合法工具。理顺政策制定权与执法权的界限需要逐级上收立法权限，减少授权立法和税收规范性文件，降低理想化法典的条件要求和目标定位。随着税收法规的不断发展成熟，在适当的时候继续进行更高层次和阶段的法典化，建立与完善地方税体系相一致的税收立法权分配格局。严格税法行政解释，规范解释的权限和形式，规定对于不明确的课税要素，应由制定机关审查，并作出法律解释，严禁税法的扩张解释、类推解释、补充解释和随意解释。

（2）合理分解税收执法权力

在正确认识并合理收缩税务机关的权力后，我们要对属于税务机关的税收执法权力进行有效的配置，即要充分认识到执法资源的有限性，谋求执法效益整体的最大化。

纵向层级分配。现代管理科学倾向于组织结构的扁平化，运用到税收执法机构的设置中，要求机构的设置尽可能扩大管理幅度，减少管理层次，对部分税务业务部门要尽可能与基层一线的部门合并，将有限的人力资源用于专业化管理和基层征管一线。同时抓好领导岗位、中层岗位和其他重要岗位三个层次的权力配置和制约，如基层执法人员主要是对被执法对象事实的调查、核实、取证负责；基层部门负责人主要是对执法人员调查、核实结论的审核负责；业务部门负责人主要是对处理意见的合规性和合法性负责；终审负责人主要是对整个程序的审核和最终处理结果的批复负责，最终形成分层闭合制约有效的权力体系。

横向职能分配。当前的税收管理，存在人力资源紧张和执法任务快速增长的现象，有必要有针对性地调整横向的职能分配，避免税收执法权的过度集中以及权力缺位、错位和虚置造成监控盲点。其中很重要的一点就是改革税收管理模式，将现行的全职能税收征管模式转化为专业化的征管模式，通过重组征管流程、取消税管员制度、实行管事不管户等方式，实现分权、限权和控权，以此减少权力滥用和税收执法风险的产生。

参考文献

（1）孙承. 美国现行税务管理体制特点及启示[J]. 税务与经济，2008（2）：16～19.

（2）葛克昌. 行政程序与纳税人基本权[M]. 北京：北京大学出版社，2005：17～19.

（3）王国清，龚秋. 税收征管组织模式变革取向及其路径选择[J]. 税务研究，2010（5）：76～78.

（4）深圳市国家税务局课题组. OECD 成员国大企业税收征管经验及其借鉴[J]. 涉外税务，2010（8）：44～48.

（5）陈振海. 政府部门风险管理：美国海关的实践与启示[J]. 党政干部学刊，2009（1）：17～20.

（6）刘初旺. 税收征管执法风险与监管研究[M]. 北京：经济管理出版社，2012：15～17.

（7）张爱球. OECD 的税收风险管理理论与实践[J]. 中国税务，2009（11）：27～29.

作者简介

杜国祥，1981 年 6 月生，博士研究生，会计师。电子邮箱：duguoxiang@tjufe.edu.cn。

政治家行为法制约束的内因探究
——基于布坎南理性选择模型研究

竹志奇

摘要　本文通过对布坎南1989年理性选择模型的部分更改,研究了理性自利条件下,政治家行为选择是否存在以公共权力所带来的选民服从谋求私利的可能。并就其内因进行探索。且对防止政治家行为选择造成以公权谋私利的后果提出了改革路径,着重强调了以法制确立公权和私权边界的手段。最后着重阐述了法制改革的重要性。

关键词　法制　公共选择　政治家　选民服从

1. 政治家行为研究的微观基础

自布坎南和托洛克的《同意的计算:立宪民主的逻辑基础》出版后,公共选择理论成为了研究社会政治经济活动新的重要方法,他们创造性地将新古典经济学研究的一系列假设和方法运用到了政治学研究之中,其方法论上的个人主义为政治研究的理论增添了微观基础。使我们可以避开复杂的整体现象,剖析其内在个人选择的具体动因。

布坎南(1989)在试图用理性选择模型解决理性服从问题时提出,选民的服从会使领导者的效用上升。他将选民的服从加入效用函数中,并且认为选民的服从可以通过自身禀赋(时间、金钱等)的转化而得到。通过效用最大化得出二者转化的均衡条件。在此模型基础上,本文进一步对政治家的微观基础进行部分调整,可以使我们通过此模型深入研究政治家的行为选择。

第一,给定政治家和普通民众的身份。布坎南(1989)的假设是建立在均等化的条件下的,即任意选民在一定的投资转化过程中都可以成为领导者。但在极端公共性条件下，只有少部分人获得了他人的服从，而大多数人选择了理性忽视以规避参与政治的成本浪费。现在我们需要改写这一假设，假设由于历史原因和机会成本问题，存在天生就研究政治的人并且给定其政治家身份；而余下大部分选民由于历史和机会成本问题选择将禀赋投入非政治活动当中，从而选择理性服从。我们只关心政治家的行为选择，并且假设普通选民的选择服从只能给予政治家，且不存在二者角色转化的问题，即只有政治家可以得到选民服从。

第二，将政治家获得的选民服从划分为两种，第一种是通过自身禀赋转化而来的。可以理解为是专门投入精力研究政治问题而获得的他人信服。第二种是政治家从事政府工作，组织社会其他人的禀赋进行公共物品的生产而产生的服从。也可以理解为掌握公权力为政治家带来的名望、威信等所带来的选民服从。

第三，在布坎南 1989 年的模型中，通过无知之幕的假设将所有人的自利因素屏蔽，并且将政治家提供的公共物品具体化为宪法修正案这一制度性公共品。现在我们改写这一假设，使政治家可以清晰地看到自己的效用函数和转化函数。给定选民天生选择理性服从，将政治家提供宪法修正案这一制度性公共品扩展为一般意义上的公共品。

第四，政治家是理性自利的经济人，满足一切经济人基本假设。存在转化函数使得选民服从可以转化为一般性商品或服务，反之亦然。选民服从进入效用函数，效用函数满足新古典效用函数的一切假设。

第五，综述一下模型环境。在这样一个相当简单的世界之中，只存在政治家和选民，他们分别从事政治活动和非政治活动。选民的服从可以带来效用，但这种效用只能由政治家们享用。政治家们通过自身的努力和付出得到一部分选民服从，通过从事政治活动为社会提供公共品得到另一部分选民服从。

2. 政治家概念及其法制约束的内因

2.1 政治家概念

所谓政治家即通过自身禀赋的投入，转化成为选民的服从，并依靠这种选民的服从，组织他人禀赋生产公共品，并在提供公共品过程中获得额外的、独立于自身禀赋的选民服从。这种服从同样带来效用，且由其提供公共品数量所决定。

我们给定了政治家和选民的身份，这可以理解为刚刚结束选举，选民无法改变当选者。也可以理解为政治家是由上层权力机关任命和委派的，但上级机关并不能影响该政治家行为选择。这样的设定主要是为了方便研究政治家在自利条件下拥有公权力后的行为选择，并引出其法制约束的内因。

2.2 法制约束的内因及法治衍生路径

通过一系列假设不难看出，我们讨论的重点在于理性自利条件下如何限制政治家对于公权力带来的选民服从的运用。政治家在提供公共品过程中存在理性自利行为，这部分自利行为合理性的边界就是我们法制约束存在的内因。必须区分公权力和自身禀赋带来的选民服从的不同。并且限制政治家转化自身禀赋带来服从以外的公权力带来的服从为一般性商品或服务。法制约束形成之后，政治家的公权力带来的服从会渐渐脱离政治家自身，使得选民可以清晰区分给予政治家的服从是来源于法制，并可以演化形成之后一系列的制度框架。

3. 政治家行为选择的模型演化

在一个由 n 个人形成的社会之中，存在 s 个政治家，n-s 个选民。其中每个政治家用 i 表示，i=1，2，…，s。每个政治家存在效用函数：

$U_i=U_i（X_i，D）$

其中，X_i 表示传统的一揽子商品和服务，D 表示选民的服从。每个选民用 j 表示，j=1，2，…，n-s。选民的效用函数由于假定了不存在选民可以获得服从：$U_j=U_j（X_j）$。

政治家存在一个转换函数 $F_i=F_i（X_i，D）$。

这样，我们可以通过拉格朗日方程解得政治家效用函数最大化的条件：

$$\frac{\partial U_i/\partial X_i}{\partial U_i/\partial D}=\frac{\partial F_i/\partial X_i}{\partial F_i/\partial D}$$

此时，通过转换函数的转化，使得政治家效用在约束条件下最大化。

但是，我们此时无法确定选民服从 D 转化为 X_i 的部分究竟是公权力所带来的服从，还是自身禀赋所带来的服从。因此我们将 D 细分，并假设两种服从是以加法关系进入效用函数，且 D_1 代表政治家自身禀赋投资带来的服从，D_2 是公权力带来的选民服从。

$D=D（D_1，D_2）=D_1+D_2$

我们假设 $D_2=D_2（X_j，Q_i）$，Q_i 表示政治家提供公共物品的能力，可以理解为政治天赋，并且假定 Q_i 是外生的。因此，D_2 是通过选民的一般性商品或服务和政治家能力的函数，由于二者均为给定外生，所以 D_2 是一个常量。

当政治家得到由公权力带来的服从时，服从的边际效用变小，而一般性商品和服务的边际效用增加，因此政治家通过选民的服从换取一般性商品和服务，即用 D 换取 X_i。假设政治家偏好于先用自身禀赋换取的服从来换取一般性商品或服务，可以理解为道德约束。

那么此时会出现两种情况：

（1）当达到新的均衡时，D_1 部分或完全转化为 X_i，即 $D' \leq D_1$。此时，政治家的效用达到新的高度，并且在此达到均衡，政治家并没有使用公权力所带来的服从为自身谋取一般商品或服务。

（2）当达到新的均衡时，D_1 完全转化为 X_i，D_2 部分转化为 X_i，即 $D' > D_1$。并在此处达到均衡，那么此时政治家使用公权力所带来的服从为自身谋取一般商品或服务，即存在以公权谋私现象。如下图所示。

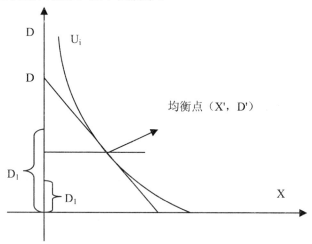

政治家行为选择的模型

在图中我们可以更加直观地看到，在一个 D 与 X 的坐标系中，无差异曲线与预算线相切与均衡点（X'，D'）。当 D_1 大于 D'时，不存在运用公权力带来的服从换取一般性商品或服务的情况；当 D_1 小于 D'时，存在以公权谋私利的情况。

4. 如何改变政治家行为选择

由以上分析我们可以看到，存在政治家以公权谋私利的可能。实事上，随着政治家提供公共产品的规模越来越大，由此获得的选民服从也就越多，而政治家自身的禀赋是有限的。因此，在转换函数不变的条件下，随着 D 的逐渐上升，政治家在自利理性的条件下必然会选择将 D_2 转化为自己的一般性商品和服务，来提高自身的效用水平，以达到效用最大化。

　　甚至，如果我们把政治家的道德约束去掉，并且更加现实地为政治家的公权力添加一个期限，以及像布坎南那样为政治家通过自身禀赋赚取选民的服从添加一个风险或成本元素，那么政治家一定会优先通过公共权力带来的服从转化为自己的一般性服务或商品。

　　从防止政治家以公权谋私利的角度来看，我们需要改变政治家利用公权谋私利的行为选择。对此，我们可以通过诸多方法，来达到这一目的。

　　首先，我们可以改变政治家的转化函数。在政治家将公权力所带来的服从转化为一般性商品和服务时，限制 D_2 的转化。即改造政治家的转化函数 $F(X_i, D)$ 成为 $F(X_i, D_1)$。这样做使得政治家只能转化自身拥有禀赋换取选民服从，从而保证了公共权力不用来徇私。政治家由于存在这样的制度限制，即使均衡点处的 X_i 的边际效用大于 D 所带来的效用，在 D_1 完全转化为 X_i 后，政治家也无法继续通过 D 换取 X_i 了。但这样的后果也很明显，即在选民服从很大时，政治家的效用降低了。这种制度设计类似于法律的强制约束，从而改变政治家的在原条件下行为选择。

　　其次，我们可以改变政治家的效用函数，使其减少对于 X 所代表的一般性商品或服务的偏好，从而更加乐于获得更多选民的服从。这多少类似于挑选一个好的政治家。其在本性上就太不偏好一般性商品和服务，而更加偏好选民的服从。因此，当增加选民服从时，其转化为 X_i 的 D 并没有超出 D_1 的范围。

　　综上，我们可以看出，想要抑制住理性自利的政治家对于利用公权谋取私利的方法有两条。第一就是建立健全法制，政治家的自利行为限制在合理合法的范围之内。第二就是要选取品德优良的政治家，因其自身对于私利偏好水平低，从而保障公权力不被用于私人利益。

5. 总结

　　本文讨论了在严格理性自利模型假设下，观察政治家行为选择时，公共权力所带来的服从是否会被用于政治家自己的私利。并分析了政治家公权力谋私利行为的改变路径。

　　实事上，在现实中，这是一个非常复杂的问题，区分清楚政治家在其行为中哪些使用了公权力谋求私利是无比艰难的。但这也确确实实是目前改革的紧要事情。文中也已经提到了，区分这样的边界并且让政治家守住界限，是需要法律的制度来发挥作用的。制度的约束在某种程度上比寻找一个品德优良的政治家重要得多，也实用得多。党在十八届四中全会中提出坚持走中国特色社会主义法治道路，建设中国特色社会主义法治体系。其中重要的一环就是将政治家的权力性质进行明确，公权力赋予领导干部时，不能被当作私权所滥用。政治家公权力的使用必须按照相应的法律规定，履行其相应的职责。

由于政治家自身在理性自利条件下绝不会放弃其自身的效用水平，因此，必须提高法制化程度，提高领导者的法制观念，增强民众的法律意识。推动公权力边界法制化区分必须依靠一次上下齐手的强力改革去完成。

参考文献

（1）James M. Buchanan. A Theory of Leadership and Deference in Constitutional Construction [J]. Public Choice，1989：15-27.

（2）刘洪军. 论政治企业家[J]. 经济评论，2002（6）：21～24.

（3）杨瑞龙，邢华. 民主政治的产业组织与政治企业家理论[J]. 江苏行政学院学报，2007（2）：37～44.

（4）刘骥. 找到微观基础——公共选择理论的中国困境[J]. 开放时代，2009（1）：100～119.

（5）桂林，陈宇峰，尹振东. 官员规模、公共品供给与社会收入差距：权力寻租的视角[J]. 经济研究，2012（9）：140～151.

作者简介

竹志奇，1989 年生，经济学硕士，博士在读。

第二编

财税法制建设与改革

论我国开征遗产税的必要性及可行性

刘植才

摘要 文章从阐述遗产税在不同国家的分布状况及兴废变化格局入手，运用库兹涅茨倒 U 型曲线理论，分析了遗产税与特定国家或地区经济社会发展阶段的相关性。在此基础上，论述了现阶段我国开征遗产税的必要性，并针对当前社会各界存在的疑虑，阐释了我国开征遗产税的可行性。

关键词 税制改革 开征遗产税 缩小贫富差距

自新中国成立以来，我国曾几度酝酿开征遗产税，但该税种至今仍处于缺失状态。由于近年来我国居民之间贫富差距不断加大，调节居民收入分配、促进社会财富分配公平成为政府乃至整个社会面对的重要课题，遗产税对社会财富分配的调节功能重新受到政府、学术界和社会公众的关注。2013 年 2 月国务院批转的《关于深化收入分配制度改革若干意见》中明确提出"研究在适当时期开征遗产税问题"。这表明我国政府再次将开征遗产税纳入了税制建设议程。

本文通过对境外遗产税发展概况和我国国情的分析，论述我国开征遗产税的必要性，并针对社会公众对遗产税存在的疑虑，阐释我国开征遗产税的可行性。

1. 境外遗产税发展概况

据我国学者考察，至 2003 年，在 127 个建立了税收制度的国家和地区中，征收遗产税的占 58.3%，没有开征遗产税或曾经开征后又停征的占 41.7%。征收遗产税的国家通常都开征赠与税作为配伍的税种。还有部分未开征遗产税和赠与税的国家采取对遗产继承和赠与行为征收个人所得税或财产转移税的做法。目前，多数经济发达国家和新兴工业国家都征收遗产税和赠与税，经济落后国家不征收这两种税者居多。最近十余年的时间里，上述情况虽有一些变化，而总体格局并未发生根本性改变。但是，一个值得注意的现象是，近年来某些已开征遗产税的国家和地区又停征或正在酝酿取消遗产税；而与此同时，一些尚未开征遗产税的国家正在讨论开征遗产税。个中缘由，值得研究。

笔者认为，政府课税除去为了获得财政收入之外，还有经济、社会甚至政治等方面的目的。不同国家国情的差异和变化影响着政府对税收功能定位和税种的选择，也决定了其对遗产税的取舍。

1.1　追求社会公平是当今各国开征遗产税的主要动因

（1）遗产税的特点及其功能

概括而言，税收具有筹集财政收入和调节经济社会生活两种基本功能。但是，这两种功能在不同税种中的体现往往是各有侧重的。

从运用税收调节个人收入和财富分配的角度分析，一般而言，由于流转税的累退性和易于转嫁的特征，除个别选择对高档消费品和奢侈品课征的特别消费税外，流转税通常很难在调节居民个人收入方面发挥显著作用；相比而言，税负难以转嫁且适于采用累进税率的个人所得税和财产税对居民收入和财富分配的调节作用更为直接，但此二者发挥作用的领域各有侧重。个人所得税主要用于对收入的"流量"进行调节；而财产税则是对收入的"存量"——积淀的财富进行调节。遗产税作为一种特殊的财产税，在调节个人财富分配方面具有突出的特点和其他税种难以替代的功能。

遗产税的主要特点有三个。

①遗产税以财产所有人死亡时遗留的各种财产为课税对象，其课税范围包括不动产、动产和财产权利，虽然有一定的宽免和扣除规定，但其税基仍是对个人征收的税种中最为广泛的。

②遗产税通常采用累进税率，且边际税率往往较高，能够充分体现"量能负担"的税收原则。

③财产税属于直接税，税负不易转嫁，而在个人生命最终环节课征的遗产税则比其他税种更难转嫁。

遗产税具有特殊功能。征收的广度、税负水平和不易转嫁的特征决定了遗产税在调节个人财富分配方面具有其他税种难以替代的功能。政府通过征收遗产税不仅能够直接从纳税人的财产中抽取一定份额，而且可以借助免税措施激励纳税人施行公益、慈善性捐赠，从而校正社会财富的分配状况，抑制私人财富的积累和集聚，起到缩小贫富差距、限制不劳而获行为、防止食利者阶层过度发展、引导国民合理使用财富、促进国民勤奋自立等征收效果，有助于实现社会公平与和谐。

（2）追求社会公平是现代社会开征遗产税的主要动因

考察国外税收实践，遗产税在税收收入总额中所占比重一般非常有限，且征收管理成本不低，如果单从聚财效果考虑，它似乎是一个"鸡肋"税种。从这一角度考虑，一些经济落后、更注重税收的聚财功能且税收征管水平比较低下的国家不征收遗产税，因此开征之后又转而放弃遗产税的做法是可以理解的。然而，遗产税的调节功能明显强于其财政功能，基于现代社会对公平、正义的追求，往往使遗产税成为政府手中的政策工具。可以认为，追求社会公平是现代社会开征遗产税的主要动因，对个人财富分配的独特调节功能和促进社会公平的作用成为遗产税的"立世之本"。

1.2　国情差异致使各国政府对开征遗产税问题做出不同的抉择

根据政治经济学的原理，税收制度属于上层建筑范畴，一个国家的税收制度必须与该国的经济基础相适应，符合其某个特定历史时期的经济社会发展要求。随着经济社会的发展，一个国家的税种配置、税制结构总是处于相对变化之中。

对当今世界各国的税收制度进行横向比较不难发现，尽管近年来在经济全球化因素的驱动下各国税制发展开始显露出税制结构趋同的趋势，但除去个别例子之外，总体而言，处于不同经济社会发展阶段的国家之间税制结构依然存在比较明显的差异。据此判断，由于国情的差别，各国对开征遗产税问题必然做出不同抉择。

（1）处于不同发展阶段的国家和地区居民贫富分化状况存在区别

美国经济学家西蒙·库兹涅茨（Simon Kuznets）在《经济增长与收入不平等》一文中，从发展经济学的角度对居民个人财富差距与人均财富增长（即发展和效率）之间的关系进行了研究，其结论是："从收入分配相当均等的农业社会过渡到工业社会的经济增长早期，由于劳动力快速向收入较高的工业部门流动，不平等迅速扩大，一个时期变得稳定，后期由于工业化的完成，不平等缩小。"这一理论被称为"库兹涅茨假说"。工业革命以来的历史证明，库兹涅茨假说所阐明的规律是普遍存在的。

（2）库兹涅茨假说有助于解开遗产税存废的迷局

根据发达国家的经济发展经验，当一个国家处在由低收入国家向中等收入国家转化时期，一方面，经济持续快速增长，国民经济实力明显提升；另一方面，居民之间收入及财富占有量差距不断加大，社会矛盾凸显。处在这一历史发展阶段的国家为缩小贫富差距，促进社会公平，缓解社会矛盾，保持社会稳定发展，选择开征对私人财富分配具有特殊调节功能的遗产税是十分必要的。而当完成了工业化进程之后，由于中产阶级发展壮大，公益、慈善捐赠等"第三次分配"行为规模扩大，社会分配不公的矛盾逐渐趋于缓解，遗产税的地位随之下降乃至被弃用。这可能是对目前多数经济发达国家和新兴工业国家开征遗产税，经济落后国家一般不征收此税，以及某些已开征遗产税的发达国家又转而放弃，一些处于经济迅速成长期的国家酝酿开征遗产税的一种比较合理的解释。

　　当然，影响政府做出是否征收遗产税抉择的因素是复杂的，除上述原因之外，经济的周期性波动、政府的财政状况、不同阶层利益集团之间的博弈等都可能对此产生影响。

2. 现阶段我国开征遗产税的必要性

2.1　开征遗产税是调节居民收入和财富分配的有力手段

（1）当前我国居民贫富分化的严重性

　　改革开放以来，随着生产资料所有制多元化和国民经济持续快速发展，我国居民私人财富总量迅速增加，与此同时，社会成员之间财富占有量差距也在不断加大。改革开放之初，我国的基尼系数仅为 0.28。根据国家统计局公布的数据，最近 11 年来始终超过国际公认的 0.4 的贫富差距"警戒线"（参见表1）。

表1：2003～2012 年全国居民收入基尼系数

年份	2003	2004	2005	2006	2007	2008
基尼系数	0.479	0.473	0.485	0.487	0.484	0.491
年份	2009	2010	2011	2012	2013	-
基尼系数	0.490	0.481	0.477	0.474	0.473	-

资料来源：www.news.cn 新华网。

　　依据上述数据，虽然从 2009 年起我国的基尼系数呈逐年缓慢下降趋势，但当前的贫富分化状况依然比较严重。

　　（2）遗产税对我国居民收入和财富分配具有难以替代的调节作用

　　库兹涅茨的研究结论表明，个人收入差距不会随着经济的发展自动缩小。他认为，收入差距是否能够缩小受很多因素的制约，并特别强调政府社会经济政策的作用，包括累进的所得税、遗产税和社会保障制度在调节收入分配差距上的重要作用。在促进居民财富分配公平方面，政府必须有所作为。

　　面对目前我国日趋严重的贫富分化状况，运用税收手段强化对居民收入和财富分配的调节是政府的必然选择。然而，税制结构的缺陷特别是遗产税的缺失使我国缺少针对富有阶层课征的税种，在很大程度上限制了税收对居民收入和财富分配的调节作用。特别是在现阶段我国经济秩序尚欠完善，存在大量"灰色""黑色"收入，由于它们的隐蔽性，流转税和所得税往往对其力所难及，开征遗产税无疑将有利于完善我国的税制体系，消除税收调节的"盲区"和"死角"，强化税收对个人收入和财富的调节作用。

此外，如果在遗产税法中采取税收优惠措施鼓励公益性捐赠行为，还将有助于激励国民收入的第三次分配，促进我国公益、慈善事业发展。

从完善税制结构、拓展税基，特别是从强化财产税对个人收入和财富的调节功能考虑，开征遗产税都应成为我国制度改革的一项重要选择。

2.2　开征遗产税有利于维护我国的税收权益

遗产税是一个在全球范围内广泛课征的税种，大多数经济发达国家和新兴工业化国家都设置了这一税种。在全球经济一体化的背景下，遗产税的缺失可能使我国在处理国际税收关系时处于不利地位，丧失一部分应得的税收权益。因为按照国际惯例，当财产所有人死亡时，财产（尤其是不动产）所在国拥有依照属地原则对跨国财产课征遗产税的权力，而遗产税制度的缺失却使我国无法行使这一权力，从而丧失本来应得的利益。从这一角度考虑，开征遗产税对维护我国的税收权益具有重要的现实意义。

2.3　开征遗产税有利于完善我国的税制结构，开辟新的税源

从已经施行遗产税制度的国家来看，遗产税占税收收入总额的比例虽然不高，但它具有稳定且可持续增长的税源，开征遗产税无疑可拓宽我国的税基，增加新的税源。如果将遗产税确定为地方税或共享税，还将有利于地方税收入稳定增长。遗产税属于直接税，开征遗产税无疑可提高直接税占税收收入总额的比重。这对于落实党的十八届三中全会提出的"完善地方税体系，逐步提高直接税比重"的税制改革任务具有重要意义。

3. 我国开征遗产税应消除的疑虑

目前社会各界对我国开征遗产税问题存在种种疑虑，择其要者，加以辨析。

3.1　一些国家或地区正在取消遗产税，我国是否应开征遗产税

目前围绕遗产税的存废问题存在着世界性的争议，一些国家和地区取消或停征遗产税的做法引起我国学界和决策层关注。其中较有代表性的是中国香港特别行政

区于 2006 年取消遗产税和美国于 2010 年暂停征收遗产税。于是有人提出,一些国家或地区纷纷取消或停征遗产税,我国是否有必要开征遗产税。本文对此问题的看法是:

首先,对于中国香港特别行政区于 2006 年 2 月 11 日取消遗产税,我们认为主要是出于巩固其国际避税港及国际金融中心地位的考虑。香港的税收功能定位和税制结构与内地存在较大差异,它的税制变动与调整对内地没有太多的借鉴意义。

其次,美国 2010 年暂停征收遗产税有着复杂的经济社会背景。美国前总统小布什在第一个任期伊始,为应对美国经济增长乏力、投资需求急剧下降的局面,就曾提出一个包括在 10 年内取消遗产税的"一揽子减税计划"。2010 年,作为应对金融危机的举措之一,奥巴马政府决定暂停征收联邦遗产税。而在此期间,美国朝野各界反对取消遗产税的呼声甚高,就连预期能在此计划实施中受益最大的美国富翁们都对此表示强烈反对。在此情况下,美国联邦政府决定从 2011 年起恢复征收遗产税。其实,即使美国真的取消了遗产税,对我国是否开征遗产税也并无太大的参考意义。根据国际货币基金组织(IMF)公布的数据,2011 年美国的人均 GDP 为 48387 美元,排名为世界第 14 位;而我国的人均 GDP 为 5414 美元,排名为世界第 89 位。[①]按照库兹涅茨的理论,我国正处于由低收入国家向中等收入国家转化的特定发展阶段,需要借助遗产税化解由于收入分配不公而引发的社会经济矛盾,而美国早已度过了这个发展阶段,遗产税对中国和美国的效用不可同日而语。我们不应不顾国情,盲目效仿他人的做法。

此外,应当指出,近年来德国、日本等国家先后提高了遗产税、继承税的税收负担,当前,即使在发达国家,放弃遗产税也并非税制改革的趋势。

3.2　开征遗产税是否会阻碍民营经济发展

有人认为我国当前大多数富有者都是创业者,其拥有的财富以经营性财产为主,担心开征遗产税会导致经营者投资积极性下降,影响民营经济的发展。其实,按照国外通行的做法,在对经营性财产征收遗产税时一般会给予一定比例的扣除或者可以享受一定的税收优惠,这些措施可以将遗产税对私人投资的负面影响减少到最低限度。而从经济学角度分析,持有这种担心的人只看到了遗产税的替代效应,而忽略了它的收入效应。征收遗产税最终是出现净收入效应还是净替代效应取决于税制设计及个人偏好等诸多因素。没有理由认为遗产税必然会对投资、储蓄及民营经济发展带来负面影响。

---

① 2011 年中国人均 GDP 排名世界第 89 位[EB/OL]. 网易财经, [2012-06-04]. http://money.163.com.

3.3 开征遗产税是否会造成资金外流

有人担心开征遗产税会造成我国资金外流。我们对此问题的看法是，引发资金在国际间流动的原因是多方面的，税收负担只是其中因素之一。遗产税是一个在许多国家普遍开征的税种，即便我国开征了遗产税，这一税种也并非我国所独有，只要科学、合理地确定其税负水平，开征遗产税就不会成为引发国内资金向国外异常流动的诱因。

3.4 我国的税收征管状况及配套条件能否适应开征遗产税的需要

许多人对目前我国的税收征管及配套条件能否适应开征遗产税的要求存在疑虑。笔者认为，为适应开征遗产税的需要，我国的税收征管模式确实有待进一步完善，相关法律法规和收入申报、财产登记等配套制度也应进一步健全和细化。但是，这应当是一个渐进的过程。如果不开征遗产税，不会凭空产生与遗产税相适应的税收征管模式及配套条件。因此，我们不能期望等到所有的条件都准备成熟再开征遗产税。其实，目前有不少经济发展水平和税收征管能力比我国低的国家都已开征了遗产税，许多发达国家也并非是在达到相当高的税收管理水平之后才开征遗产税的。征管模式和配套条件因素的制约不应成为阻碍我国开征遗产税的理由。

参考文献

（1）Economic Growth and Income Inequality. American Economic Review, Vol.45, No.1 March 1955.

（2）刘佐主编. 遗产税制度研究[M]. 北京：中国财政经济出版社，2003：53～61.

（3）刘植才. 我国财产税制度存在的缺陷及其改革构想[J]. 现代财经，2006(1).

（4）刘荣. 开征遗产税须消除的疑虑与制度设计[J]. 现代财经，2008(1).

（5）国家税务总局税收科学研究所. 外国税制概览（第三版）[M]. 北京：中国税务出版社，2009.

（6）刘植才. 完善我国财产税结构的思考[J]. 财贸经济，2012(2).

作者简介

刘植才，1956 年生，管理学博士，天津财经大学经济学院财政系教授，中国税务学会理事、学术委员会委员，中国税收筹划研究会副会长。联系电话：022-88186266；电子邮箱：liuzhicai5638@126.com。

基于预算管理视角的年终突击花钱问题研究^①

马蔡琛

摘要 当前年终突击花钱行为的主要成因包括预算资金下达过迟、政策变动与预算执行偏离、控制取向与绩效导向冲突等方面。从优化制度设计的治理路径着手，可以实施中期财政规划，强化财政总额控制，推进权责发生制政府会计改革，实现预算授权承诺与实际支用的适度分离。基于行为约束机制的治理路径，则应适当放宽公共支出项目跨年度结转的幅度，建立适当的预算节余分享机制，承认研发性公共支出中的智力投入贡献，稳定利益相关主体的改革预期，逐步克服突击文化的历史惯性。

关键词 年终突击花钱 政府预算改革 政府会计改革 中期财政规划

每逢年终岁尾，各级政府部门往往会突击花钱，这已然成为当前各级财政预算管理中的一种潜规则，也是社会各界和新闻媒体广为关注的焦点话题。如果在百度搜索引擎上输入"突击花钱"的关键词，竟然可以得到多达 124 万条相关检索记录。这种突击运动式的公共资源使用过程，往往会导致资金使用效率低下和损失浪费，也容易成为滋生贪污腐败的温床。

然而，这一现象缘何屡禁不止，近年来甚或渐成愈演愈烈之势？导致这种怪相的原因，主要是源于财政预算管理的技术性漏洞，还是有着更为深刻的体制性原因？其主要责任应归因于当下各种不甚合理的财政资金管理制度，还是资金使用者出于私利的刻意为之？这仅仅是我国经济社会转轨时期的暂时性问题，还是各国预算管理制度演化中均曾经历的一个发展阶段？所有这些都是当代全面深化财税改革中必须加以破解的重要命题。在本文中，将尝试从改进预算管理制度的分析视角，系统考察年终突击花钱怪相的主要类型、形成机理以及改革路径，以期对上述命题做出正面的回应。

① 基金项目：国家社科基金重大项目"我国预算绩效指标框架与指标库建设研究"（12&ZD198）；国家社科基金一般项目"我国预算制度的演化与改进研究"（12BJY134）；教育部人文社会科学研究规划基金项目"公共预算监督绩效的行为经济学分析"（12YJA790097）

1. 年终突击花钱行为的类型分布及其形成机理

尽管对于年终突击花钱的各种描述性研究已相对丰富，但若要更为深入地解构此种现象之深层动因，则需要针对纷繁复杂的突击花钱行为进行必要的特征提炼和类型区分。之所以要从类型分布的视角来考察年终突击花钱行为的主要表现，是因为"一个物体的意义及其名称，不仅由它的构成来决定，而更多是由其所隶属系列的相对位置来决定"。① 也就是说，不同类型的年终突击花钱现象，可能存在着不同的行为诱因与具体表现，其治理对策与改革思路也需要采取更为对症下药的方式。年终突击花钱行为的主要类型及其形成机理，可以概括为如下几个方面。

1.1　预算资金下达过迟而导致的年终突击花钱

以近来被媒体反复炒作的高校科研经费为例，由于我国人代会的会期（通常为每年 3 月份）晚于预算年度（因采用日历年度而称为历年制）的开始日期，而预算经人代会审议后，还需历经财政部门批复各部门、各部门批复下级预算单位等一系列法定程序。需要注意的是，这里批复的仅是预算指标而并非实际资金拨付。各级教育主管部门真正向各学校拨付科研项目经费的时候，往往已是临近暑期了。实际上，很多高校的年度科研项目经费的有效使用时间段，往往只有 9～12 月的四个月时间。如年底前经费不能使用完毕，不仅当年预算资金面临被收缴的可能，还会影响以后年度的预算拨款额度。应该说，预算资金到达基层用款单位的时间太晚（有时甚至已是年终岁尾），是导致被动性年终突击花钱的最主要原因。

在实际操作中，这种类型分布又可以具体区分为人代会会期与预算年度错配和资金传递链条过长两种情况。在解决此类问题的过程中，还需要避免调整预算年度和层级扁平化这两种简单化的处理倾向。

（1）关于预算年度与人代会会期的错配问题。近年来，由于历年制容易导致预算先期执行（将未经人代会审批的预算付诸执行）、预算资金下达过晚而引致突击花钱，不断有主张实施跨年制预算年度改革的动议（如改为四月制或七月制）。然而，调整预算年度牵一发而动全身，涉及政府的会计年度、企业的纳税年度等多方面因素，如果操作不当甚至可能引致财经秩序混乱，②因而，在我国社会经济转型时期，

① 恩格斯. 自然辩证法[M]. 马克思恩格斯全集（第 20 卷）. 北京：人民出版社，1956：638.
② 黄晶华. 马蔡琛教授谈预算法修订的"三底线"[EB/OL]. 国际金融报，[2012-08-26]. http://nkbinhai.nankai.edu.cn/html/bhzl/jyxc/ 1917.html.

调整预算年度的可行性是值得审慎斟酌的。①

其实，改行跨年制的预算年度，也不能从根本上解决预算先期执行问题。以美国为例，尽管采行了跨年制的预算年度（联邦政府为十月制，州和地方政府多为七月制），预算管理制度也堪称周密，然而，1948～2012 年的 60 多年间，在新预算年度开始之前，将全部 13 个拨款提案全部签署成预算法案的，只有 1989 年、1995 年和 1997 年 3 个年份。②而我国台湾地区，近半个多世纪以来的预算年度几经变迁，始终在七月制与历年制间不断变更，最终于 1998 年综合考虑多种因素而将预算年度敲定为历年制。③因此，不能从调整预算年度的简单化思维来处理年终突击花钱问题，④而应从预算运行机制重塑的更深层次来加以谋划。

（2）关于资金传导路径与层级扁平化问题。在我国的政府间财政关系格局中，来自上级政府的专项转移支付资金，已然成为下级财政的重要财力来源，而这类项目的多寡、拨付时间的早晚，往往不是下级财政所能掌控的。在现时的中国，中央、省、市、县、乡的五级财政层级，其纵深结构不仅在中国历史上前所未有，即便在世界范围内也是甚少出现的。⑤这种多层级的大纵深治理结构，导致财政转移支付资金自上而下逐级拨付至基层财政的传导时间表，往往呈现"八月十五放光明"的格局，⑥基层财政实际取得预算资金的时候，往往已近年终岁尾，突击花钱实属无奈之举。

近年来，随着省直管县和乡财县管改革的推进，为缩短政策与资金的传递链条，适当精简政府层级的呼声也日益高涨。然而，在中国这样一个大国，采用以县为基本单元的省县两级制地方治理构架，仍旧需要加以考量。⑦纵观历史可以发现，在省与县之间设置一个行政层级，在某种程度上，或许是中国古代行政管理的一项宝

---

① 马蔡琛. 论中国《预算法》的修订问题[J]. 云南社会科学，2009(6).

② Mikesell, J. L. Federal Budget Structures and Institutions. In Fiscal Administration :Analysis and Applications for the Public Sector.9th ed，122.Boston: Wadsworth, Cengage Learning，2014.

③ 马蔡琛，张洺. 海峡两岸政府预算制度的比较研究[J]. 河北学刊，2014(4).

④ 在多方呼吁下，2014 年 8 月修改通过的《中华人民共和国预算法》第十八条规定："预算年度自公历 1 月 1 日起，至 12 月 31 日止。"维持了 1994 年预算法关于预算年度的规定，从稳定大局出发，体现了全面深化财税改革的宗旨和原则。

⑤ 付志宇. 民国政府时期税收体制演变对当前分税制改革的借鉴[J]. 《贵州师范大学学报（社会科学版）》，2009(4).

⑥ 这是对于中国政府性资金纵向传导的一种形象比喻，往往在每年 9 月份之后，也就是过了农历中秋节（八月十五），来自上级政府的转移支付资金开始呈现"井喷式增长"（放光明）。越是接近年底，资金的下达频度和规模越发可观。十多年前，笔者在某省级财政部门预算处工作时，甚至出现过这种有趣的现象，我们在 12 月 31 日上午收到来自上级财政的专项转移支付资金，限定在年底之前花完。于是省级财政当即将资金下拨给区县财政部门，同样要求于年底前花完，而这时距离预算年度的结束，也就仅有几个小时时间了。尽管时隔多年，但在各级财政部门中类似问题仍不同程度存在。

⑦ 马蔡琛，李思沛. "营改增"背景下的分税制财政体制变革[J]. 税务研究，2013(7).

贵经验。[①]回顾中国财政发展史，任何省县两级制的地方财政构造方式，最终总是回归为三级制。[②]中央与地方职能划分是一个国家治理问题，不是一个纯粹的财政问题，[③]建立事权与支出责任相适应的制度，需要量化指标并形成有共识的方案。[④]因此，通过政府财政层级扁平化的改革，来缩短财政资金纵向传导链条，进而化解年终突击花钱问题，至少在短期内难以一步到位。

1.2 政策变动与预算执行偏离而诱发的年终突击花钱

预算决策与公共政策过程的一致性、预算硬约束（预算刚性）是建立现代预算制度的两大基本前提。然而，这两个约束条件在一国处于经济转型的特殊阶段，却往往难以得到完全满足。

就预算决策与公共政策过程的关系而言，年终突击花钱现象的日益严重，既有较多不可预见因素的客观影响，[⑤]也不乏预算决策过程与公共政策制定过程分离、预算编制精细化程度有待提升的管理因素。[⑥]发达经济体的预算改革之所以较为成功，主要得益于公共预算改革与行政管理体制改革得以大体同步推进。[⑦]但在现时的中国，预算支出管理模式的转换，相对于行政管理体制改革而言，呈现某种程度的超前性。[⑧]也就是说，即使在年初预算已经确定并付诸实施之后，仍有可能出台新的公共政策，并需要在预算年度之内筹措相应的资金。这种年中政策变动的常态化，导致各级预算决策者不得不在编制预算之初，就预留某些虚设的预算项目，以

---

① 田穗生等. 中国行政区划概论[M]. 北京：北京大学出版社，2005：261～268.

② 回顾近 600 年来，中国省制确立后的政府层级演变（暂不考虑乡镇财政问题），在明清和中华民国北京政府时期，省县之间一直存在着一个中间层级：明清的"州府"，民国北京政府时期的"道"。进一步论述可以参阅：周仕雅. 财政层级制度研究[M]. 北京：经济科学出版社，2007. 第四章为中国财政层级制度的变迁：历史视角的解释。

③ 唐心怡. 财政部部长楼继伟答记者问[EB/OL]. 新华网，[2014-03-06]. http://news.xinhuanet.com/politics/2014-03/06/c_126227281.htm.

④ 一场关系国家治理现代化的深刻变革——财政部部长楼继伟详解深化财税体制改革总体方案[EB/OL]. 新华网，[2014-07-03]. http://news.xinhuanet.com/2014-07/03/c_1111449207_2.htm.

⑤ 在导致年终突击花钱的诸因素中，仍旧存在着一些理性因素或合理成分。例如，一些预算支出项目往往需要在年底据实结算，造成 12 月份的支出较多；又如，上半年的时候大家花钱都比较谨慎，以备不时之需，预算支出进度在上半年和下半年之间会不均衡。进一步论述可以参阅：李燕. "年终突击花钱"的原因分析及因应之策[J]. 中央财经大学学报，2012（1）。这些都是年度预算执行中的正常现象，也是非常理性的行为选择，而本文重点考察的是导致年终突击花钱的异常因素或非理性因素，故本文对于此类情形，暂且不论。

⑥ 马蔡琛，黄凤羽. 国家治理视野中的现代财政制度——解读十八届三中全会《决定》中的深化财税体制改革问题[J]. 理论与现代化，2014(3).

⑦ 马蔡琛. 现代预算制度的演化特征与路径选择[J]. 中国人民大学学报，2014(5).

⑧ 吕炜. 我们离公共财政有多远[M]. 北京：经济科学出版社，2005：27.

满足此类临时性政策变动的资金需要。①然而，一旦在预算年度中没有发生预期的政策变动，那么在接近年底的时候，这类项目就会自动转化为年终突击花钱项目。在现实预算管理中，考虑经济形势变化、应急性现突发事件、官员任期及调任履新等多重因素的作用，这种机制性突击花钱往往成为难以避免的现象。

尽管预算执行偏离度的界定存在多种统计口径，但预算超收作为典型意义上的预算偏离现象，在现时的中国已然超出了一次性、政策性等常规超收因素的可解释范畴，而更具机制性超收的特点。到底会有多少预算超收资金，在年初预算经由立法机构审议时，是难以预先估计的，只能等到预算年度临近终了时，才能大体确定。而超收资金作为预算执行中的一笔"额外财"，在现行预算治理框架内处于一种"三不管"的境况，②往往成为地方政府部门拥有较多自由裁量权（Discretionary Power）的支出。这种超收转化为超支的"直通车"机制，进一步加剧了各级政府部门的突击花钱行为。

1.3 控制取向与绩效导向冲突而引致的年终突击花钱

纵观现代预算制度的演化进程，总体呈现从控制取向转向绩效导向的发展趋势。③在预算发展的早期阶段，强调议会对行政部门的控制、财政部门对各支出部门的控制。近半个多世纪以来，为更好地践行公共受托责任，开始转向赋予行政部门更多的管理灵活性，更加突出预算管理的绩效产出取向。就本质而言，控制与绩效之间存在着某种内在的冲突。也就是说，加强控制（尤其是合规性控制）往往是以一定程度的绩效损失为代价的，而强调绩效结果就不得不适当放松管制约束。

在不同国家的不同发展阶段，上述二种取向往往不得不有所取舍。就中国预算管理的现实而言，采用从合规控制逐步走向绩效导向的两阶段发展路径，应该说是一种更为务实的选择。这正如艾伦·希克对发展中国家推行绩效预算改革提出的忠告："发达国家只有在已经建立起可靠的控制制度之后（而不是之前），才赋予管理者运作的自由，将先后顺序颠倒就要冒这样的风险，即在有效的制度建立以前，就

① 20世纪90年代中后期，笔者在某省级财政部门预算处工作期间，1998年末编制1999年预算之时，财政厅领导指出，预算中编列的一个金额达数千万的项目，系虚设的预留机动项目，主要是预计1999年为扩大国内消费需求、拉动经济增长，很可能出台公务员涨工资的政策，为避免届时无从筹措资金，特意虚列一个项目在预算中。如果到1999年底，没有出台涨工资政策，再将该项目改变为其他用途。到后来，1999年8月底，果然发布了国办发〔1999〕78号文件，规定从1999年7月1日起调整机关、事业单位工作人员工资标准和相应增加离退休人员离退休费。可见，在各级预算管理中，作为"账房先生"的财政部门，为及时响应"东家"随机出台的各类增支政策，采用这种变通方式仍旧是有其合理性的。

② 马蔡琛. 中国政府预算超收资金的形成机理与治理对策[J]. 财贸经济，2009(4).

③ 马蔡琛. 现代预算制度的演化特征与路径选择[J]. 中国人民大学学报，2014(5).

给予管理者随心所欲地支配财政资金的权力"。①

然而，在当代中国预算管理改革中，往往存在着这样一种认识误区，那就是，以为通过一味地加强支出控制，就可以实现提升预算绩效的目标。这导致基层预算单位在实践中的无所适从。在基层单位的日常预算管理中，往往要求从严控制项目资金拨付，必须严格按照早先预算申请中提出的支出明细项目来执行预算。但基于前述预算决策与公共政策分离的现状，现实中越是早编、细编的预算，往往越不具有现实的可实施性。当这些原本就缺乏可行性的预算，突然被赋予了刚性约束职能的时候，相应的预算支出进度自然就变得缓慢异常了。但是，从避免年终突击花钱的角度，又会不断要求各级财政部门和预算单位加快预算支出进度，确保"时间过半、支出进度过半"。②这种两难困境下的权衡结果往往是，各基层单位在平时过度强调财经纪律，以免除自身的财务管理责任，导致预算支出进度过于缓慢；但在接近预算支出进度考核时间节点的时候，又不得不转而采用突击运动式的资金集中拨付。

2. 基于制度优化设计的治理路径

根据年终突击花钱行为的类型分布与生成机理分析，制度性因素应该是导致这种非理性支出行为的关键障碍。从这个意义上讲，需要从优化制度设计的治本之道，来谋划治理年终突击花钱的路径选择。

2.1 实施中期财政规划，强化财政总额控制

导致年终突击花钱行为的重要原因在于，资本性支出的跨期预算约束与预算年度的当期约束之间，存在着内生性的冲突，致使利益相关主体难以形成中长期尺度上的长远考量，进而诱发预算行为短期化的倾向。从传统的年度平衡走向跨年度的中期预算平衡，作为未来中国预算治理结构的重要变化之一，通过实施中期财政规划，将有望逐步稳定利益相关主体的决策预期，从而阻断年终突击花钱的根本性诱因。在实施中期财政规划的过程中，需要妥善解决三个方面的问题。

首先，强化中期财政规划的总额控制机制，③践行以支定收的预算管理原则。

① 艾伦·希克. 当代公共支出管理方法[M]. 北京：经济管理出版社，2000：34.

② 其实，由于前述人代会会期因素以及民工回家过年而导致的工程项目停工，在我国的现实环境中，总体上不具备在上半年实现预算支出任务过半的客观条件。

③ 所谓财政总额控制，就是要求支出总额在对预算的各个不同部分作出决定之前就确定下来，并且不受其干扰，为保证预算总额不向不断扩张的资金需求妥协，支出总额必须强制执行。进一步论述可以参阅：艾伦·希克. 当代公共支出管理方法[M]. 北京：经济管理出版社，2000：12～13.

尽管在某些国家的中期滚动预算实践中，作为财政总额控制具体体现的中期预算限额，对于政府部门而言未必构成一种硬约束。然而，在中国社会转型期的预算改革实践中，出于稳定利益相关主体预期的考虑，仍旧有必要强化财政总额控制。落实到具体操作层面，就是走出传统的量入为出的政府理财思维，转而采用以支定收的财政规模确定原则。从界定政府职能的范围和边界入手，确定履行公共服务职能所需的预算资金规模（财政总额），进而严格限制政府财政收入的汲取机制，不得突破财政总额的上限约束。同时，加大对于各种预算超收行为的惩处力度，切实维护年度预算法案的权威性和严肃性。

其次，整合资本性支出的预算管理权能，破解预算碎片化的管理难题。在政府预算的基本支出（人员经费、公用经费）和项目支出中，项目支出构成了年终突击花钱的主体，而"重灾区"就是项目支出中的资本性支出（如各类基本建设支出）。但在中国预算管理的权能分布中，基本建设支出是游离于政府财政部门管控之外的，其决策权归属于各级发展和改革委员会。这些规模庞大的"切块资金"被媒体戏称为"口袋预算"，①这也是很多发展中国家预算管理的通病。在一些发展中国家，名义上的核心预算机构（如财政部）主要负责经常性预算（Operating Budget）的分配，而资本预算（Capital Budget）通常是由一个计划部或发展部来分配的②。然而，政府预算管理的权能是不容肢解的，在实施中期财政规划的过程中，需要将具有跨年度特征的各类资本性支出的管理权能，统一整合到政府财政部门（或专门组建国家预算管理局），循着建设全口径预算管理体系的思路，逐步推进项目支出突击花钱的根本性治理。

最后，关注中期财政规划的可持续性，避免预算合约在最后时段重现短期行为。如何避免多期动态环境下，预算资金使用者本期努力所产生的预算节约，会成为削减其下期预算规模的标准和依据，始终是化解年终突击花钱的难题之一。③如果能够建立有效的长期性预算合约，则可以在一定程度上缓解这种负面影响，但长期合约在现实中仍旧具有某种不可持久性，其主要困难在于，当长期合约执行到后期阶段，又将再次呈现短期合约的态势，各利益相关主体将面临重新签约的困扰。针对这种情况，可以考虑在长期预算合约推进至 2/3～3/4 的时间段时即行启动预算合约的重新确定，并按照合约期间的加权平均基数（而不是以合约最后时间段作为基础），

---

① 席斯，尹航. 3800 亿"口袋预算"：发改委编织的谜[EB/OL]. 经济观察网，[2011-05-30]. http://finance.jrj.com.cn/2011/05/30091610082444.shtml.

② Potter, Barry H. and Jack Diamond. Guidelines for Public Expenditure Management. Washington, 16.D.C.: IMF，1999.

③ 马蔡琛. 变革世界中的政府预算管理——一种利益相关方视角的考察[M]. 北京：中国社会科学出版社，2010：138.

来滚动推进中期财政规划。否则，在长期合约末端引发的短期行为，其所蕴含的年终突击花钱能量，将呈现某种"高山滚石"效应，危害将更为严重。

2.2　推进权责发生制政府会计改革,实现预算授权承诺与实际支用的适度分离

规范意义上的预算支出周期（Expenditure Cycle），包括拨款（Appropriation）、承诺（Commitment）、核实（Verification）和付款（Payment）等相互继起的阶段。[①] 现代政府会计的一个显著特征就是，通过一系列预算账户来记录支出周期的执行情况，这些账户均在每个预算年度之初开启，并在年度结束时结账（因而年末不存在余额结转问题）。[②]但是，如此强大的政府会计核算功能，只有在权责发生制计量基础之下，才有望得以实现。我国现行收付实现制的政府会计核算基础，难以全面反映公共支出过程中的各类债权债务关系及其隐含的财政风险。也就是说，在当前的预算核算体系之中，各支出部门经人大审批后的预算规模，在会计核算上不能被确认为预算授权和支出承诺，只有待实际付款（国库拨款支付）之后，才能够计为预算支出。各级财政部门和用款单位为求得每年账面上的平衡与支出进度，往往只能采用突击花钱的方式。因此，实行权责发生制的政府会计改革，将有望从根本上消解年终突击花钱的动因。

在《中共中央关于全面深化改革若干重大问题的决定》中首次提出，"建立权责发生制的政府综合财务报告制度"。2014 年 8 月修改通过的《中华人民共和国预算法》也明确规定，"各级政府财政部门应当按年度编制以权责发生制为基础的政府综合财务报告，报告政府整体财务状况、运行情况和财政中长期可持续性"。权责发生制政府会计改革，历经千呼万唤，终于尘埃落定。然而，在权责发生制政府会计改革的推进中，仍旧需要注意处理好以下问题：

首先，防止采用"土法炼钢"的方式来推进政府会计改革。目前我国已在 20 余省试编了权责发生制政府财务报告，但不仅其编制结果未能公之于众，甚至编制方法也秘而不宣。从有限渠道获取的信息显示，目前试编的权责发生制政府综合财务报告，颇有某些"土法炼钢"的味道，未能构建适当的编制基础和操作规范，而是采用"年末硬性调账来生成报表"的非规范方式。作为小范围试点的摸索，这种做法无可厚非。但若以为这样就可以生成确具价值的权责发生制政府综合财务报告，则难免有南辕北辙之嫌。会计作为一种"财务语言"不能过于强调国情特点，会计

① 王雍君. 支出周期：构造政府预算会计框架的逻辑起点——兼论我国政府会计改革的核心命题与战略次序[J]. 会计研究，2007(5).
② 徐仁辉. 公共财务管理——公共预算与财务行政[M]. 中国台北：智胜文化事业有限公司，2000：429.

核算如果不采用国际通行的方法，也难以得出具有应用价值的结论。因此，政府会计准则的制定、财务报告的生成机制等方面，仍需要从国际化的视野中来加以谋划。

其次，防止权责发生制核算的"蓄水池"效应。较之收付实现制核算基础，权责发生制会计原则体现了更多的职业判断色彩（尤其是对于债权债务关系的确认），这容易诱发行政事业单位财务核算中自由裁量权的非规范性扩张，成为人为调节的"蓄水池"。例如，在现行收付实现制下，预算安排的支出在年终必须拨付给用款单位，否则就难以完成支出进度，这也是导致年终突击花钱的重要催化剂。有些部门寄希望于权责发生制改革，规避审计部门对此类事项的审查监督。因为在权责发生制下，只要确认了针对相关单位的"预算授权"，就确定了相应的债权债务关系，至于在未来哪一个具体时点上发生实际资金拨付行为，仅仅是往来账目的调整。①从这个意义上讲，即便实行了权责发生制政府会计改革，也仍旧需要相关行为约束机制的配合，才有望杜绝年终突击花钱行为。

3. 基于行为约束机制的治理路径

在当下的中国，年终突击花钱行为的产生，尽管在相当程度上受制于转型期财政制度建设滞后的约束，但从国际比较的视野来看，年终突击花钱也并非中国转型期的特有现象，不少发达国家同样存在类似现象。日本将此类行为称作"年末突击工程"，韩国则无奈地将每年 12 月称为"预算开支高烧月"，将此种现象称为"日历牌现象"。即使像德国、加拿大等被认为财会预算制度非常成熟的国家，年底突击花钱的现象也并不鲜见。②年终突击花钱乱象的治理，不能单纯强调制度设计层面的优化，因为单纯依靠良好的预算程序，仍旧可能会产生不良的预算结果。③所谓"变制度易，变社会难"，还需要从利益相关主体的行为约束机制出发，进一步探寻年终突击花钱现象的治理路径。

第一，适当放宽支出项目跨年度结转的许可幅度，减缓年终突击花钱的制度压力。这方面可以参考韩国的经验，2009 年 10 月，韩国企划财政部决定自 2010 年起，将中央各部门基本经费的结转额度改为 10%，而此前的规定为年末预算超过5%的结转部分，均须交回国库。④我国在 2014 年 3 月发布的《国务院关于改进加强中央财政科研项目和资金管理的若干意见》中也明确规定："项目在研期间，年度剩

---

① 马蔡琛. 实行权责发生制政府会计改革的反思[J]. 会计之友，2006(5).
② 全球难禁"年底突击花钱"[EB/OL]. 环球时报，http://news.163.com/10/1212/09/6NMLUIMT00014JB6.html.
③ 艾伦·希克. 当代公共支出管理方法[M]. 北京：经济管理出版社，2000：7~8.
④ 全球难禁"年底突击花钱"[EB/OL]. 环球时报，http://news.163.com/10/1212/09/6NMLUIMT00014JB6.html.

余资金可以结转下一年度继续使用。"

第二，建立预算节余分享机制，化解官僚机构的预算最大化冲动。由于资金使用者不能分享预算拨款扣除支出费用后的净节余，[①]容易导致随意花费纳税人钱财的预算最大化行为（Budget-Maximizing）。[②]其最终结果或许正如米尔顿·弗里德曼的推断，公共预算规模为公共开支额的两倍可能是"最适当的"。[③]根据米盖（Migue）和贝兰格（Belanger）20 世纪 70 年代中期的研究，资金使用者因努力节俭而实现的预算节余，如果有一定的份额可以作为"自由支配的预算"，用于自身的消费，就可以有效抑制预算最大化的冲动。[④]因此，如果可以判断预算节余确系资金使用者努力节约所致，则应当给予其适当的奖励，从而化解各级政府部门追求预算最大化的内在冲动。

第三，承认研发性公共支出中的智力投入贡献，充分调动科研人员的研发积极性。研发性公共支出作为一种较具特殊性的公共开支项目，是实现科教兴国战略的重中之重。然而，按照现行的各类财务制度规定，通常的科研项目经费预算，主要由材料费、调研差旅费、通信费、印刷费、会议费等构成，其中劳务费的比例和支用方向往往限制较为严格，甚至规定只能支付给科研助手（如研究生等）。而项目负责人与骨干成员投入的大量精力和时间，在经费预算中基本上不予承认，这种做法极度漠视了研发过程中智力投入的报酬。任何一项违背行为人逐利本性的制度，其运行和维护成本都将是相当高昂的。因此，需要适当承认研发性公共支出中的智力投入贡献，在履行纳税义务的前提下，充分尊重多劳多得的社会主义分配原则。这样既可以激发科研人员的积极性和创造性，又可以避免每逢岁末年初"海量收集发票报销"的现象。

第四，稳定利益相关主体的改革预期，逐步克服突击文化的历史惯性影响。由于历史惯性与现实国情的多元约束，突击文化在中国公共治理结构中具有根深蒂固的影响。大凡农业文明历史较长的社会，因农忙农闲的季节性很强，各种抢收行动构成了社会生活的重要背板底色。在建立现代民族国家的过程中，基于实现国家富强的焦虑心态、物质文化水平较为落后的现实约束以及行政手段相对匮乏的时代局

---

① 这里所说的"预算节余"（Budgetary Saving）是指资金使用者通过提高预算资金使用效率的主观努力，而产生的预算资金节约数额，并非是通常意义上作为预算收支平衡结果的、与预算赤字相对应的"预算结余"（Budgetary Surplus）的概念。进一步论述可以参阅：马蔡琛. 变革世界中的政府预算管理——一种利益相关方视角的考察[M]. 北京：中国社会科学出版社，2010 年. 第三章为预算资金使用者分析：需求方的考察。

② Niskanen, W. A. Jr.Bureaucracy and Representative Government.Chicago: Aldine-Atherton，1971.

③ 米尔顿·弗里德曼. 反加尔布雷斯论[M]. 美国新自由主义经济学. 北京：北京大学出版社，1985：146.

④ J.L.Migue & G.Belanger, Toward a General Theory of Managerial Discretion, Public Choice，17，Spring，1974.

限，往往容易产生对"突击"的心理依赖。①而社会转型期的相对过长，也会导致中长期的稳定性预期难以形成，甚至寄希望于通过各类大检查式的突击运动，来推进改革进程。然而，"飘风不终朝，骤雨不终日"，仅靠运动式的改革是无法正本清源的，也难以起到标本兼治的效果。②需要承认的是，从文化生态的意义上，逐步铲除突击文化的滋生土壤，将会是一个漫长的过程。但不论是从遏制年终突击花钱的短期现象，还是从建设现代财政制度的长远发展而言，稳定利益相关主体的未来预期，逐步减少突击运动式的改革，构建社会运行的基本"道路规则"，③仍旧是实现国家长治久安的必由之路。

作者简介

马蔡琛，南开大学经济学院教授，南开大学中国财税发展研究中心主任，博士生导师，主要研究领域为公共预算与财税管理。

---

① 张健，周维东. "突击文化"的历史内涵及其对延安文学研究的意义[J]. 南开学报（哲学社会科学版），2008(3).
② 王军荣. 杜绝"红顶商人"别搞运动式清理[EB/OL]. 中国经济网，[2014-09-28]. http://views.ce.cn/view/ent/201409/28/t20140928_3616590.shtml.
③ "道路规则"原本是指用于确保交通秩序的制度体系，后来美国学者詹姆斯·布坎南借用该词，形容影响政府公共决策方式和行为的根本制度。正如布坎南所指出的，"一场游戏有它的规则限定，而一场较佳的游戏只产生于改变规则"，"在其最一般的含义上，政治的一个功能，就是建立'道路规则'，这个'道路规则'使具有不同利益的个人和团体能够追求极为不同的目标，而不至于出现公开的冲突"。本文在此使用"道路规则"一词，用来形容公共治理结构的根本制度。进一步论述可以参阅：James M. Buchanan. Constitutional Economics, London: Palgrave, Macmillan and Co, 1987.

改革与创新：中俄经济理论与制度比较①

凌　岚　陈旭东

摘要　从计划经济向市场经济的转轨，是一个改革与创新的过程。比较中俄两国经济转型的过程、理论和制度建设，有助于我们全面系统地掌握经济体制改革的路径和方法，避免类似于"休克疗法"的大混乱、大折腾。中国在经济转型中采取了渐进式的改革策略，先实验后推广，取得了良好的经济绩效；进而基于中国国情，将推进国家治理体系和治理能力现代化作为全面深化改革的总目标。

关键词　改革与创新 经济转型 休克疗法 顶层设计 国家治理

从计划经济向市场经济的转轨，是一个改革与创新的过程。改革的成败与否取决于指导改革的经济理论、制度构建等是否符合国情。本文以俄罗斯经济转型过程为参照，比较研究我国在向市场经济体制过渡中应采取的理论、政策、路径以及相关问题。

1. 两国经济转型过程比较

1.1　俄罗斯：从休克濒危到渐进治疗

俄罗斯于1992年正式启动向市场经济转轨的进程。1992年初，以叶利钦为首的俄罗斯新政府在激进派青年经济学家盖达尔、丘拜斯等人主持下，在西方顾问萨克斯协助下，制定了激进的经济转轨规划，这一转轨规划被冠名为"休克疗法"（Shock Therapy），这是一套试图"毕其功于一役"的改革策略。其内容可概括如下。

（1）全面私有化。它是整个经济转轨的核心和基础，其实质就是出售和处理国有企业及国有资产。政府规定，私有化从小型国有企业的所谓"小私有化"入手，

---

①　本文是天津市教委外专特色引智项目"中俄经济理论与制度比较研究"（津教委国际〔2014〕12号）的研究成果。

继之推行大中型国有企业的"大私有化"，整个私有化预定到 1995 年末基本完成，届时 70%左右的国有企业转为私有。其目标是建立起以私有制为主体的所有制结构，同时形成一个广泛而强大的有产者和企业家阶层，作为新政权的社会经济基础。

（2）经济自由化。其基本内涵是：全面放开价格，而且力争一步到位；彻底抛弃物资计划调拨制，同时全面废除国家计划和国家计划管理机构；给企业以充分自由，同时断绝国家对企业的投资和一切其他资助，让企业在市场上自谋生路。如果说私有化的目标是彻底改变所有制关系的话，那么自由化的目标则是彻底改变经济体制和经营思想，力求尽快地、彻底地铲除计划制度，尽可能迅速地形成自由市场体制。

（3）财政金融紧缩。把稳定卢布、控制通货膨胀、减少政府预算赤字作为政府经济政策的重中之重，生产发展、产业政策、结构政策、科技政策均应让位于或服务于货币紧缩政策，处于次要地位，通过这种途径摆脱经济危机，力求宏观经济迅速稳定。

（4）全面开放市场。向外国首先是西方国家的商品和资本全面开放国内市场，向外资首先是西方国家的资本廉价出售国有企业和国有资产，尽可能多地争取西方国家的投资和贷款。以美的市场经济模式作为参照系，实现基本经济制度的转换。

上述号称"休克疗法"的一揽子转轨改革举措，集中体现了所谓激进民主派的政治意图，决策者未曾料想"休克疗法"的实施结果是国民经济"休克濒危"，使俄罗斯付出了沉痛的代价。首先，宏观经济指标急速下降，1991～1998 年，俄罗斯经济平均以每年 6.5%的速度衰退，其中 1992 和 1994 年衰退幅度分别达 14.5%和 12.7%。20 世纪 90 年代俄罗斯国内生产总值（GDP）几乎减少了一半，1998 年 GDP 总量和人均 GDP 只有 1990 年的 58%。1999 年俄罗斯的经济实力只相当于改革前的大约 25%，按购买力评价计算的 GDP 总量为 8877 亿美元，不足美国的 1/10。其次，实体经济部门的严重衰退。工业生产平均以每年 9%的速度下降，1994 年下降幅度高达 21%，1998 年只有 1991 年的 50%。农业生产平均每年以 6.1%的速度减少。更严重的问题是私有化过程中国有资产大量流失。国有企业被无偿或低价转让，社会财富损失约 1.7 万亿美元。伴之以"奔腾式"的通货膨胀，1991～2000 年，工业品物价指数上升了 15140 倍，消费品价格指数上升了 9297 倍，食品价格上升 13907 倍，有偿服务价格上升 46707 倍。在私有化过程中极少数人侵吞国有财产，迅速聚集财富形成金融工业寡头，控制国家经济命脉。居民生活水平急剧恶化，社会贫富分化加剧。生活在贫困线以下的居民人数在 1992 和 1998 年都达到 53%以上。

"休克疗法"的失败迫使盖达尔于 1992 年 12 月下台，由切尔诺梅尔金继任总理。到 1998 年 9 月普里马科夫出任总理，系统地提出了稳定经济的新纲领，宣告"休克疗法"彻底退出历史舞台。① 2000 年普京当选俄罗斯总统，开始对濒危的俄罗斯经济实施"渐进疗法"，其主要政策措施为：

首先，调整私有化战略，加强国家对国民经济战略部门的控制。2001 年 12 月，俄罗斯颁布新的《国有资产和市政资产私有化法》，纠正了过去私有化的一些问题，加强了对私有化的管理和监督。对于具有战略性意义的企业通过法律程序收归国家所有。自 2004 年以来，俄罗斯国民经济各主要行业陆续出现了重新国有化的迹象。俄罗斯政府在能源、军工、飞机、汽车、造船、核能、银行、重型机械、矿产开采、海洋和航空运输等每个重要战略领域都建立起了大型国有控股公司，大大增强了国家对经济的主导作用。

其次，打击寡头垄断，控制战略资源。停止大规模廉价出售国有企业，国家对战略性企业实行控股，加重对偷税、漏税企业主的惩罚力度。古辛斯基、别列佐夫斯基、霍多尔科夫斯基等大寡头相继被投入监狱或流亡海外，其资产被收归国有，对一些石油公司和银行重新实行国有化。这标志着"寡头政治"的终结，国民经济命脉重新掌握在国家手中。

再次，建立有效的财政金融体系，改革税制，减轻税收负担。提高预算作为国家经济政策最重要工具的效率，改革税收制度，消除三角债，彻底清理易货交易和其他非货币结算，保持卢布汇率的稳定和较低的通货膨胀，建立现代金融市场并使之成为积累投资资金的工具，对现有的银行体系进行改造。

最后，加快经济增长，提高人民生活水平。普京在 2003 年的国情咨文中提出了GDP 翻一番的战略目标。2005 年普京提出优先发展医疗、教育、住宅建设和农业的四大国家工程。普京承诺：一定要让俄罗斯人民上得起学、看得起病、买得起房。俄医疗改革的主要任务是，让更多的人看得起病和提高医疗质量。能够帮助我们缓解贫困问题。

在普京政府的铁腕治理下，俄罗斯的经济逐渐复苏，通货膨胀得到控制。2000年至 2006 年间，GDP 平均增长率保持在 6% 以上，人均 GDP 也达到 4000 美元以上。2006 年逐渐兑现免费医疗的承诺，中小学提供免费午餐，60 岁以上人口基本享受到养老保险。精简了政府机构，简化了税制，实行个人 12%、企业 25% 的单一税制，国家财政 1/4 用于教育、医疗、养老和社会救济。到经济危机前的 2007 年，俄罗斯经济已经连续 8 年保持快速增长势头。普京主政下对"休克疗法"进行的治疗取得了让大多数俄罗斯人满意的结果。

---

① 普里马科夫，俄罗斯著名政治家，第 8 任政府总理。在俄罗斯经济濒危之际，他倡导并组织俄罗斯外交与国防政策委员会 250 名政界与学界精英写就《俄罗斯战略：总统的议事日程》一书，为俄罗斯内政外交提供超党派分析，为普京总统执政提供了完备的政策建议。

1.2　中国：从摸着石头过河到顶层设计

1978 年党的十一届三中全会之后，中国实行改革开放政策，采取"摸着石头过河"的策略，开始了渐进式的制度转型。中国的渐进式改革以社会主义宪法制度为基础，从根本上避免了类似俄罗斯"休克疗法"所引致的灾难性后果。我们首先选择传统计划经济体制中最薄弱的环节作为突破口，由易到难逐步过渡，摸索前行。

首先，避开存量利益，发展增量利益。渐进式改革从一开始就尽量绕开原有存量利益，而着重在其侧翼发展增量利益。如大力发展非国有经济，避开国有经济的改革尤其是产权变革。改革率先在农业、轻工业、中小商业和中小企业这些存量利益最小的领域，在农民、知识分子这些存量利益最薄弱的人群中展开。邓小平提出：让一部分人先富起来，让先富起来的人发挥示范作用；让一部分地区先富起来，带动大部分地区实现共同富裕。这些改革举措一方面发展了增量利益，另一方面使得存量利益主体在增量利益的发展中获得了新的收益，从而使渐进式改革呈现出经济学所描述的"帕累托改进"效率。

其次，实行"双轨制"改革战略。增量先行的策略引发了经济制度中各方面的双轨制效应，如价格双轨制、汇率双汇制等。双轨过渡的优点是能绕开改革的难点，降低改革成本；有利于维持改革过程中稳定与速度两种要求之间的平衡。率先改革的部分，市场机制发挥重要作用，成为新的经济增长点，维持必要的增长速度，另一部分计划机制和行政命令在一定时间内、一定范围内存在，但逐步缩小，这在现实中对于经济和社会的稳定具有重要意义。由于双轨制是一种衔接新旧体制的过渡性制度安排，它避免了"制度真空"带来的摩擦和社会震荡。

最后，先试验，后推广，综合配套。中国的改革大多不是在全国范围内同时展开的，而是从较小范围内的试验开始。政府以试点的方式向某地区、某行业赋予实行特定内容的制度创新的优先权，取得经验以后合理地加以推广。这种方式的优点在于能够尽可能地减少由于信息不足而带来的不确定性，从而减少改革风险。以局部的试验性的方式进行改革可以将试错成本分散化，避免过大的失误。

我国渐进式改革策略成功之处在于，能够审时度势，比较成功地把握改革的步骤，点面结合、稳步推进，进而把局部和全局、乡村和城市、市场和政府、经济和社会等层面的转型浓缩在一个历史时期中，创造了一个时期内比较成功的经济转型奇迹。我国的经济总量占世界经济的份额已从 1978 年的 1.8%提高到 2009 年的8.5%～8.6%左右，2010 年超过日本，成为全球第二大经济体。随着经济规模越来越大，影响中国经济发展的因素也越来越复杂，积累的深层次矛盾问题越来越多，"摸着石头过河"的策略难免陷入"头痛医头，脚痛医脚"的被动局面，要从源头上深层次地化解积弊，在重点领域取得突破，必须要有系统科学的顶层设计。

顶层设计不同于改革开放初期的自下而上的"摸着石头过河"，而是自上而下的系统谋划。中国的改革开放是从经济领域发端的，在行政体制、社会建设等方面却相对滞后，这不仅指社会福利体系和社会保障体系，还包括社会管理体制建设、社会组织建设、社会结构建设等。更重要的是要在深层次建立公平正义的社会利益的调整机制，当既得利益者相互勾结逐渐成为改革的阻力之时，就需要强有力的调整机制，打碎利益集团之间的利益链，通过高瞻远瞩的顶层设计，深化改革，完善收入分配和财产分配制度，冲破经济改革攻坚的瓶颈，既要打破垄断资源减少市场扭曲和外部性，又要减少政府行为的盲目性，降低改革的风险与成本。要对政府和市场做出更加准确的定位，政府不能替代市场，市场也不能替代政府，同时避免市场失灵和政府失灵。

2. 两国指导经济改革的理论比较

2.1 俄罗斯：建立可控制的市场经济

一般说来，市场经济的理论模式有四种类型：英国古典经济学与自由放任的市场经济，凯恩斯主义与国家干预的市场经济，新自由主义与美国的自由市场经济，弗莱堡学派与德国的社会市场经济（或称有秩序的市场经济）。自 1991 年末至今，俄罗斯理论界对于指导经济转型的理论选择上，看法是一致的，即认为人类还没有创造出比市场经济更为有效的东西，除了向市场经济过渡别无选择。但在采取何种市场经济模式上，是经过了一个教训深刻的试错过程。很显然，俄罗斯在转型初期是以美国市场经济为蓝本，试图建立美国式的自由市场经济模式，但这种努力归于失败后，转而鼓励多种所有制形式间的竞争，以保证经济效率。国家参与经济活动，调节社会各阶层居民的收入与就业，创造条件确保广大居民对教育、保健、文化等一系列社会需求能够得到满足。这些迹象表明，俄罗斯是从美国式的市场经济模式转变到德国的社会市场经济。根据普京总统在 2000 年国情咨文中的表述：俄罗斯需要一种有竞争力的、有效益的、社会公正的、能够保证政治稳定发展的经济体制。

普京对经济转轨以来的俄罗斯经济形势持客观评价态度，对于经济长期处于危机状况的原因的理解采取二分法，一方面指出这在很大程度上是苏联经济模式造成的，另一方面又指出改革中的政策失误和错误也是经济形势恶化的重要原因。关于未来的方向，普京认为既不能回到过去的计划经济体制，也不能再照抄西方模式的激进经济改革，而应走自己的改革道路。普京追寻的理想经济模式是"有秩序的市场经济"或"社会市场经济",用公式表示为:市场经济+民主原则+俄罗斯现实。

遗憾的是,在现实世界中理论往往是苍白无力的,基于俄罗斯的经济现实,要建立可控制的市场经济体制,又谈何容易!由于早期政策的失误,俄罗斯经济的诸多领域已经脱离了政府的可控边界,各种不可控因素的叠加已经积重难返,如经济结构失衡、金融部门失控、投资环境不佳、技术创新能力不足、贪污腐败盛行等。对于俄罗斯而言,其导向性经济理论应当是政治经济学、新制度经济学、发展经济学、产业经济学、社会学、公共政策等多学科的综合。一个可喜的趋势是,马克思主义经济理论在俄罗斯经过了风霜洗礼后,在 2008 年世界性经济危机蔓延之际,又重新回归俄罗斯政府决策咨询的圆桌上。① 然而,在当下的俄罗斯至关重要的不再是基础理论或方向路线的选择,而是建立一套强有力的治理机制,将可控制的市场经济模式切实贯彻下去。

2.2　中国:治理体系和治理能力的现代化

中共中央十八届三中全会提出的全面深化改革的总目标是,完善和发展中国特色社会主义制度,推进国家治理体系和治理能力现代化。达成这样一个理论共识其间经历了一个由浅入深的进化过程。早在 20 世纪五六十年代,我国理论界就开始探讨社会主义与商品经济、计划经济和市场经济的关系问题。1978 年以后理论界进一步解放思想,对市场经济的理论认识不断深入,1981 年提出"计划经济为主、市场调节为辅"的指导原则;1987 提出"有计划的商品经济"的指导方针;1992 年明确提出我国经济体制改革的目标是建立社会主义市场经济体制。直到 2013 年十八届三中全会将推进国家治理体系和治理能力现代化作为全面深化改革的总目标,并且把市场在资源配置中的"基础性作用"修改为"决定性作用"。虽然只有两字之差,却反映了我国理论界对市场经济的认识产生了一个质的飞跃,这是对传统计划经济思想的重大突破。

国际学术界对于"转轨"和"改革"有着严格的区分,对此波兰著名经济学家、被称作波兰改革总设计师的格则戈尔茨·W. 科勒德克认为,"转轨"是一个发生根本性变化的过程,从中央计划经济转向自由市场经济,这个过程意味着引进全新的制度安排,是一个新制度代替旧制度的过程。中国进行的改革,虽然走出了传统的中央计划控制体制,但并不是从社会主义转轨到自由市场经济的轨道。科勒德克的

---

① 以国立莫斯科大学经济系教授亚历山大·布兹加林为首的俄新马克思主义学者,通过俄联邦杜马教育与科学委员会的平台,向决策者提出经济改革的政策建议。从 2013 年起布兹加林连续发起举办莫斯科经济论坛,邀请总统经济顾问、俄罗斯科学院经济研究所等学术机构经济学家以及工商学界精英、各国专家学者参加论坛,研讨俄罗斯经济转型的难点热点议题,最终形成政策建议,呈报俄联邦政府决策机构。

判断是正确的，中国的经济转型是在社会主义制度框架内进行的，并没有全盘照搬哪个国家的既定模式，而是循序渐进地探索出一条符合中国国情、具有中国特色的改革之路。指导中国改革的经济理论也绝非偏听哪个学派的锦囊妙计，而是综合公共管理多元理论的精髓，从宏观上把握大局，确定方向目标，从微观上引入注重工具理性的治理机制，追求更高的行政效率、更低的行政成本，这是对改革目标的拓展和延伸，是原有制度框架的升级版。

国家治理体系和治理能力现代化的理论，丰富了国家现代化的内涵，治理机制的创新是深化改革的重要内容。推进国家治理体系和治理能力的现代化，势必要求在国家的行政制度、决策制度、司法制度、预算制度、监督制度等重要领域进行突破性的改革。将"国家治理体系和治理能力的现代化"放在总目标的高度，是对其他各领域改革的高度提炼，只有实现国家治理体系和治理能力的现代化，才能为市场经济、民主政治、先进文化、和谐社会和生态文明的建设和发展提供制度保障，才能进一步完善和发展中国特色社会主义制度。

3. 改革与创新：中俄面向未来的政策抉择

俄罗斯经济转轨后，所建立的市场经济是一种初级的、混乱无序的"侏罗纪"式的市场经济，其粗放型的经济增长方式和不合理的经济结构均未得到调整，即农轻重工业的比例失调，国民经济过度依赖能源资源型产业，能源工业中油气工业独大，高新技术产业中军工领先、民用滞后等。对油气出口过度依赖，使得国际油价涨跌对俄经济直接产生影响，导致国民经济的高风险性与脆弱性。俄罗斯大多数企业虽然实现了私有化，但其经营管理的体制机制几乎没有转变，企业的研发水平、创新能力不仅没有提高，甚至还不如国营时期。进入新世纪后，俄罗斯政府注重产业结构调整，提出再工业化战略，一方面发展高新技术产业，另一方面用高新技术装备和改造传统工业，提高劳动生产率，实现工业内部结构的重构、升级和现代化。2008 年推出"国家创新发展战略"，主要措施包括转变经济发展方式，由资源依赖型经济转向创新型经济，依靠高新尖端技术建立全新经济框架，进行现代化的知识密集型产品生产，对人力资本进行大规模的投资，以实现人的全面发展。

俄罗斯的经济转轨不是一个孤立的过程，而是与国家制度变迁密不可分的。作为苏联的继承国、中央集权计划经济体制的发源地，原有旧体制的弊端早已深嵌在制度系统内，长期挥之不去。在经历了叶利钦时期的政治动荡、经济滑坡、官商勾结、寡头干政后，原有体制中的不良因素持续发酵，愈演愈烈。普京主政及"梅普组合"时期，俄政府即着手治理行政效率低下、官僚主义及贪污腐败问题。2008 年实行了高级官员财产申报制度,将政府官员的收入和财产状况置于民众的监督之下。2013 年 4 月俄罗斯国家杜马通过法律草案,禁止高级官员和议员拥有海外账户、有价证券、股票和其他外国金融工具。2014 年的国家反腐计划是构建"开放政府",使反腐工作制度化、常态化。治理腐败的成效同时起到了缓解社会矛盾,平衡各群体间利益的作用。为了凝聚人心,励精图治,重振昔日大国雄风,俄罗斯领导层凝练出以爱国主义、强国意识、国家观念和社会团结为核心的俄罗斯新思想,要建立一个民主、法治、有行为能力的国家。

回顾从苏联到俄罗斯 30 余年的经济社会转型历程,我们可以清楚地看到当代转型经济理论和经济制度构建的迂回曲折,借鉴俄罗斯经济体制转型的经验和教训,有助于我们全面系统地掌握经济体制改革的路径和方法,避免"休克疗法"式的大混乱、大折腾,按照科学的顶层设计,把我国的改革和建设推向纵深。在中国,继十八大提出国家治理体系和治理能力现代化目标之后,十八届三中全会做出全面深化改革重大部署,十八届四中全会做出全面推进依法治国重大决策。三者具有内在的逻辑关系,共同勾勒中国未来发展的路径和蓝图,是中国继续发展的现实选择。社会主义市场经济是法治经济,只有以法律的形式厘清市场与政府的边界,明确公权力的界限,才能得到最为合理的配置,企业和民众的热情、活力才能得到最大程度的激发。

推进国家治理体系和治理能力现代化,要进一步创新国家治理的方式方法。碎片化、短期行为、政出多门以及部门主义和地方主义,都是我国现行治理体制和公共政策的弱点。在中央重拳打击贪腐并且大见成效的同时,我们还要清楚地看到,我国社会建设方面的"短板",要在经济发展的基础上更加注重社会建设,着力保障和改善民生,推进社会管理的体制机制创新。要扩大公共服务,保障人民学有所教、劳有所得、病有所医、老有所养、住有所居,促进社会公平正义。要站在全局的高度科学谋划各个治理领域的改革方案和具体举措,加强统筹协调,注重改革的系统性、整体性、协同性,促进面向未来的改革与创新,推进国家治理体系和治理能力的现代化。

参考文献

（1）弗拉基米尔·普京. 千年之交的俄罗斯[M]. 普京文集. 北京：中国社会科学出版社，2002.

（2）格泽戈尔兹·W. 科勒德克. 从休克到治疗：后社会主义转轨的政治经济[M]. 刘晓勇，应春子等，译. 上海：上海远东出版社，2000.

（3）王素玲. 超越传统发展模式的两种选择——中俄经济改革比较[J]. 泸州职业教育技术学院学报，2002(4).

（4）李宝琴. 中俄经济体制改革比较及启示[J]. 黑龙江科技信息，2007(2).

（5）张养志. 中俄经济改革的比较与反思[J]. 民主与科学，1999(3).

（6）冯玉军. 对推进中国当代俄罗斯问题研究的几点思考[J]. 俄罗斯学刊，2011(1).

（7）陆南泉. 俄罗斯经济转型 20 年[EB/OL]. http://www.chinareform.org.cn/open/report/201106/t20110614_144506.htm.

作者简介

凌岚，天津财经大学经济学院财政系教授。

陈旭东，天津财经大学经济学院财政系教授。

行为经济学视角的个人所得税研究框架[①]

黄凤羽

尽快突破综合与分类相结合的个人所得税改革，是我国当前全面深化财税改革的重要内容之一。但纳税遵从水平过低，已成为推进此改革的重要掣肘。研究纳税人的心理及行为特征与税制改革的关系，将有助于推进这项改革的实施。

1. 行为经济学视角下的个人所得税研究

对公民纳税态度的重视和认知，是现代国家建设的重要推动力量。从税制演化的视角，税源从土地（无法移动）到企业利润（较易掌握）再到个人所得（难以掌握），政府的控制难度逐渐提高。越是现代的税制，越要求政府尊重纳税人的利益和选择，建立有效的社会契约，从而推动现代财政制度的构建。

从行为经济学视角进行个人所得税研究的意义体现在以下两个方面：

第一，通过引入税收征纳双方的行为心理分析，将心理学的实验方法和分析范示引入税制改革研究中，有助于实现税制设计从单纯的逻辑推演，发展成为具有实证检验能力的高效率制度规划，从而避免个人所得税制度安排中"上有政策、下有对策"的问题，更好地体现本研究的成果应用价值。

第二，将前景理论、锚定效应、心理账户分析等行为心理分析方法提出的税制优化框架，运用于个人所得税制度运行中的动态反馈与自我纠偏过程，从而有助于提升未来税制建设与征管中的遵从水平。

2. 前人研究综述

个人所得税在发达经济体历经数百年演进，其研究已日臻细化。21世纪以来，

① 本文系国家社科基金项目"行为经济学视角下的个人所得税研究"（No.14BJY167），并受天津市高等学校创新团队培养计划资助。

与经济学研究的最新进展相结合，相关研究主要聚焦于个税经济社会影响的实证检验、税收征纳双方行为博弈的演化过程等实证研究。

2.1 行为经济学的研究

自从 1999 年和 2001 年的克拉克奖以及 2002 年的诺贝尔经济学奖均授予行为经济学家，行为经济学逐渐引起人们的广泛关注，并且成为继制度经济学之后，又一个对主流经济学产生巨大影响的研究流派。经济学的研究，也逐渐从资本、价格等非感情领域，转向了对人的心理基础、行为特征等新领域的研究。

传统上，经济学作为"显学"被广泛运用于其他社会科学领域，但自 20 世纪 90 年代以来，其他社会科学转而对经济学产生影响，行为经济学的应运而生就是一个重要变化。行为经济学的基础是各种心理学理论在经济学中的应用，尤其是实验心理学近来的发展。如拉宾（Rabin，1998）指出的，心理学系统研究人类的判断、行为和满足感，能够揭示人类活动怎样与传统（主流）经济学的基本假定不同。制度的演化主要体现为，与现存"制定规则的规则"相联系的学习过程（Schmid，2003）。行为经济学从人类自身的心理特质和行为特征出发，揭示了影响行为选择的非理性心理因素，其分析方法比较契合实际生活中的决策情况，增强了理论的可信度。然而，就现实应用而言，行为经济学主要应用于微观经济领域；对于宏观层面的问题，尤其是制度运行中，群体心理与个体心理的反应机制差异，则因小样本实验扩大至海量宏观范围后，其结论的可拓展性受到局限。故在公共经济学领域，目前行为经济学也仅在公共产品供给、税收遵从等有限主题略有应用。

行为经济学的基础是心理学理论（尤其是实验心理学和认知心理学）在经济学中的应用。行为经济学从人类自身的心理特质和行为特征出发，揭示了影响行为选择的非理性心理因素，其分析方法比较契合实际生活中的决策状况，增强了理论的可信度。其实，早在亚当·斯密、马歇尔、凯恩斯的时代，就开始关注人类行为的经济分析。20 世纪 70 年代，卡尼曼（Kahneman）和特维斯基（Tversky）创造性地实现了心理学和经济学的融合，奠定了以"前景理论"（Prospect Theory）为核心的行为经济学分析框架。理查德·泰勒（Richard Thaler，1999）提出"心理账户"（Mental Account）概念和"行为生命周期假说"（Behavioral Life-cycle Hypothesis），在经济分析中引入了行为心理因素，从而拓展了行为经济学的研究领域。

2.2 个人所得税的研究

国外学者从经济社会影响的视角对个人所得税改革的研究，主要体现在其再分配效果、逃税行为分析，以及税制要素改革的社会经济影响。如个人所得税的再分配效果方面，埃尔门多夫（Elmendorf 等人，2008）对美国的考察、米蒂亚·乔克（Mitja Čok 等人，2011）对斯洛文尼亚的考察、理查德·M. 伯德（Richard M. Bird，2014）对发展中国家的考察等，诸多研究认为，个人所得税的收入再分配效应，在发展中国家是相对有限的，但在发达国家则比较显著。有学者（Cebula，2013）则证明，个人所得税率、IRS 的审计概率和惩罚率、失业率都会对美国个人所得税的逃税水平产生重要影响。弗拉基米尔等（Vladimir，2010；Niels，2010；Uminski，2010）等对单一税（Flat Tax）效果进行了研究，认为它难以有效缩小收入差距，且在经济危机背景下，会降低居民可支配收入。

我国学者对个人所得税的研究以经济学视角为主，自 1994 年税改以来的 20 多年间成果丰硕。但早期的研究尚未突破分类征收局限，实证研究也相对简单。近期的研究集中于以下方面：一是再分配效应的实证研究。郭庆旺（2011）认为，税收通过替代效应和收入效应影响要素收入分配。徐建炜（2013）证实，2006～2011 年三次免征额提高和税级调整，提升了个税累进性，但降低了平均有效税率，最终反而恶化了再分配效果。二是关于征收模式。安体富（2009）、马国强（2013）等均认可"分类与综合"相结合的个人所得税改革方向；近来一些学者甚至提出"综合征收模式"，说明其理论论证和实践准备都日趋成熟。三是影响再分配效应的主要因素与改革方案设计。岳希明（2012）认为，我国个税再分配力度不足主要是因为平均税率过低，而非累进程度不足。邓子基等（2010）认为应提高边际税率，减少税率档次；高培勇（2011）提出以现行申报制度为基础，选择部分项目实行年终综合计征，适用累进税率和综合费用扣除标准。四是对征管现状的考察。这方面的研究数量较多，但大多基于税收实践角度，而非系统的理论研究。

2.3　行为经济学视角的个人所得税研究

在公共经济学领域，行为经济学仅在公共产品供给、税收遵从等有限主题有所应用。2004 年，美国南加州大学法学院的学者（McCafery）与密歇根大学税收政策研究中心的斯莱姆罗德（Slemrod）首次提出行为财政学（Behavioral Public Finance）的学科概念以来，逐渐形成了行为财政学这一新兴的经济学分支。行为财政学借助行为经济学的心理分析理论和实验研究方法，对财税问题进行了重新解构，以使财政学对现实问题更具解释性和科学性。

国外学者从行为经济学视角对个人所得税的研究始于 20 世纪后半叶，通过引入更为现实的心理认知基础和学习反应机制，强化了对税收现象的现实解释能力。相关的研究，首先体现在对征税和逃税态度的样本调查与分析。如 20 世纪七八十年代斯派塞和卡尔文等人（Spicer & Lundstsdt, Song & Yarbrought, Mason & Calvin）在美国，路易斯等（Lewis，Dean）在英国，以及埃尔费尔斯等人（Elffers，Hessing）在荷兰进行的调查。其分析结果表明，随着个人所得的上升，申报所得的比重却稳定下降；纳税人对政府相关服务的满意程度以及对其他逃税者的了解程度，对其逃税行为也有显著影响；高税负是导致骗税的重要因素。其次是利用税收博弈实验，分析影响纳税申报行为的因素。如20世纪90年代埃里克森（Eriksen）研究了税收知识对纳税态度的影响、博斯科（Bosco）研究了道德约束对逃税抉择的作用，特里维迪（Trivedi）在21世纪初的实验，则测试了三种个人因素（道德推理、价值观、风险偏好）和三类环境因素（是否存在审计、税收公平与否、类似人群反应）对税收遵从的影响。此外康登（Congdon，2009）、詹姆斯（James，2012）等研究也表明，道德因素、社会因素、纳税人对政府的信任和态度，都会对纳税行为产生重要影响。

我国也有一些学者将行为经济学方法引入税收学研究。如童锦治（2010）、陈平路（2007）等将其应用于税收决策、纳税人偷逃税等领域的分析。王海勇（2006）、吴旭东等（2011）从行为经济学视角分析了税收遵从的影响因素，如税制设计、税收奖惩机制、社会环境、遵从成本和对政府的满意程度，并认为应在政策制定中加以考虑。

整体而言，近年来陆续出现了许多颇具价值的相关研究成果，但大多依照新古典经济学分析的传统假设，将个人所得税征纳双方视为理性经济人。而"阿莱悖论"揭示了人类行为的非理性特征（Diamond，2001），从而进一步突显了研究税收征纳双方心理特征和行为反应的重要性。从行为经济学角度对纳税人行为和心理规律进行更加系统、深入的分析，将有助于深化个人所得税研究，并推动其改革实践。

3. 对个人所得税进行行为经济学分析的基本原则

第一，分析纳税人对税收制度的心理和行为反馈，是提升其纳税遵从程度的有效途径。纳税人主动遵从，是税制改革成功的重要因素。个人所得税直接涉及个人的切身利益，其纳税态度尤其重要。个人所得税制度不仅要实现既定的宏观目标，还应在征纳双方共赢格局下，引导纳税人接受并自觉履行纳税义务。因此，应对纳税人的利益诉求，特别是新制度实施后的行为预期，进行全面研究。简言之，提高纳税人的遵从水平，需注重纳税人心理和行为分析，宜"疏"不宜"堵"。

第二，应关注个人所得税制度演进的内在规律。现行个税实施20年来改革呼声不断，但重大改革难以推进。其重要原因在于，仅将其作为国家政策工具，而忽视了制度的内生演进规律。各国个人所得税制度的演进和功能变迁有许多共性，如征纳双方多次重复博弈、收入规模由弱渐强、重收入转向重调节等。我国转型期的个税，也经过了由维护主权型向财政收入型的功能转变、由辅助性小税种向主要税种的转变等变化。未来的改革应在市场经济框架下，以现有制度为基础、以现有利益格局为重要参照。

第三，当前是个人所得税的改革良机。提高个人所得税的综合程度，其目的之一，就是改变当前工薪收入"挑大梁"的局面，提高对各种形式收入的税收调节能力。在全面改革、市场主导的背景下，"农村土地流转"和"收入倍增"等改革将推动居民收入迅速增长，税收调节基数将迅速扩大。尽快推动个税改革，可在相对较小的基数上，搭建新的征管框架；在一系列复杂问题出现之前，对新制度进行磨合、优化。

4. 行为经济学视角下个人所得税问题的研究框架

个人所得税制的运行作为一种不确定条件下判断和决策的体现，不仅受到经济利益的驱动，还会受到多种心理因素的影响。将行为分析理论与税制演进理论、社会（群体）心理学与税收管理过程相结合，探索中国个人所得税改革的可行路径，应依照以下研究框架展开：

第一，个人所得税制度演化趋势的整体考察。从经济学角度对未来中国个税改革内容进行梳理，其目的，一是认清改革重点，抓住改革的主要内容；二是厘清纳税人行为分析的研究范围。如果将当前个人所得税改革的难点归纳为收入的完整性、扣除的合理性及申报的主动性，那么可以从三个方面，探讨完善个人所得税制度的关键节点：预征机制的设计、费用扣除标准的确定及退税制度的设计。对这一问题的研究，应着眼于分析中国个人所得税的中期演化趋势，并将其作为对纳税人行为和心理进行分析的逻辑起点。

第二，个人所得税纳税人的心理过程分析。前景理论是行为经济学的核心内容。对个人所得税纳税人税收心理的评估，是有效决策的重要支撑。许多国外学者特别注重把税收认知和税收态度作为税制设计的自变量加以考察。舒尔茨等人（Yaniv，Schultz）运用前景理论对税收申报决策的相关研究表明，预付税可以有效降低逃税。这一部分的研究将运用行为经济学的心理分析方法和实验技术，在前景理论中确定效应、反射效应、损失规避、小概率事件以及参照依赖的框架下，收集有关纳税人态度、偏好、满意度等方面的信息，基于此建立"纳税人的多重人格假设模型"，分析不同纳税环节中，经济因素以及个性心理特征、价值观等非经济因素对纳税人决策的影响，并以此为基点，确定若干相对典型化的纳税人模式，归纳并分析纳税人行为路径规律。

第三，个人所得税纳税人的锚定效应（Anchoring Effect）分析。中国现行个人所得税制度实施 20 年，其负担水平、征收方式、税负结构乃至民众的改革预期，都已经在一定范围内形成了"沉锚"。未来的改革以及纳税人对新制度的可接受程度，在很大程度上将以此为参照。通过对纳税人的行为与偏好进行心理学和行为经济分析，可以更清晰地认识到改革面临的纳税人心理约束，并在政策制定中有意识地加以考虑；在未来改革目标的指导下，有计划地设定和利用"沉锚"，更有助于新制度的推广实施。需要注意的是，纳税人由于收入水平、受教育水平、社会角色等因素的不同，对同一制度或机制（即"沉锚"）的评价会存在一定差异；由于模仿和传染机制的作用，个体和群体之间的心理与行为偏差，也会表现为不同形式的决策行为偏差。从整体上研究纳税人的锚定效应，需对不同个体或局部所表现出的锚定效应信息进行加工、整理与分析。

第四，个人所得税纳税人的心理账户（Psychological Account）分析。在个人所得税研究中引入心理账户分析，一是对纳税人在纳税过程中的心理账户进行划分，考察不同心理账户的非替代性（Non-fungibility），并对其值函数（Value Function）进行描述；二是在对纳税人心理账户进行划分和分析的基础上，考察不同的课税制度（如绝对优惠与相对优惠、预缴税制度与事后申报制度等）下，纳税人的心理感知过程，深入研究纳税人的心理运算过程，如相对得失（而非期望效用理论下的绝对得失）分析、得失敏感性分析、损失规避心态分析等。将以上的研究结论运用于个人所得税制度设计中，可以在税负总额不变的前提下，最大限度地降低纳税人的心理成本（税负痛苦程度），以最小的心理负担，换取最大程度的纳税遵从。在具体的研究中，可以借鉴行为金融学中行为资产组合理论（Behavioral Portfolio Theory，简称 BPT）的研究方法和思路，根据纳税人收入的不同特性（如 BPT 理论依据的安全性、潜力性和期望值），设计纳税心理成本的分层金字塔结构分析框架。

第五，优化个人所得税制度模式与路径的政策建议。前述研究的最终目标，应体现在对于中国个人所得税改革的现实指导意义。在前述研究的基础上，结合中国的现实制度基础和社会环境，利用对纳税人的心理和行为分析结果，可以提出操作性较强的个人所得税改革建议。

参考文献

（1）Richard M. Bird and Eric M. Zolt. Redistribution via taxation: The Limited Role of the Personal Income Tax in Developing Countries. Annals of Economics and Finance, 2014, 15(2), pp.625-683.

（2）Congdon, W., Kling, J. and Mullainathan, S. Behavioral Economics and Tax

Policy. NBER Working Paper15328, 2009.

（3）Simon James, S. The contribution of Behavioral Economics to Tax Reform in the United Kingdom. The Journal of Socio-Economics, 2012, 14, pp.468-475.

（4）Cebula, R. J. New and Current Evidence on Determinants of Aggregate Federal Personal Income Tax Evasion in the United States. American Journal of Economics and Sociology, 2013, Vol. 72, No. 3, pp.701-731.

（5）安体富. 调整国民收入分配格局提高居民分配所占比重[J]. 财贸经济, 2009(7).

（6）邓子基, 李永刚. 最优所得税理论与我国个人所得税的实践[J]. 涉外税务, 2010(2).

（7）高培勇. 渐进推进"综合与分类相结合"的个税改革[J]. 中国社会科学报, 2011-06-28(9).

（8）郭庆旺, 吕冰洋. 论税收对要素收入分配的影响[J]. 经济研究, 2011(6).

（9）贾康, 梁季. 我国个人所得税改革问题研究[J]. 经济学动态, 2010(3).

（10）马国强. 论个人所得税基本模式[J]. 税务研究, 2013(9).

（11）童锦治, 舒逸之. 行为经济学对税收决策研究的启示[J]. 税务研究, 2010(11).

（12）吴旭东, 姚巧燕. 基于行为经济学视角的税收遵从问题研究[J]. 财经问题研究, 2011(3).

（13）徐建炜, 马光荣, 李实. 个人所得税改善中国收入分配了吗[J]. 中国社会科学, 2013(6).

（14）岳树民, 卢艺, 等. 免征额变动对个人所得税累进性的影响[J]. 财贸经济, 2011(2).

（15）岳希明. 2011 年个人所得税改革的收入再分配效应[J]. 经济研究, 2012(9).

（16）刘华, 周琦深, 王婷. 实验研究方法在行为财政学中的应用[J]. 经济学动态, 2013(3).

作者简介

黄凤羽, 1973 年生, 经济学博士、博士后, 天津财经大学财政系教授、博士生导师, 教育部新世纪优秀人才, 天津市"131"创新人才工程第一层次人才, 中国税收教育研究会常务理事, 中国税务学会理事, 天津市注册税务师协会常务理事, 天津市税务学会理事。联系电话: 13920372821; 电子邮箱: 13920372821@126.com。

我国税收立法的回顾与展望

刘秀丽　丁景玉

摘要　党的十八届四中全会提出建设中国特色社会主义法治体系是全面推进依法治国的总目标，而税法是中国特色社会主义法律体系的重要组成部分。本文在回顾了我国税收立法发展历程的基础上，通过分析目前我国税收立法现状及其存在的问题，在借鉴国外税收立法成功经验的基础上，对如何完善我国税收立法提出合理化建议，以加快我国税收法律体系的建设，实现真正意义上的依法治税，实现国家治理体系和治理能力现代化。

关键词　税收立法　授权立法　依法治国　立法质量

2013 年 11 月 12 日，中国共产党第十八届中央委员会第三次会议全体通过《中共中央关于全面深化改革若干重大问题的决定》，提出："推动人民代表大会制度与时俱进，完善中国特色社会主义法律体系，落实税收法定原则。"这是第一次在党的纲领性文件中公开表述"落实税收法定原则"，这将税收法定原则提到了一个前所未有的高度，凸显了税收在推进国家治理体系和治理能力现代化中的地位和作用。同时，2014 年 10 月 23 日召开的十八届四中全会以"依法治国"为主题，审议通过了《中共中央关于全面推进依法治国若干重大问题的决定》，高度强调了法治在国家治理中的重要地位。税法是中国特色社会主义法律体系的重要组成部分，完善税收立法是推进依法治税的前提和基础，也是税收法定原则的重要体现，有利于推进建设中国特色社会主义法治体系，进而建设一个社会主义法治国家。

1. 我国税收立法的历史沿革

1.1　新中国成立至改革开放时期

新中国成立后，我国税收立法工作的重点放在了统一全国税政上。直至 1954

年全国人民代表大会第一次会议通过了《中华人民共和国宪法》，明确指出"全国人民代表大会是行使国家立法权的唯一机关"，"中华人民共和国公民有依照法律纳税的义务"。1958 年 6 月，全国人大常委会通过了《中华人民共和国农业税条例》，虽然不是以法律的名称命名，但却是我国历史上第一部由权力机关所制定的税收法律，也是新中国历史上施行时间最长的一部税收法律。在此后的 20 年间，中国经历了特殊历史时期，严重破坏了民主法治，中国税制建设也遭受极大干扰，税收立法工作处于停滞状态。

1.2 改革开放初期

改革开放后，我国进行社会主义市场经济体制改革，实现了由计划经济向市场经济的转变，促进了商品经济的快速发展，鉴于当时的税收立法工作无法满足当时的需求，我国税法改革工作急需重新起步。按照 1982 年 12 月通过并实施的《中华人民共和国宪法》规定，"税收立法是全国人民代表大会的权力"，但由于改革开放之初法治不健全、情况错综复杂、时间紧迫、立法的专业性较强、税收立法的各方面条件尚不成熟等，才促使全国人大及其常委会对国务院做了两次税收立法方面的授权。

第一次授权立法是 1984 年 9 月 18 日，在第二步"利改税"过程中，第六届全国人大常委会第七次会议审议通过了《关于授权国务院改革工商税制发布有关税收条例草案试行的决定》，决定"授权国务院在实施国营企业利改税和改革工商税制的过程中，拟定有关税收条例，以草案形式发布试行，再根据实行的经验加以修订，提请全国人民代表大会常务委员会审议。国务院发布试行的以上税收条例，不适用中外合资经营企业和外资企业"。

第二次授权立法是 1985 年，根据《全国人民代表大会关于授权国务院在经济体制改革和对外开放方面可以制定暂行的规定或者条例的决定》，"授权国务院对于有关经济体制改革和对外开放方面的问题，必要时可以根据宪法，在同有关法律和全国人民代表大会及其常务委员会的有关决定的基本原则不相抵触的前提下，制定暂行的规定或者条例，颁布实施，并报全国人民代表大会常务委员会备案。经过实践检验，条件成熟时由全国人民代表大会或者全国人民代表大会常务委员会制定法律"。

2009 年 6 月全国人大常委会废止了国务院"1984 年授权决定"，但是授权范围更为广泛的"1985 年授权决定"至今仍然有效，我国现行税收立法模式就是根源于"1985 年授权决定"。

2. 我国税收立法的现状及问题分析

我国税收授权立法模式运行将近 30 年，在保证国家财政收入、促进资源优化配置、加强国家宏观调控等方面发挥着重要作用，做出了巨大贡献。但是，这种具有浓厚时代烙印的授权立法模式在运行过程中也暴露了诸多问题，亟待解决，否则会阻碍税收法治化进程，不利于推进依法治税。

2.1　我国税法体系中缺少税收基本法

国家作为"合法暴力"的唯一垄断者，任何干预行为都对人民基本权利产生至关重要的影响。而"税收作为国家对人民财产权的一种'侵害'，其结果将对人民财产权、生存权、择业权等造成一定影响"，税收法定原则要求一切税收的课征需以国家立法机关制定颁布的法律为根据，要求将私人财富无偿转为国家所有这一重要事项要以法律的形式加以明确界定，使之规范化并具有可预测性和稳定性。但在我国税法体系中，缺乏居于主导地位并统帅其他单行税法，决定国家税收立法、执法、司法活动的税收基本法，使宪法与一些单行法之间形成空挡，难以衔接。

2.2　我国税法层次多，层级低，权威性差

我国现行税收立法制度是 1985 年授权立法决定的产物，但当时未对国务院制定的"条例"何时提请全国人大上升为法律做出明确规定。依据目前我国现行税法体系，从层次上看，我国税法体系中层次过多、层级过低，主要有法律、行政法规、实施条例、实施细则、部门规章和规范性文件等；从税种数量上看，我国现行 18 个税种中，其中只有 3 个是全国人民代表大会或常委会立法制定的，分别是个人所得税、企业所得税、车船税，仅占 16.67%，其余 83.33%的税种是国务院在获得全国人大授权后，通过制定暂行条例的方式来征收的；从税收收入上看，如表 1 所示，我国税收收入中个人所得税、企业所得税和车船税是依据法律征收的，约占税收总收入的 30%；流转税和其他税种都是依据国务院颁布的行政法规或者暂行条例等征收的，超过税收总收入的 60%。

表 1　2014 年 1~9 月税收总收入和主要税种收入表　　单位：亿元

税种	收入	比重
税收收入	90695.17	
国内增值税	22398.40	24.70%
国内消费税	6751.72	7.44%
进口货物增值税、消费税	10667.76	11.76%
出口货物退增值税、消费税	-8597.01	-9.48%
营业税	13071.82	14.41%
企业所得税	21011.10	23.17%
个人所得税	5697.90	6.28%
房产税	1345.79	1.48%
证券交易印花税	400.48	0.44%
城镇土地使用税	1461.23	1.61%
土地增值税	2991.87	3.30%
车辆购置税	2146.05	2.37%
关税	2143.00	2.36%
契税	3063.40	3.38%

资料来源：中华人民共和国财政部网站. http://www.mof.gov.cn/index.htm。

2.3　税收立法工作人员职业水平不高

我国从事税收法治工作的人员并非全部为法律、税法等相关专业的人员，其对立法程序、方法、技巧并不能熟练掌握，法治工作队伍的思想政治素质、业务工作能力、职业道德水准等方面都有待提高，以防止税收立法的时间过长、效率低下等现象发生，应使税收立法过程体现法制工作人员的专业化和职业化水平，提高税收立法质量。

以上种种情况表明，我国现行税法体系为人为干预留下了空间，致使税收征收具有较强的随意性，某些地方为了招商引资而频繁地出台各种优惠政策，破坏了市场公平竞争秩序，危害了我国税法的权威性和稳定性，不利于推进依法行政和依法治税，阻碍了税收法治化进程。

3. 国外税收立法的经验借鉴

西方国家历来重视法制建设，拥有比较健全和完善的税收法律制度，其在推进依法治税过程中尤其是在完善税收立法方面积累了丰富的经验和有益的成果，有许多方面值得我们学习、研究和借鉴，为完善我国税收立法提供了新的途径。

3.1　国外税收基本法立法模式的经验借鉴

随着市场经济的形成与发展，西方许多国家已经建立了一套健全的税收法律体系，其在制定税收基本法方面经过长期实践研究，积累了丰富的经验。通过比较分析发现，国外税收法律体系具有鲜明的层次性，大致可以分为三类。第一类是以美国为主要代表的国家，未制定税收基本法，而是采用需要较高立法技术的宪法加税收法典模式，将税收根本制度和部分基本制度直接在宪法中规定，其他税收问题则在税收法典中规定，如美国的《国内收入法典》；第二类是制定税收基本法的国家，以实施较早的德国为主要代表，还有日本、韩国，采用宪法与各单行税法相衔接的税收通则法模式，此种类型不像第一种那样要求较高的立法技术和法律基础，而且也能维护法的权威性，是一种比较切实可行的理想模式；第三类是无税收基本法，采用宪法加单行税法模式，这是多数国家使用的类型，我国亦如此。税收基本法类型的选择应综合考虑各方面因素，如经济发展水平、相关利益主体、立法技术和基础法律知识等，我国应结合中国具体实际情况，综合考虑多方因素，促使我国税收基本法向前发展，尽快建立适合我国国情的税收基本法。

3.2　国外税收授权立法的经验借鉴

授权立法起源于西方国家，随着社会经济的快速发展以及立法的专业化要求，立法机关难以满足社会发展的需要，促使授权立法产生，并得到广泛应用。在建立税法过程中"多数西方发达国家并不排斥对税收立法进行授权"，但是在进行授权立法时会对授权事项、授权目的、授权范围、授权期限、授权立法程序以及能否再授权等方面做出明确、详细的规定，不得进行一般性授权。"相对应的，行政机关必须严格遵循相关授权法律，在宪法和法律规定的范围内，依据指定的法规制定程序进行税收事项的立法活动"，避免制定部门法律，危害人民利益，损害法律的权威性。同时，在被授权主体进行立法的过程中，十分注重对授权立法的审查和监督，尽可能避免和防止授权立法潜在的危害，充分发挥税收授权立法的积极作用。

4. 完善我国税收立法的建议

鉴于我国税收立法现状及存在的诸多问题，通过研究借鉴国外税收立法的成功经验及结合我国实际情况，应在遵循税收法定原则的基础上，完善我国税收立法制度，尽快健全我国税收法律体系，推进中国特色社会主义法律体系建设，全面贯彻依法治国基本方略，实现国家治理体系和治理能力现代化。

4.1　加快建立税收基本法

税收基本法是统帅各单行税收法律、法规的母法，它将以法律的形式规范征税权力、保障纳税人的合法权益。建立税收基本法是税收法定原则的基本要求，是建立税收实体法和税收程序法的根据，应在结合我国实际情况的前提下，借鉴国外税收立法的成功经验，寻找适合我国的税收法律体系模式，加快税收立法进程，努力提高税收的法律地位和税法的权威性，为依法治税提供法律保障。加快制定税收基本法对深化我国税制改革、完善税收立法、加强税收司法、健全税收法律体系、实现税收法治之"良法之治"、促进社会主义市场经济发展，具有长远的重要意义。

4.2　取消授权立法与重新授权立法并举

依据税收法定原则，一切税收的课征须以国家立法机关制定颁布的法律为根据，税收的各构成要素都必须且只能由法律予以明确规定，没有法律依据，国家不得征税，国民也不得被要求缴纳税款，即所谓"不经立法，不得征税"。因此，我国应逐步取消 1985 年税收授权立法模式，在制定法律条件成熟时，全国人大及其常委会要逐步将税收行政法规上升为法律，努力构建以税收法律为主体的税法体系；与此同时，全国人大及其常委会可以对部分事项重新进行授权立法，应抓住地方对本地区各种情况更加熟悉、了解这一特点，对部分事项赋予地方一定的立法权，以充分发挥地方的主动性和积极性，但应采取更加谨慎和负责任的态度，要明确规定授权的目的、条件、范围和时间期限，要加强授权主体对授权立法的审查和监督，以避免出现随意开征新税种、有目的地减免税收的现象，创造一个良好的环境，保证税收法律体系建设稳步向前发展。

4.3　积极推进税收立法质量的提高

建设中国特色社会主义法治体系，必须坚持立法先行，发挥立法的引领和推动作用，抓住提高立法质量这个关键。一是要提高税收立法质量必须深入推进民主立法、科学立法，完善立法项目的征集和论证制度，健全立法机关主导、社会各方有序参与立法的途径和方式，广泛听取有关各部门、各方面的意见，集思广益，使各种社会群体广泛、深入地参与到立法过程中；二是要加强法治工作队伍思想建设，提高其专业化水平，打造高素质的立法队伍，同时发挥专家学者在税收立法工作中的积极作用；三是要有执行严谨的税收立法程序，讲究税收立法方法，运用科学的立法技术，不断提高税收立法质量和效率。

4.4　正确处理好税制改革与税收立法的关系

立法与改革的关系并不是相互矛盾的，而是相辅相成、相互促进的。税制是税法的内容，税法是税制的外在表现，税制是通过税法载名和确保实施的。在新一轮税制改革过程中，既要及时跟进立法，推动税制改革成果法制化，为税制改革提供有效的法律保障，又要避免因单项税法变动给整个税法体系的构建造成不必要的冲击。税制改革与税收立法要有效衔接，做到重大改革于法有据，立法主动适应改革和经济社会发展的需要，加速实现税收现代化。

法律是治国之重器，良法是善治之前提。我们要在依法治国的指导下推进我国税收立法模式转变，建立我国税收法律体系，实现依法治税和依法行政，推进国家治理体系和治理能力现代化，建设社会主义法治国家。

参考文献：

（1）胥立伟.中国税收立法问题研究[D]. 首都经贸大学，2012.

（2）杨秋林.试论我国税收法定制度的宪法依据[J]. 财税法丛论（第 13 卷），2014：320～330.

（3）汤贡亮.税收理论与政策[M]. 北京：经济科学出版社，2012.

（4）中共中央关于全面推进依法治国若干重大问题的决定[N]. 人民日报，2014-10-29.

（5）王军. 深化税制改革服务发展大局[J]. 求实，2013(12).

（6）易有禄.税收立法权回归的路径选择与发展前瞻[J]. 社会科学研究，2014（4）：71～74.

（7）朱大旗.论税收法定原则的精神实质及其落实[J]. 国际税收，2014（5）：11～14.

（8）李万甫，牛军栋.关于健全我国税法体系的若干思考[J]. 税收经济研究，

2014（4）：5～10.

作者简介

刘秀丽，1962 年生，博士，天津财经大学，教授。

丁景玉，1991 年生，天津财经大学，研究生。联系电话：15502259010；电子邮箱：1562529391@qq.com。

基于税收公平与婚姻中性原则的
我国个人所得税课税单位改革

李玉兰

　　摘要　我国现行的个人所得税税制改革是提高费用扣除标准以及完善税级税率的设计，并未对个人所得税课税单位的选择进行修正，因而未能从根本上解决税负不公的问题。我国要进行个人所得税课税单位的优化选择，应将税收公平原则、婚姻中性原则因素考虑在内。以个税课税单位改革代替单纯提高费用扣除标准，是未来个人所得税改革的目标定位。在我国实施家庭课税制并完善与其相配套的一系列个人所得税制度，是实现税收公平原则的必然要求。

　　关键词　个人所得税　课税单位　家庭课税制

1. 研究视角

　　自税制建立之初到现在，国外的专家和学者对个人所得税课税单位选择进行过多次讨论及分析研究，迄今为止，这一问题依然是各国税收专家们所专注和讨论的热点。个人所得税课税单位如何选择才能使之更加优化和完善，归纳起来，各国对个人所得税课税单位的选择主要有两种类型：个人课税制和家庭课税制。这两种个税课税单位各有优势和弊端，个人课税制征收简便，符合税收的婚姻中性原则，但却不利于税收公平原则的实现。家庭课税制更加注重税收公平，但容易引起"婚姻惩罚"和"婚姻奖励"这两种现象的出现，不符合婚姻中性原则的要求。

　　我国目前个人所得税采用的分类征收模式以单个纳税人为申报单位，可能导致收入相同而税负不同的问题，也易产生财产在家庭内部的转移。我国新的财产法律规定，居民的部分财产可以是双方共有的，因此，很难确定每一方收益份额是多少。然而，选择以家庭为单位计征个人所得税在于能够充分考虑一个家庭的实际支出情况，能够抑制家庭成员之间分割资产或收入的避税行为，使税收负担尽可能公平。同时，家庭课税，承认家庭劳动是社会劳动的一部分，也更能体现男女平等，这是符合社会发展趋势。

2. 税收公平与婚姻中性原则对个人所得税课税单位的影响

2.1 税收公平原则视角下个人所得税课税单位的影响

税收公平作为税收制度制定和实施应遵循的重要准则，得到了税收理论和实践界的广泛认可。税收公平原则即对所有符合法律规定的纳税主体都要征收税款，确保所有纳税主体在税法上的地位是平等的；税收公平原则体现在税收的横向公平以及纵向公平两方面。税收的横向公平，是指具有相同的经济能力或纳税能力的人，应当缴纳相同数额税款；税收的纵向公平，是指具有不同的经济能力或者纳税能力的人，应当缴纳不同数额税款。

从各国对个税课税单位的选择以及实践来看，个人课税制由于没有考虑到纳税人的家庭负担，不符合量能课税原则，从而不利于税收公平原则的实现；而家庭课税制由于考虑到纳税人的家庭总收入及其家庭负担，符合量能负担原则的要求，更有利于税收公平原则的实现。

（1）税收公平原则视角下的个人课税制

我国现行个人所得税实施的是个人课税制。个人课税制由于只考虑到纳税人单独个人的收入情况，对他的家庭总体收入及其家庭负担并不考虑在内，没有注意到纳税人家庭生活所必需的基本生计费用，纳税人有无结婚，配偶有无工作，有没有需要抚养的小孩，有无需要赡养的老人，以及自己及其家人有没有残疾或者重大疾病等都不考虑，容易导致家庭总收入相同而负担不同的家庭要缴纳相同数额的税款，甚至有可能出现家庭负担重的多缴税，家庭负担轻的少缴税。这显然不符合量能负担原则，违背了个人所得税制度设立的初衷，没有真正达到调节收入分配，缩小贫富差距的功能，也不利于实现税收公平。

（2）税收公平原则视角下的家庭课税制

家庭课税制不仅考虑纳税人的个人收入及负担情况，还考虑到了纳税人整体的家庭收入及其家庭负担情况。家庭是组成社会的最基本单位，个人是生活在家庭中的个人，以家庭总收入及其家庭负担来衡量纳税人的纳税能力，更能体现量能负担的原则。另外实施家庭课税制是对家庭所有成员的总收入适用累进税率，不像个人课税制只是对纳税人个人的收入所得适用累进税率，相比之下家庭课税制使得累进税率的设计更有实际意义，更能充分发挥其调节收入分配差距从而实现社会公平的作用。

综上所述，由于个人课税制未考虑到纳税人的家庭总体收入及家庭负担，容易造成收入相同的家庭缴纳不同数额的税款现象的发生，不满足税收公平原则的要求。而家庭课税制充分考虑到了纳税人的家庭整体收入及其负担情况，并且对家庭的基本生计费用予以税前扣除，相比个人课税制来说更能充分实现量能负担原则。因此，一国在进行个人所得税课税单位优化选择时，如果仅仅考虑税收公平原则这一因素的话，家庭课税制自然比个人课税制要优越得多。然而，一国在进行税收制度优化设计时，税收公平原则并不是唯一要考虑的因素，还有其他多种因素的影响，我们在进行个税课税单位优化选择时，应当把影响因素都尽可能地考虑进来，并对这些因素进行充分的比较分析，这样才有可能达到个人所得税课税单位选择的最优化。

2.2　婚姻中性原则视角下个人所得税课税单位的选择

"婚姻中性"一词是西方国家在税制设计过程中出现的。它是指税收对婚姻的中性作用，即税收制度的设计及其实施都不应对公民的婚姻行为产生任何影响。换句话说，公民是选择单身、结婚还是离婚，都不应该受到税收制度的影响。公民应缴纳的个人所得税的税款也不应因其婚姻状况的改变而有所改变。要达到婚姻中性这一目标，结婚后夫妻双方联合申报所应缴纳的个人所得税税款就应当等于或大致相当于结婚前夫妻双方分别申报所应缴纳的个人所得税税款之和。否则，就会违背税收婚姻中性的相关要求。

婚姻中性原则也是一国在进行个人所得税课税单位选择时所必须要考虑的因素之一。假如个人所得税课税单位的选择加重了已婚人士的税收负担，使得他们在收入不变的前提下因为结婚而要承担比单身时更多的税负时，人们很可能会因为婚后生活成本的提高而选择离婚或者是不结婚，这个时候就造成了"婚姻惩罚"；相反的，假如个人所得税课税单位的选择使得纳税人婚后要缴纳的税款少于单身时要缴纳的税款，就会产生"婚姻奖励"。它们是指由于个人所得税课税单位的选择及个人所得税课税制度的实施而造成的纳税人婚后可支配收入减少或者增加的现象。无论是婚姻惩罚还是婚姻奖励，都是个税课税单位的选择对婚姻行为的扭曲，都不符合婚姻中性原则，同时也就违背了税收中性原则。

（1）婚姻中性原则视角下的个人课税制

个人课税制在制度设计时，并不考虑纳税人的家庭情况，纳税人的家庭总体收入及家庭总体负担都不做考虑，只是考虑纳税人自身的收入情况。因此，个人课税制有利于税收婚姻中性的实现，不会造成人们婚姻行为的扭曲以及婚姻市场的扭曲，有利于婚姻家庭以及社会的和谐稳定，符合婚姻中性原则。由于个人课税制不存在出现婚姻惩罚和婚姻奖励的后果，所以在进行税制设计时也不用考虑采取何种措施来尽可能地避免这种后果的出现，它使得税制设计及税款征收更加简单、方便，一定程度上减轻了税收征管成本，也节约了社会资源。

（2）婚姻中性原则视角下的家庭课税制

以家庭为纳税单位由于考虑到纳税人的家庭整体收入及家庭负担，要将夫妻双方以及家庭其他成员的收入合并起来进行申报纳税。由于夫妻合并纳税和双方各自单独纳税适用不同的免征额以及不同的累进税率，必然会导致夫妻双方合并纳税所缴纳的税款多于或者少于夫妻双方单独纳税时所以缴纳的税款之和，从而产生婚姻惩罚或者婚姻奖励，造成税收对婚姻的不中性。一般情况下，夫妻收入差距越大，就越容易享受到婚姻奖励；夫妻收入差距越小，就越容易遭受婚姻惩罚。大多数观点认为，夫妻组建家庭共同生活可以产生规模经济效益，从而降低生活成本，基于这点因素考虑，各个国家在进行家庭课税制的税收制度设计时，都规定已婚夫妇合并纳税的税前标准扣除额要低于单身者单独纳税的税前扣除额的两倍。这就导致了已婚夫妇合并申报所要缴纳的税款高于双方分别申报所应缴纳的个人所得税税款之和，从而产生了婚姻惩罚现象。其实夫妻婚后共同生活虽然能产生一定的规模经济效益，看似节约了生活成本，但是由于婚后可能需要抚养小孩，小孩的衣食住行以及接受教育等都需要大笔的开销，这就会导致婚后的家庭支出不但没有减少，反而有所增加。这样个税课税单位的选择及个税的征收就会造成婚姻家庭不稳定，导致婚姻市场扭曲变形，在实施家庭课税制的国家，许多人为了逃避过重的税负甚至选择假离婚，也造成了未婚同居的现象明显增多，这些都不利于社会的和谐与稳定。

个人课税制不会影响税收对婚姻的中性，符合婚姻中性原则的要求，而家庭课税制在累进税率则极有可能引发婚姻惩罚与婚姻奖励现象的出现，违背税收的婚姻中性原则。因此，在税制设计过程中，进行个税课税单位的优化选择时，如果仅仅是考虑婚姻中性原则，把其他影响一国个税课税单位选择的因素都排除在外，那么实施个人课税制就是婚姻中性原则视角下个税课税单位的最优选择。然而，影响一国个税课税单位选择的因素有很多，不只是有婚姻中性原则这一个影响因素，我们在进行个税课税单位选择时，需要将诸多因素都考虑在内，把这些因素综合在一起进行分析研究，尤其是当这些因素中出现了两两互相矛盾的情况时，就要根据一国的具体国情及其当前发展状况，分析目前形势下该国的税制设计应该更注重哪一因素，这样才能做出最优的个税课税单位的选择。

3. 我国实施家庭课税制的合理性与合法性分析

3.1　我国个人所得税的现状及主要存在问题

我国现行个人所得税制度即以纳税人个人为纳税单位，采取分类计征模式，将个人所得分为 11 个项目，分别适用不同的税率与费用扣除标准。其中，工资薪金项目适用 7 级超额累进税率，统一费用扣除标准为 3500 元或 4800 元；个体工商户生产经营所得与承包承租经营所得适用 5 级超额累进税率，允许扣除与生产经营相关的费用；劳务报酬、稿酬所得、特许权使用费、财产租赁所得适用 20% 的比例税率，一次收入在 4000 元以下的，统一费用扣除标准为 800 元，一次收入在 4000 元以上的，定率扣除 20%；财产转让所得在扣除财产原值与合理费用后，适用 20% 的比例税率；利息股息红利所得、偶然所得以及其他所得，适用 20% 的比例税率，无费用扣除。

从税收收入的角度来看，个人所得税目前是我国第五大税种，但个人所得税占税收收入的比重始终较低，如表 1 所示。

表 1　我国个人所得税占税收收入比重

年份	个人所得税收入（亿元）	税收总收入（亿元）	个人所得税占税收总收入比重
2003	1417.18	20461.56	6.93%
2004	1737.18	25718.00	6.75%
2005	2093.91	30866.00	6.78%
2006	2452.00	37636.00	6.52%
2007	3184.98	49449.29	6.44%
2008	3722.19	54219.62	6.87%
2009	3944.00	63104.00	6.25%
2010	4837.00	73202.00	6.61%
2011	6054.09	89720.31	6.75%
2012	5820.28	100614.28	5.78%
2013	6531.53	110530.70	5.91%

资料来源：根据 2014 年统计年鉴数据整理而得。

我国个人所得税调节收入分配功能未能充分发挥。近年来，随着我国社会主义市场经济改革的不断深入，人民的物质生活水平取得了显著的提升，居民收入差距的持续扩大已经成为不争的事实。据来自国家统计局的数据显示，从 2000 年开始，我国的基尼系数已越过 0.4 的警戒线，2008 年升至 0.491。[①]由于在现行税制中个人所得税发挥着调节收入分配的重要作用，社会大众对贫富差距的聚焦自然而然把有关个人所得税改革的讨论推向了社会舆论的风口浪尖。我国近年的基尼系数如表 2 所示，可以看到近年来我国的基尼系数均在 0.45 以上，大大超过 0.4 的警戒值，这就说明我国的收入分配不公平，差距过大，个人所得税调节收入分配的职能未能充分发挥。

表2　我国近年基尼系数

年份	2003	2004	2005	2006	2007	2008	2009	2010	2011	2012	2013
基尼系数	0.479	0.473	0.485	0.487	0.484	0.491	0.49	0.481	0.477	0.474	0.473

资料来源：资料来源于国家统计局网站。

另外，由于我国的城乡二元经济，导致城乡收入差距较大，且差距呈逐年上升趋势，如表 3 所示。

表3　我国城乡居民人均收入

年份	城镇居民人均纯收入（元）	农村居民人均纯收入（元）	差额
2003	8472.20	2622.20	5850.00
2004	9421.60	2936.40	6485.20
2005	10493.00	3254.90	7238.10
2006	11759.50	3587.00	8172.50
2007	13785.80	4140.40	9645.40
2008	15780.76	4760.62	11020.14
2009	17174.65	5153.17	12021.48
2010	19109.44	5919.01	13190.43
2011	21809.78	6977.29	14832.49
2012	24564.72	7916.58	16648.14
2013	26955.10	8895.91	18059.18

资料来源：根据 2014 年统计年鉴数据整理而得。

[①] 根据世界银行的报告，20 世纪 60 年代，我国基尼系数大约为 0.17～0.18，80 年代为 0.21～0.27；从 2000 年开始，我国基尼系数已超过 0.4 的警戒线，并逐年上升，2007 年达到 0.48。

我国地区发展不平衡，收入差距较大，如表 4 所示。

表 4　我国各地区居民人均收入情况

地区	可支配收入（元）	地区	可支配收入（元）	地区	可支配收入（元）	地区	可支配收入（元）
北　京	40830.04	湖　北	16472.46	上　海	42173.64	云　南	12577.87
天　津	26359.2	湖　南	16004.9	江　苏	24775.54	西　藏	9746.8
河　北	15189.64	广　东	23420.75	浙　江	29774.99	陕　西	14371.55
山　西	15119.72	广　西	14082.3	安　徽	15154.31	甘　肃	10954.4
内蒙古	18692.89	海　南	15733.28	福　建	21217.95	青　海	12947.84
辽　宁	20817.84	重　庆	16568.67	江　西	15099.68	宁　夏	14565.78
吉　林	15998.12	四　川	14230.99	山　东	19008.26	新　疆	13669.62
黑龙江	15903.45	贵　州	11083.06	河　南	14203.71		

资料来源：国家统计局. 2014 中国统计年鉴. 北京：中国统计出版社，2014。

综上所述，我国个人所得税的整体规模有限，调节收入分配的效果受到一定限制，未能明显缩小我国目前存在的收入分配差距，也不能体现个人所得税实现社会公平的立法目的。

3.2　我国个人所得税课税单位的最优选择——实施家庭课税制

个人所得税并非我国的主体税种，它在国家税收总收入中所占的比例历年来都比较小，而且近几年来它在国家税收总收入中所占的比例呈逐年下降的趋势。如表 1 所示，从 2006 年到 2013 年期间，个税在税收总额中所占的比例较小且从总体上看来呈现出下降的局面，这 8 年来除了 2011 年比 2010 年高出 0.14 个百分点以及 2013 年比 2012 年高出 0.13 个百分点以外，其余年份都比上个年份的比重要小。由此可以看出，我国个税为国家筹集财政收入的功能正在逐步减弱。另外我国当前正在致力于构建和谐社会，人们越来越注重国家制定和实施的政策中所体现出的社会公平，可见税收公平原则在个税制度设计和完善过程中应该被放在首要位置才能更合民意。总而言之，现阶段最大限度地实现税收公平应成为我国个税制度改革中首要注重的因素。要最大限度地实现税收公平，就要对个税课税单位重新进行选择，因为现行的以个人为纳税单位的个人课税制最大的缺点就在于未能考虑到纳税人的家庭负担及家庭总收入，违背了税收公平原则。家庭课税制则恰恰相反，它最大的优点就是能够充分满足税收公平原则的相关要求。

我国要想变革个人所得税课税单位，实施家庭课税制，婚姻中性原则也是必须要考虑的。由于我国自古以来就有浓厚的家庭观念，所以我国的家庭相对于西方国家来说还是比较稳定的。受这种根深蒂固的家庭主义思想的影响，为了保持婚姻家庭的稳定，很少有中国人会因为税收制度的设计使得他婚后多缴税或者少缴税而选择不结婚或者是假离婚。由此看来在我国实施家庭课税制对人们的婚姻行为甚至整个婚姻市场的影响还是比较小的，对婚姻中性原则的破坏性也比较小。因此在现阶段中国的个人所得税制度设计中，与税收公平原则相比，婚姻中性原则的重要性相对来说就小得多，税收公平原则是重中之重。在上文的分析中，我们已经得知只有实施家庭课税制才能真正实现税负公平，才能真正满足婚姻中性原则的要求。由此可见，实施家庭课税制才是我国现阶段个税课税单位的最优选择。

3.3 我国实施家庭课税制的合理性与合法性分析

我国现阶段选择实施家庭课税制的合理性与合法性意义。

（1）我国实施家庭课税制的合理性分析

首先，实施家庭课税制有利于实现社会公平，是我国现阶段构建社会主义和谐社会的必然要求。由于计划生育政策的实施，近年来我国已逐渐步入老龄化社会，一对夫妇赡养多个老人的现象在我国越来越普遍，纳税人家庭负担越来越重。如果在征税过程中，只考虑个人收入而不考虑家庭收入情况和家庭负担，就会造成税负不公现象的出现。家庭课税制就做到了这一点，它不只考虑纳税人的个人收入而是将家庭总体收入情况以及家庭负担都考虑了进来。它充分考虑了纳税人有没有需要抚养的小孩以及需要抚养几个小孩，有没有需要赡养的老人以及需要赡养几个老人，配偶有无收入以及家庭成员有无重大残疾和疾病等具体情况，对于这些因素都要考虑在税制设计过程中对其进行合理的税前费用扣除，这样就使得税制设计更为公平和人性化。

其次，实施家庭课税制与我国传统的家庭观念更为契合。我国从来就是一个非常重视家庭的国家，人们的家庭观念极其浓厚，家庭主义的思想在我国早已根深蒂固。实施家庭课税制，由于考虑到了纳税人的整体家庭状况，更能体现我们国家重视家庭的传统观念，也更符合广大人民的意愿，更容易为广大人民群众所接受。家庭课税制将所有家庭成员的收入所得汇总起来作为征税对象，更能体现夫妻财产共有的性质，有利于婚姻家庭的和谐稳定。

再次，实施家庭课税制有利于实现政府官员财产透明化，为我国当前正在进行的反腐倡廉工作提供便利。

（2）我国实施家庭课税制的合法性分析

首先,实施家庭课税制比现行的个人课税制更能满足税收公平原则的相关要求。税收公平原则是一国在个税制度设计过程中所必然要考虑的因素之一。家庭是目前社会最基本的组成单位,人们的生产和生活是以家庭为单位的,衡量纳税人的经济能力及富有程度也应当以家庭为依据,税收制度公平与否更应该在家庭之间进行比较衡量才能体现出来。家庭课税制以家庭成员的总体收入汇总起来作为个税的征税对象,使得收入所得相同的家庭缴纳相同数额的税款,从而顺利达到了税收的横向公平。此外,家庭课税制考虑到了纳税人的家庭负担,对于纳税人的各种家庭负担根据实际情况予以税前扣除,例如抚养的小孩、赡养的老人、医疗费用等情况都会进行合理的费用扣除,使得负担重的家庭缴纳较少的税款,负担轻的家庭缴纳较多的税款,最终顺利达到了税收的纵向公平。

其次,实施家庭课税制更有利于税收累进原则的实现及其作用的发挥。税收的累进原则是指收入水平不同适用的税率就不同,收入水平越高的家庭或者个人就应该适用越高的税率,这也是税收纵向公平的要求和体现。设计累进税率的初衷就是为了更进一步调节收入分配差距,最终实现社会公平这一目标。然而,在个人课税制下,容易导致家庭成员之间为了逃避适用较高的累进税率而互相转移财产,例如一个家庭中丈夫收入很高,妻子收入特别低或者是没有收入,丈夫为了避免适用较高的累进税率而多缴税款,就会将收入所得的一部分转移到妻子名下,这样就可以达到避免承担较多税负的目的,违背了累进税率设计的最初目的,不利于税收累进原则的实现。家庭课税制是所有家庭成员的总体收入进行征税,将纳税人的家庭整体收入汇总起来按照统一的税率表计算征收个人所得税,一定程度上可以有效避免家庭成员之间因为互相转移财产而逃避税负的现象,真正实现收入越多的家庭适用越高的税率从而多缴纳个税,收入较低的家庭适用较低的税率从而少缴纳税款,使累进税率的设计和实施实现了其最初的设立目标,有利于税收累进原则的实现。

最后,在我国实施家庭课税制对婚姻中性原则的影响较小。婚姻中性原则也是西方国家在税制设计过程中必然要考虑的因素之一,这不仅是因为个税课税单位的选择有可能使税收破坏婚姻的中性,影响纳税人的婚姻行为,对婚姻家庭的稳定性产生危害,与西方国家国民的家庭观念不同。西方国家的家庭观念比较淡薄,人们的思想也很开放,婚姻家庭的稳定性原本就比中国差得多,一个很小原因都会引起人们婚姻行为的变化。因此,个税课税单位的选择对婚姻中性原则的破坏程度就比较大,由于家庭课税制容易引发婚姻惩罚和婚姻奖励现象的出现。但是我国是一个家庭观念自古以来就十分浓厚的国度,与西方国家相比,我国婚姻家庭的稳定程度要高得多。基于我国根深蒂固的家庭观念,即使是个税课税单位的改革会造成婚姻惩罚或者婚姻奖励现象的出现，人们也不会轻易地选择结婚、离婚或者假离婚。再者，实施家庭课税制的国家产生税收对婚姻不中性影响的原因主要是，对已婚夫妇合并纳税所设计的税前扣除额与单身者单独纳税的税前扣除额之间的比例没有把握好，如果我国在实施家庭课税制的配套制度设计中能够把握好这个比例，自然就会减少税收对婚姻的不中性影响。

4. 我国个人所得税实施家庭课税制的政策建议

在"十三五"期间，个人所得税的改革将面临战略性的调整，个人所得税的综合改革将取代以调整费用扣除标准为重点的单项改革。个人所得税的综合改革必须正确处理好以家庭为单位征收与以个人为单位征收、分类征收与综合征收等问题。因此，要想在我国实施家庭课税制，就要修改和完善我国现行个人所得税法中的各项规定，为家庭课税制的实施建立配套机制。另外，还要完善我国现行的税收征管法，使以家庭为单位的个税征管体制更加健全。

4.1　在相关法律中明确规定"家庭"的定义

我国现有的法律法规并未对"家庭"一词的概念做出明确的规定。我国的家庭结构十分复杂，这明显成为在我国实施家庭课税制的一大障碍。在实施家庭课税制的过程中，将家庭的定义在相关法律中明确规定出来十分必要，才会实现纳税主体明确，进而为个人所得税的征收提供便利。

4.2　税制模式由"分类税制"转向"综合税制"

分类税制是将纳税人一定时期内的收入按照不同的来源划分为不同性质的若干类型，分别扣除相应的免税额或税收优惠并按不同的税率征税的税制。尽管分税制征管成本较低，可以广泛实行代扣代缴。但其最大的缺陷在于不符合公平课税原则，容易导致课税的不公。而综合税制是对纳税人一定时期内的各种收入先汇总，然后在总额基础上减除免税额、税收优惠额、费用扣除额，就其应税所得按照累进税率（一般为超额累进税率）予以征税的税制。从税制设置上说，综合税制最符合量能负担的公平原则，无论是采用横向公平还是纵向公平标准，均能体现纳税人的税负均衡。

我国目前实施的是以个人为课税单位的分类所得税模式，即对纳税人的不同类型所得实行分项目扣除，分别按规定计征个人所得税。由于社会主义市场经济经济飞速发展，当前我国人民的收入种类与形式逐步呈现多元化的形式，税务机关很难完全获知纳税人的各项收入。这就会造成收入种类多样、收入总额也多的人少缴税；而收入种类单一、收入总额较少的人却多缴税，违背了公平负税、合理负担的原则。因此，权衡客观情况和主观需要，在我国实施家庭课税制，就必须改变我国现行的个税课税模式，采用综合所得税模式来计征个税。这种模式是指国家只针对纳税人的综合汇总所得征收个人所得税，国家税法只需要对个人的综合汇总所得规定一种征税的税率和计税方法。这种税制模式充分注意到纳税人的实际负担能力，与分类所得税模式相比更能实现税负公平，从而也就更能体现税收公平原则的要求。

从理论上以及各国的实践情况来看，家庭课税制一般是与综合所得税模式相配套的，而个人课税制则是与分类所得税模式相配套的。因此要在我国实施家庭课税制，就应当首先转变税制模式。

4.3　完善费用扣除制度

根据我国的现状，将个人的家庭负担考虑在内，对于那些必须支出的基本生计费用，适当地予以税前扣除。根据纳税人的实际家庭情况，将纳税人抚养小孩的费用、子女的教育费用、赡养老人的费用以及家庭成员的医疗费用等都规定在费用扣除项目中，实现费用扣除标准的通货膨胀指数化。

4.4　调整税级税率

首先，要再次简化税级。我国现行个人所得税法针对工资、薪金所得设定的个人所得税税率共规定了 7 个税级，虽然与以前的 9 级相比有所减少，但与西方发达国家相比还是比较复杂的。其次，要降低当前 45% 的最高边际税率。同时要实现家庭课税制，就要在个人所得税法中将以家庭为单位征收的税级和税率设计出来，并公布于个人所得税法中，级距以及税率的设置要与以单身个人为单位征税的规定相对应，同时为了使税制尽量符合婚姻中性原则，应当使夫妻联合纳税的税前标准扣除额尽量接近单身个人单独纳税的税前扣除额的两倍；对于已婚夫妻合并申报纳税所适用超额累进税率的累进标准的规定也应尽量接近单身个人所适用的累进标准，这样就可以尽量避免税收对婚姻的非中性影响。

4.5　完善税收征管制度与提升服务水平

完善税收监管制度，首先，要逐步建立国家对家庭收入的监控体系，尽快提升个人所得税的信息化征管能力。加强税务机关对纳税人家庭收入的监控，建立个人所得税纳税号码，这个号码固定并且唯一，并将这个号码与纳税人的银行号码绑定在一起，这样纳税人的每一笔收入都能被税务机关在纳税系统里看到从而有效地实施监控。其次，要实行夫妻合并申报和分别申报的纳税申报方式，并使其逐步替代当前的代扣代缴制度。建议加强各个行政机构之间的合作，通过税务机关与工商、社会保障、民政、公安、银行等机构之间的信息联网，打破"信息孤岛"，利用信息互通发挥信息共享的协同效应。一方面，可以有效地提高税务机关获取、控制信息的能力；另一方面，可以以此为突破口，利用纳税人缴税的历史信息，建立纳税人的累积诚信系统，将纳税人承担的纳税义务与其所享受的社会福利、社会保障进行挂钩，从而实现纳税能力与公共服务的匹配。最后，要提升个人所得税的服务水平。税务机关要增强对纳税人的主动服务意识，及时为纳税人提供完整详细的完税凭证。为方便纳税人申报纳税，可以考虑向纳税人提供纳税短信提示和欠税提醒，尽可能地降低纳税人的缴税成本和超额负担。

税收公平原则和婚姻中性原则是一国在进行个税课税单位选择时必然要考虑的两大因素。从各国个税课税单位选择及实施的实践情况来看，在累进税率下，无论个税课税单位如何选择，这两大原则都不能同时得到满足。

在我国追求社会主义和谐社会下的税收公平是当前个税制度设计的主要目标，再加上个人所得税的两大主要职能之一是调节收入分配差距，最终实现社会公平，可见税收公平原则是我国当前进行个税课税单位选择时首先要考虑的因素。另外我国自古以来就是一个非常重视家庭的国家，人们的家庭观念十分浓厚，这就决定了即使是实施了家庭课税制，产生了婚姻惩罚和婚姻奖励的现象，人们也不会因为要多缴税或者少缴税而轻易选择离婚或者结婚，可见，在我国实施家庭课税制对婚姻中性原则的影响不会太大。因此我国在当前的税制优化设计过程中，要把税收公平原则放在首要位置，进行个税纳税单位的选择时，也要首先考虑税收公平。由此可见，家庭课税制才是我国现阶段个税课税单位的最优选择，构建与家庭课税制相配套的个人所得税法律制度是十分必要的。但是我们还得注意到这一点：虽然在我国实施家庭课税制对婚姻中性原则的影响不大，但不代表没有影响。因而，我国想要实施家庭课税制，就要未雨绸缪，在税级税率设计及其费用扣除标准等相关配套制度完善过程中，充分考虑到其会对婚姻中性原则产生的不利影响。

参考文献

（1）Daniel. J. Lathrope. Federal Income Taxation of Individuals[J]. West Nutshell Series, 2004(7): 28.

（2）Michael. J. Graetz. Federal Income Taxation Principle and Policies[J]. The

Accounting Review, 2006(9): 55.

（3）[英]里嘉图. 经济学及赋税之原理[M]. 郭大力，王亚楠，译. 上海：上海三联书店，2008.

（4）丁芸. 在公平视角下完善个人所得税[J]. 税务研究，2008(9).

（5）田路. 浅论我国个人所得税法律制度改革——从课税单位谈起[J]. 法制博览，2013(7).

（6）岳树民，卢艺.个人所得税纳税单位的选择：家庭还是个人[J]. 税收经济研究（双月刊），2013(3).

（7）冉庆等. 以家庭为单位征收个人所得税的探究[J].财税金融，2011(9).

作者简介

李玉兰，1963 年生，天津财经大学财政与公共管理系副教授，硕士生导师，研究方向为财税政策、公共管理。联系电话：13920681661。

关于我国地方政府财政困境根源的思考①

刘　辉

摘要　地方政府财政困境是土地财政、地方政府债务风险的财政乱象的根源。本文首先对财政困境进行分类，在此基础上对我国各级政府的财政困境的现状进行剖析，指出各级地方政府面临严重的财政困难，并从财政管理体制的角度解析地方政府财政困境的原因，最后指出解决困境的关键是要尽快明确政府事权，界定政府与市场职能，建立有限政府，精简政府事权，并在此基础上进一步清晰划分中央与地方政府事权，为各级地方政府切实减负。

关键词　财政困境　政府事权　财政管理体制

财政作为与国家相伴相生的经济范畴，从其诞生之日起就肩负着为各类国家机器正常履行职能提供财力保障的重要责任。在国家产生之初，财政主要有三个职能，一是抵御外敌入侵，二是维持国内社会秩序，三是提供公共产品。伴随着社会的进步、经济的发展，政府职能逐渐演变，特别是第三个职能的范畴日益扩展，也就是要求国家提供的公共产品的种类与数量不断增多，与之相适应的，财政收支规模也日趋膨胀，但财力与事权的不匹配几乎是财政发展史中的永恒话题。无论是从全国财政收支来看，还是单独考察中央政府或地方政府；无论是研究西方国家的财政史，还是探索我国几千年来的财政发展历程，我们经常能够看到财政困境的身影，甚至每一次封建王朝的更迭、现代政府的动荡，都与财政困境有密不可分的联系。可见，研究财政困境或财政风险，绝不仅仅是经济问题，更是政治问题，甚至其政治意义远大于经济意义。

① 本文是天津市高等学校人文社会科学研究项目"天津市'土地财政'形成机制及其治理路径研究"（项目编号：20132414）、天津市哲学社会科学研究规划资助项目"基于财政分权视角的天津市土地财政问题研究"（项目编号：TJYY13-005）和天津市科委项目科技发展战略研究计划项目"基于财政分权视角的我国地方政府土地财政问题研究"（项目编号：14ZLZLZF00084）的阶段性研究成果。

1. 财政困境的分类

所谓财政困境，主要指政府财力不能满足履行政府职能的需要，导致可能出现政府瘫痪风险。财政困境一般来说有两个层次：一个是全国财政收入不能满足支出需求，导致国家危机。这可能是由于国家职能定位错误，承担了过多的事权，导致无论如何也完不成既定目标；也可能是因为收入体系出现种种问题，导致未实现应收尽收。例如，2001 年 12 月 20 日至 2002 年 1 月 1 日，阿根廷 12 天内五易总统，就是第一层次风险爆发的典型案例。第二个层次是假定国家事权和全国财政收入基本匹配，但因某级政府财力不足以满足需求，导致该级政府的破产危机。如果该层次的风险发生在中央政府，中央政府必须通过改革现有财政体制从全国总财政收入中分到更大比重来维持生存（比如我国 1994 年的分税制改革），否则就可能会出现国家破产危机，甚至导致政府更迭。如果该层次风险发生在地方政府，地方政府要么想方设法从中央得到财政资助，要么就得从非正规渠道获得收入，否则也会陷入破产危机。如果要研究这一层次风险的产生原因，既然我们已经假定"国家事权和全国财政收入基本匹配"，那么它只能产生于事权、财权在不同政府间的配置失衡。我国唐、宋两代封建王朝灭亡的直接原因就是各地方政府财权过大，而中央政府财力匮乏，最终被地方诸侯取而代之。

下面，我们再换个角度来分析这个问题。

如果出现国家性财政危机，就可能需要从两个方面来考察原因，首先要看是否是因为全国财政收入整体上已经不能满足履行事权的需要，即第一层次的风险；如果不是，再看是否是因为中央财政收入满足不了中央政府的支出需求，即第二层次的风险，结果导致政局不稳。

如果出现地方性财政危机，同样要从两个方面考察原因，首先要看是否是因为产生第一层次风险，国家整体事权与财力的不匹配传导到了地方政府；其次再看，是否仅仅是地方政府的财力与事权不匹配。

上述风险的原因不同，则解决办法也会相应不同。切不可一概而论，采取"一刀切"的办法。

2. 我国各级政府财政困境的现状①

1994 年的分税制主要是为了实现两个目标，一个是提高财政收入占国民生产总值的比重，一个是提高中央财政收入占全国财政收入的比重，简称"提高两个比重"。应该说改革的效果立竿见影，全国财政收入占 GDP 的比重从 1995 年最低谷的 10.27%，提高到了 2012 年的 22.57%；中央财政收入占全国财政收入的比重从最低谷的 1992 年 22.02%提高到了 2012 年的 47.9%，实际上 1994 年之后这一比重一直维持在 50%左右。通过分税制改革，一举改变了包干制时期财政倒挂的局面，使中央财政在财政分配关系中重新处于主导地位。

因为我国《中华人民共和国预算法》规定，地方政府不得举借债务，所有的公债都由中央政府发行。所以从表面上看，好像是中央政府缺钱，但实际上从收支数量来看，2012 年，中央本级收入 56175.23 亿元，占全国财政收入的 47.9%，中央本级支出 18764.63 亿元，占全国财政支出的 14.9%，收支差额为 37410.6 亿元，可见，如果用中央本级收入满足本级支出，不仅足够，而且富富有余，但当年中央政府仍然发行了 14527.33 亿元国债，在不缺钱的情况下仍然要发行债券，原因就在于需要对地方政府进行税收返还和转移支付，这笔金额在 2012 年达到了 45361.68 亿元。所以，似乎可以这样认为，虽然中央政府借债，但中央政府并没有财政危机，钱是替地方政府借的，都用在了地方政府身上。

接着，我们来考察地方政府的财政情况。2012 年，地方政府本级支出 107188.34 亿元，债券还本支出 2000 亿元，这样支出合计 109188.34 亿元，地方政府本级收入 61078.29 亿元，接受中央政府对其的税收返还和转移支付 45361.68 亿元，再加上地方财政调入资金 248.37 亿元，合计 106688.34 亿元，支出大于收入的差额为 2500 亿元，这部分由中央政府替地方政府举债来弥补（当然将来的还本付息责任也由地方政府来承担）。这样看来，虽然地方政府借了些债，但总算收支基本平衡，似乎也没有什么风险。

但是，地方政府的预算平衡只能说明从预算表上来看，地方政府的财政收入和支出相等，并不能得出地方政府已充分履行其职能的结论。财政收入用以满足财政支出需求，财政支出用以满足履行政府职能需要，收支相抵并不一定意味着政府职能已充分履行。收支平衡有可能只是为了达到预算法的要求，而为此地方政府可能会不得不放弃某些被认为不重要的政府职能。

① 本节数据均来自于中华人民共和国财政部网站，部分数据经过作者的计算处理。下面的论述均已 2012 年数据为例，实际上 1994 年以来各年数据从相对数来看差距不大。

　　近些年来，关于地方政府土地财政和投融资平台风险的研究引起了学术界的广泛关注，主要就是研究地方政府收入来源问题，一个是认为地方政府的收入过分依赖土地转让收入，一个是认为地方政府通过投融资平台筹措基本建设资金风险过大。本文并不想研究这两个问题带来的诸多不良影响，但它们明确显现出我国地方政府正在想方设法地从各种途径筹资来履行自身职能，并因此承担了数额巨大的隐性负债。根据我国审计署公布的数字，截至 2012 年底，36 个地方政府本级政府性债务余额 38475.81 亿元，其中融资平台公司、地方政府部门和机构举借的分别占 45.67%、25.37%，仍是主要的举借主体。如此规模庞大的地方政府债务恐怕意味着巨大的财政风险。

3. 地方政府财政困境的原因分析

　　一国的财政管理体制的设计应至少包括三个方面的内容，首先应明确划分政府与市场职能、中央与地方各级政府职能，并据此确定支出责任；其次，按照一定标准划分收入，一般是按照税种划分；最后，确定转移支付制度。

　　而这三个方面均能解释为何我国地方政府陷入财政困境。

3.1　政府职能划分方面

　　我国分税制财政体制从原理上说应该建立在严格的政府职能划分基础之上，但这恰恰是我国财政体制薄弱之处。这要从两个方面来说，第一个方面是未能准确划分政府与市场职能。市场经济国家应负责提供公共产品，市场提供私人产品，互为补充，既不缺位，也不越位。但我国政府仍然要承担大量私人产品的提供任务，如各类型国有企业的建设等。这直接导致政府的事权和支出责任增大。中国共产党十八届三中全会审议通过的《中共中央关于全面深化改革若干重大问题的决定》指出，市场经济应在资源配置中发挥决定性作用，针对的是我国政府事权界限不清晰的问题。

　　第二个方面是未能清晰划分中央与地方政府、地方各级政府之间的事权。我国目前没有财政基本法，也没有其他相关法律对各级政府间事权进行明确规定，这直接导致事权划分的混乱。现存的事权分配中除国防、外交等极个别职能外，中央和地方政府职能基本上是重叠的。甚至地方政府也要承担部分国防、外交事务的支出。我国省以下地方政府之间更没有准确的事权划分。基层政府责任重大，承担着包括基础教育、公共卫生、社会保障、公共安全、消防服务等大量的政府职能，在条条管理的体制下，上级设立的部门，下级就会与之对应。地方上下级政府之间的事权基本上也是重复的。在这种状态下，高一级政府竭尽全力地将事权下放给低一级政府，而低一级政府由于其弱势地位只能接受既定安排。

总而言之，我国政府职能较其他发达市场经济国家大得多，而这种扩大化的政府职能又经过层层传导，下压给了各级地方政府，从而导致地方政府事权膨胀，如果没有充足的财力保障，必然出现财政困境。

除此之外，还有一个因素需要考虑。即对于各种事业增长速度的盲目追求。首先是对国内生产总值（GDP）增速的崇拜，接着必然派生出对各项事业增速的崇拜。在事权范围既定的情况下，要求增速越快，所需的财力必然越大。以 GDP 为例，年增速 2%和年增速 8%所需的财政收支规模必然是不一样。目前我国仍然对 GDP 的年增长率有比较硬性的要求，这就导致各级政府特别是地方政府不得不绞尽脑汁地扩大事权，以完成上级领导对自己的考核任务。国内很多学者如李齐云（2012）、王叙果（2012）、谢芬（2013）、徐永红（2013）等都对这一问题进行过研究，指出中国式财政分权是经济分权和政治集权的集合，各地方政府领导人只有在经济领域做得比他人更为优秀，才更机会得到晋升，"晋升锦标赛"模式激励着地方官员盲目追求 GDP。

3.2 财政收入划分方面

在事权和支出责任既定的情况下，需要将全国财政收入按照一定的标准在中央和各级地方政府间划分，以实现财力与事权的相互匹配。

1994 年的分税制改革主要解决了这一问题，具体内容这里就不再赘述。改革的结果是中央财政收入占全国财政收入的比重维持在 50%左右，改变了财政倒挂的局面，应该说这一改革是成功的。

1994 年之后分税制体制又有一些调整，如个人所得税和企业所得税的分享、证券交易印花税中央分成比例的提高、营业税部分税目改征增值税等。这些调整的结果基本上是增加了中央财政的分成比例，相应减少了地方政府的分成比例。当然各项调整都考虑到了保护地方政府的既得利益，但在将来的收入增量中中央政府所占比重会增加。

从财权与事权匹配的角度来说，中央政府集中 50%左右的财力，但实际上支出责任只占全国财政支出的 15%左右，其余的财政支出均由地方政府来实现。这样就形成了中央政府钱多事少、地方政府事少钱多的状况。从表面上看，这就是财权与事权的不匹配。但两者的匹配不能这样简单地理解。

财权与事权的匹配有两种类型，一种是直接匹配，另一种是间接匹配。所谓直接匹配，是指每级政府的本级收入都能满足本级支出的需要，但这样中央政府就可能失去对地方政府的控制力，即使是联邦制国家一般也不会设计直接匹配的财政体制。所谓间接匹配，是指虽然某级政府的本级收入不能满足其需求，但能够通过转移支付等方式从其他政府处取得部分财政资金，实现财权与事权的匹配。为其供给资金的政府可以是它的下级政府或上级政府（这样的转移支付称为纵向转移支付），也可以是它的平级政府（这样的转移支付称为横向转移支付）。从各国的实践来说，上级政府对下级政府的转移支付最为常见。我国亦是如此。

我国地方政府财政自给率如表 1、图 1 所示。

表 1　我国地方政府财政自给率　　　　　　　单位：亿元，%

年份	地方政府本级收入	地方政府本级支出	地方政府财政自给率	年份	地方政府本级收入	地方政府本级支出	地方政府财政自给率
1994	2311.60	4038.19	57.24%	2004	11893.37	20592.81	57.75%
1995	2985.58	4828.33	61.83%	2005	15100.76	21554.31	70.06%
1996	3746.92	5786.28	64.76%	2006	18303.58	30431.33	60.15%
1997	4424.22	6701.06	66.02%	2007	23572.62	39202.08	60.13%
1998	4983.95	7672.58	64.96%	2008	28649.79	49248.49	58.17%
1999	5594.87	9035.34	61.92%	2009	32602.59	61044.14	53.41%
2000	6406.06	10366.65	61.79%	2010	40613.04	73884.43	54.97%
2001	7803.30	13134.56	59.41%	2011	40613.04	73884.43	54.97%
2002	8515.00	15281.45	55.72%	2012	61078.29	107188.34	56.98%
2003	9849.98	17229.85	57.17%	2013	68969	119272	57.82%
平均自给率				57.65%			

资料来源：1994～2012 年数据均为当年决算数据，来自《中国统计年鉴 2013》；2013 年数据来自中国财政部网站公布的"2013 年财政收支情况"，非决算数字。财政自给率=地方政府本级收入/地方政府本级支出。

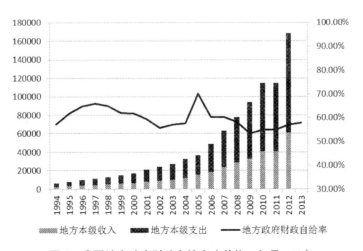

图 1　我国地方政府财政自给率（单位：亿元，%）

自 1994 年分税制改革以来，地方政府的平均财政自给率为 57.65%，最低值是 2009 年的 53.41%，最高值为 2005 年 70.06%。

甘行琼等（2013）的研究指出，美国地方财政收入的自给率从 1977 年至 2008 年间基本维持在 60%左右，经济较为发达的佐治亚州地方政府 2008 年的财政自给率也仅为 62.6%。加拿大、德国与美国类似。

所以，地方政府的本级收入不足，并不可怕，怕的是中央政府没有科学的转移支付。

3.3   转移支付方面[①]

我国目前主要的转移支付方式包括一般性转移支付、专项转移支付、税收返还等。2012 年中央对地方一般性转移支付决算数为 21429.51 亿元，专项转移支付决算数为 18804.13 亿元，税收返还决算数为 5128.04 亿元。

一般性转移支付主要用于弥补地方财力不足，2012 年占全部转移支付金额的 47.25%。但我国的一般性转移支付中只有"均衡性转移支付"、"革命老区、民族和边境地区转移支付"、"资源枯竭城市转移支付"等少数形式是按照均衡地方财权事权关系来设计的，其余的一般转移支付形式仍或多或少地有专款专用的性质，上述三种一般性转移支付占全部一般性转移支付的 43.41%，占全部转移支付的 20.51%。也就是说中央对地方的转移支付中，只有 1/5 是用来均衡地方财力的，不得不说比重太低。在地方政府本级收入较少，支出责任较大的情况下，中央政府不能有效地弥补地方政府收支缺口，必然导致地方政府的财政困境。

专项转移支付是专门用来特定事业发展的，专款专用，分为一般公共服务（包括政协事务、发展与改革事务、统计信息事务、财政事务、人力资源事务、人口与计划生育事务等）、国防、公共安全、教育、科学技术等类别，其中补贴金额最大的项目分别为农林水事务(4810.92 亿元)、交通运输(3131.28 亿元)、节能环保(1705.66 亿元)、社会保障和就业（1405.72 亿元)、教育（1072.13 亿元）等。可以看出，这些项目均为各地方政府的主要事权项目，给予一定补贴能够在一定程度上缓解资金短缺的状况。但专项转移支付的特点决定了它的给付标准是各地方政府与中央政府讨价还价的结果，"跑部钱进"的成分较大，造成各地方政府的苦乐不均。强势政府拿到的补贴数额可能会较弱势政府为多，而后者却有更为迫切的需求。这笔转移支付占到 2012 年全部转移支付金额的 41.45%。

税收返还机制设计之初的主要目的是为了保障各地方政府的既得利益，减少分

---

① 本节数据来源：中华人民共和国财政部网站"2012 年中央对地方税收返还和转移支付决算表"。

税制改革的阻力。所以，越是富裕地区获得的税收返还就越多，属于"锦上添花型"转移支付，它基本上起不到均衡各地财力、实现财权与事权匹配的作用。这笔转移支付占到 2012 年全部转移支付金额的 11.3%。

4. 地方政府财政困境的结果

我国目前地方政府的收入主要有三个来源，一是地方税收，二是中央转移支付，三是地方性收费和罚款。

如前所述，地方税收体系不健全，完全不能满足本级支出需求；中央转移支付中专项转移支付和税收返还比重过大，一般转移支付中还有一半以上名不副实。地方政府在这两个主要收入来源都不足使用的情况下，不得已只好依赖地方性收费和罚款项目。当然这就导致了众所周知的"土地财政"和"乱罚款"的出现。

除了通过不太正常的途径增收以外，地方政府还有一个办法来解决财政困境，那就是为自己"减负"：把本应由政府承担的事权下放给下级政府或者下放给国有企业。如果是前者，就会造成下级政府更加严重的财政困境；如果是后者，主要是把一些经济建设职能下放给国有企业，政府通过各种形式的担保来帮助国有企业获得贷款完成工作，这就形成了著名的"地方政府债务风险"的主体。

可见，地方政府财权事权的不统一，是造成目前地方政府各种财政乱象的根源所在。学界关于土地财政、税费改革、公共服务均等化、地方政府债务、地方政府投融资平台管理等方面的研究也都是此问题展开的。而笔者认为解决这些问题的关键，既不是完善转移支付制度，也不是完善地方政府税收体系（当然这些也很重要），而是要尽快明确政府事权，所谓"为市场经济立宪"，只有建立有限政府，精简政府事权，并在此基础上进一步清晰划分中央与地方政府事权，为各级地方政府切实减负，才有可能从根本上解决地方政府的财政困境。

参考文献

（1）贾康，刘微."土地财政"：分析及出路[J]. 财政研究，2012(1)：2～9.

（2）安体富，窦欣. 论土地财政与房地产市场调控[J]. 地方财政研究，2011(2)：8.

（3）马海涛，任强，程岚. 我国中央和地方财力分配的合意性：基于"事权"与"事责"角度的分析[J]. 财政研究，2013(4)：2～6.

（4）马万里，李齐云. 公共品多元供给视角下的财政分权：一个新的分析框架[J]. 当代财经，2012(6)：42～43.

（5）王叙果，张广婷，沈洪波. 财政分权、晋升激励与预算软约束[J]. 财政研究，2012(3)：10～12.

（6）谢芬. 财政分权、地方政府行为与基本公共服务均等化[J]. 财政研究，2013(11)：2～4.

（7）徐永红. 政府间财政关系改革的多维思考[J]. 中央财经大学学报，2013(12)：7～9.

（8）甘行琼，汤凤林. 美国地方财政体制再思考——以佐治亚州为例[J]. 河北经贸大学学报，2013(1)：85～91.

作者简介

刘辉，1978 年生，经济学博士，副教授，天津财经大学研究生院副院长。联系电话：13820836946；电子邮箱：13820836946@163.com。

支持科技创新产业发展的税收政策研究①

李 伟 李 晨

摘要 目前，我国已进入转变经济发展方式、追求可持续发展的历史阶段，而科技创新是实现可持续发展的内在动力。政府明确提出了增强自主创新能力、建设创新型国家的战略目标，坚持把科技创新作为转变经济发展方式的重要支撑。创新人才又是科技创新的决定性因素，创新人才的培养和输送是科技创新能否实现和持续的关键。税收政策作为政府宏观调控最有力和最直接的政策之一，政府采取何种税收政策支持科技创新产业对于我国经济转型具有重要意义。本文从税收政策支持科技创新的必要性出发，立足跨国比较分析视角，深入剖析我国现行税收政策的不足，最后在借鉴国外先进经验的基础上提出完善税收优惠政策的建议。

关键词 科技创新 企业 人才 税收政策

1. 税收政策扶持创新企业和创新人才的必要性分析

1.1 企业科技创新的正外部性需要税收政策介入予以补偿

企业进行科技创新不仅能提升其自身的竞争力，更重要的是其创新成果会带来很大的外部经济性，带动其他企业、行业以及相关经济主体的发展，继而产生巨大的乘数效应，带来可观的经济效益和社会效益。另一方面，由于企业科技创新意味着巨大的基础性、开发性研究投入，短期内很难实现盈利，往往给企业造成一种社会收益率高于其私人收益率，内部收益小于外部收益，成本与收益不对称的印象。企业总是以盈利为目的，若企业科技创新的外部收益得不到补偿，势必会挫伤其自主创新的积极性。因此，政府必须采取税收优惠政策来补偿企业科技创新的正外部

---

① 本论文为天津市科技发展战略研究计划项目"支持科技创新企业及创新人才的税收政策研究"（项目编号14ZLZLZF00083）的中期研究成果。

性从而鼓励企业进行自主创新。

1.2 企业科技创新的高风险性需要税收政策介入降低风险

企业进行科技创新是一项高风险性的活动,其收益率难以估计。一方面是因为科技创新本身就是一种开创性行为,无本可依,无例可循,创新行为是否会有理想的成果难以保证;另一方面是因为即使创新行为创造出理想的成果,但创新成果是否能被市场接受,市场容量是否足够大以弥补其前期的投入并实现一定的收益,这些都具有极大的不确定性。据相关调查显示,全世界产生收益的科技创新不到科技创新总量的10%,科技创新的高风险性可见一斑。因此,政府必须利用税收手段来降低创新主体所面临的风险,消除其自主创新的后顾之忧。

1.3 企业创新的高投入性需要政府税收政策介入保证过程的持续性

企业进行科技创新需要大量资金源源不断地投入,特别是在科技发展日新月异的今天,更需要企业不断追加适应性投资。实力有限的企业仅凭其自有资金很难承担,而银行因其高风险性对其并不青睐,我国目前的风险投资体制尚不健全,因此自主创新企业难以获得银行贷款和风险投资的支持。在这种情况下,如果政府不介入,会使大量企业在科技创新过程中后力不足,被迫中断。因此,政府必须利用税收优惠政策来保证企业自主创新过程的持续性和完整性。

1.4 创新人才数量不足需要税收政策介入保证创新主体的充足性

创新型人才是企业进行自主创新的主体力量,现代经济社会的发展也强有力地证明了人力资源的创新能力直接关系到企业的综合竞争力。从自主创新的原动力看,创新的集聚力和爆发力首先源自高素质的创新型人才资源优势。据国家科技部统计:我国人才资源仅占人力资源总量的5.7%左右,而高层次人才仅占人才资源总量的5.5%左右。只有当相当数量的高素质创新人才资源形成集聚优势,才能变成巨大的创新力量。创新人才不足直接制约着企业的自主创新能力,而单纯地依靠市场调节很难解决这一问题,因此,政府必须利用税收政策来保证企业创新主体的充足性。

1.5 创新人才的积极性不高需要税收政策介入予以激励

创新人才的积极性在一定程度上影响着其自主创新能力的发挥,企业进行自主创新必须充分调动创新人才的积极性、主动性和创造性。然而创新人才激励不足是目前制约我国企业自主创新的一大瓶颈。企业基于自身利益的考虑对创新人才采取的激励机制是极为有限的，效果并不是很理想，这就需要政府利用税收政策，特别是个人所得税政策，通过对创新人才收入的调节来激发其创新积极性。

2. 创新型国家与我国促进企业科技创新的税收政策比较

把科技创新作为基本战略，大幅度提高科技创新能力，形成日益强大的竞争优势，国际学术界把这一类国家称为创新型国家。这些国家的共同特征是，创新综合指数明显高于其他国家；科技进步贡献率在 70%以上；研究和发展（R&D）投入占国内生产总值（GDP）的比例一般在 20%以上；对外技术依存度指数一般在 30%以下。创新型国家在扶持本国企业进行科技创新过程中，税收政策起着直接而关键的作用。税收优惠政策即将政府应收的税款让渡给企业用于自主创新，一方面降低了企业科技创新的成本和风险损失，另一方面也代表着国家宏观调控、鼓励企业创新的发展方向，对于引导资本流向创新型企业具有重要作用。

2.1　创新型国家与我国在鼓励企业研发投入方面的税收政策比较

1986 年，美国制定了《国内税收法》，该法规定一切商业性公司和机构，如果其从事的研究开发活动的经费同以前相比有所增加的话，则该公司或机构即可获得相当于新增值 20%的退税。研发经费可以是该公司或机构从事研究开发的费用，也可以是委托其他机构从事研发的费用。2001 年，美国实施了研发领域永久税费优惠政策，大大刺激了企业的研发投资。

日本制定了《促进基础技术研究税则》《增加试验研究费税额扣除制度》等税收政策支持高新技术研发活动。2003 年，日本政府对原有税制进行了改革。新的税制将研究开发税收抵免额由原来在研究开发支出增量基础上计算改为在支出总量基础上计算，引入了当年研究开发支出总额与销售额（包括当年在内的前 4 年的平均销售额）的比例。

根据我国现行税法，企业购买的研发设备和仪器，价值 30 万元以下的，税前一次性扣除；价值 30 万元以上的，可采用双倍余额递减法或年数总和法加速折旧。税法规定仅对软件开发企业发放的职工工资可在税前据实扣除，而对其他研发企业则没有此种优惠。我国对企业研发活动的税收优惠力度在加大，但与国外相比还有一定差距。

2.2　创新型国家与我国在鼓励创新人才培养方面的税收政策比较

丹麦于 2001 年 4 月对税收法案做出增补，为吸引高水平研究人员从事研发，提出 25%的税收减免计划,即从事科研活动的研究人员在前三年可减免 25%的个人所得税。

韩国税法规定技术及人才开发费可按课税年度技术和人才开发费用总支出金额的 5%(中小企业为 15%)进行扣除;或以课税年度前两年技术、人才开发费用的平均值为基数,对超过基数的部分给予 50%的扣除。为韩国服务的外国技术人员从其开始为韩国提供劳动之日起,5 年内的劳动所得免征个人所得税。

根据《中华人民共和国企业所得税法实施条例》的规定,企业发生的职工教育经费支出,不超过工资薪金总额 2.5%的部分,准予扣除;超过部分,准予在以后纳税年度结转扣除。现行个人所得税法仅对省级人民政府、国务院部委、中国人民解放军军以上单位以及外国组织、国际组织颁发的科学、教育、技术、文化、卫生、体育、环境保护等方面的奖金及规定的政府津贴免征个人所得税,而对省级以下政府及企业颁发的重大成就奖、科技进步奖仍征收个人所得税。

2.3　创新型国家与我国支持科技创新的税收政策工具比较

韩国对于企业研发机构开发新技术或新产品所需的物品,因国内难以生产而从国外进口的,免征特别消费税,并减免关税。法人购置的土地、建筑物等不动产,如果由企业的研究机构使用,则 4 年内免征财产税和综合土地税。对于技术密集型中、小企业和风险投资企业,在创业的前 5 年减半征收企业所得税,并给予 50%的财产税和综合土地税减免,其创业法人登记的资产和创业 2 年内获取的事业不动产给予 75%的所得税减免。韩国为鼓励企业创新综合采用了消费税、财产税、土地税等多种税收政策工具来支持科技创新,各税收政策相辅相成,更有利于激励企业进行科技创新。

目前,我国支持企业自主创新的税收政策主要集中在流转税和所得税两类税制中。流转税包括增值税和营业税,所得税包括个人所得税和企业所得税。2009 年 1 月 1 日,我国正式实施增值税转型改革,允许增值税一般纳税人抵扣外购设备类固定资产的进项税额。长期以来,我国营业税制存在重复征税的弊端,对第三产业的发展形成巨大障碍,我国政府于 2012 年启动了营业税改征增值税的试点,试点行业范围包括交通运输业和部分现代服务业。实施"营改增"试点的现代服务业包括研发和技术服务、信息技术服务、文化创意服务、鉴证咨询服务等,与企业自主创新有着密切联系。"营改增"能有效地避免重复征税,降低试点行业的税负,为现代服务业发展提供支持。2008 年 1 月 1 日施行的《中华人民共和国企业所得税法》制定了一系列优惠政策,为企业自主创新提供了强有力的支持。主要表现在以下几方面:高新技术企业享受 15%的低税率;技术转让所得享受 500 万以上减半征收所得税;

"三新"研发费用加计 50%扣除和摊销；符合条件的创业投资企业在计算应纳税所得额时可抵扣投资额的 70%；企业部分固定资产可实施加速折旧；技术先进型服务企业和软件生产企业享受所得税优惠政策。我国个人所得税的计征方法在创新人才培养的税收政策中已提到，此处不再赘述。

3. 我国现行税收政策支持企业科技创新和人才创新的不足之处

3.1　过分偏重科技创新的产出环节，忽视科技创新的研发投入

我国现行税收政策过分偏重于支持科技创新的产出环节，对科技创新的研发投入支持不足，必然形成税收政策支持科技创新的短期效应明显，而长期效应不足。有实证研究表明，我国目前的自主创新投入对税收政策的弹性值小于 1，说明税收政策对创新投入的支持力度过小，尤其缺乏能够减少和弥补企业研发失败和风险投资失败造成损失的扶持政策。

3.2　对企业人力资本投资的激励不够，忽视创新人才的培养

这主要体现在以下几个方面：个人所得税中，在税基上没有考虑抚养子女、缴纳学费等方面的具体情况，对子女教育费用没有合理的扣除标准；企业科技创新人员取得奖金的免税门槛过高，仅限于国际组织和省级以上人民政府颁发的奖金，能够享受这一税收优惠政策的人十分有限，这就削弱了科研人员投身科技开发和攻破科技难关的积极性；对企业自主创新科技人才的技术入股、股票期权的个人所得税征收等问题也没有得力的税收措施；职工教育经费税前扣除标准过低，按照这个标准计提的教育经费根本无法满足职工培训所需。

3.3　税收优惠政策门槛过高，中小企业难以享受

我国的税收优惠政策有着严格的审批条件，企业获得税收优惠的难度较大，税收政策对企业自主创新的扶持效果大打折扣。在企业所得税方面，高新技术企业的认定在"三新"（即新技术、新产品、新设备）、研发经费占比、研发人员占比等方面都有着严格规定。中小企业不符合这些条件，自然无法享受相应的优惠政策；创业投资企业的优惠政策被严格限定，创业期早期的企业和非科技型企业无法获得认定；《中华人民共和国企业所得税法》不适用个人独资企业与合伙企业，于是在全国占很的大比重的这两类企业自然无法享受相应的优惠政策。

3.4 产学研政策支持不足，不利于科研成果的转化

产学研即产业、学校、科研机构等相互配合，发挥各自优势，形成强大的研究、开发、生产一体化的先进系统，其实质是促进技术创新所需各种生产要素的有效组合。作为科技开发与转换组织形式的产学研联合技术开发实体，能很好地实现企业、院所与高等学校之间的强强联合。联合体模式是未来新型的自主创新体制。但我国现行税制对这种研发组织的政策支持严重不足，仅有关于对这种组织成员所缴纳的技术开发费用准予列入管理费用在企业所得税税前扣除，政策的激励效果大打折扣，势必影响研发人员的积极性和科技成果的转化。

4. 完善我国科技创新企业和创新人才税收政策的建议

4.1 税收政策要着眼于鼓励企业的研发投入

目前我国研究与创新的主要问题是企业对研发的投入不足，或是说对研发活动的积极性还不高，在制定支持创新的税收政策时，要着眼于鼓励企业的研发投入、提高企业研发的积极性。要充分利用退税和税收抵免等措施对企业的研发投入进行支持，完善相关的法规，并尽可能保持这些税收优惠政策持久性，使企业能够获得持续稳定的研发支持。

4.2 完善税收激励政策，扶持中小企业进行自主创新

对于初创期的中小企业，税收优惠政策对于保证其成长的持续性具有重要作用。投资税收抵免等激励措施可降低风险投资的成本，鼓励风险投资介入，同时也可以起到促进科技成果转化的作用。还可以利用加速折旧等激励措施鼓励企业进行厂房和设备投资，使其有能力从事更广泛和深入的研究开发活动。

4.3 运用税收政策鼓励产学研结合的产业集群建设

产学研结合、集成创新研发这类科技创新活动投资大、周期长，企业实际面临的风险比较高。要化解风险，一方面需要依靠企业自身的技术和财务手段，另一方面则需要政府采取税收政策支持产学研结合的科技研发创新活动、目标长远的阶梯式成果转化战略和科技人才梯队培养等，以降低综合风险，激励企业和合作伙伴创新。

4.4　完善税种改革

首先，完善增值税。适当扩大高新科技行业享受增值税优惠的范围，我国现行税制仅对软件、集成电路等高科技项目增值税税负分别超过 3%和 6%的部分，实行即征即退的税收优惠政策。在一定条件下，可适当扩大其覆盖范围，允许其他高新科技行业也享受该项税收优惠。

其次，完善企业所得税。针对高新技术产业竞争激烈、市场风险较大、投入的广告费用占销售收入的比例远远高于传统行业的情况，建议采取区别对待的税收政策，适当提高广告费用扣除比例或据实扣除，以体现税收公平。在计征所得税时，应允许企业在税前列支一定比例的高新技术开发投资风险准备金。

最后，完善个人所得税。目前我国个人所得税实行分类课征制，在个人所得税计征依据方面缺乏对不同行业特质的考虑，必须细化对高科技人才的税收优惠政策。一是对高科技人才的技术转让和技术服务收入，可比照稿酬所得按应纳税所得额减征 30%。二是对科研人员从事研究开发取得特殊成绩获得的各类奖励津贴，免征个人所得税。三是放宽应税工资的扣除，允许扣除本人和子女的家庭教育支出，以鼓励加大教育投资。四是对从事科研开发人员以技术入股而取得股权收益的，3～5 年内免征个人所得税。

参考文献

（1）姚雯，刘传江．促进高新技术产业发展的财税政策分析[J]．财政研究，2010（2）：4～8．

（2）甘行琼，尹磊，薛佳．促进高新技术企业自主创新的财税政策[J]．财政研究，20008（4）：45～49．

（3）李勇．促进企业自主创新的税收政策研究综述与思考[J]．财会研究，2013（8）：34～37．

（4）陈宝明．个人所得税政策对促进科技创新的作用[J]．科学与管理，2005（6）：50～53．

（5）胡勇辉．激励自主创新人才培育的税收政策选择[J]．财政研究，2007（11）：12～16．

（6）卢学英．西方创新型国家支持科技创新的财政政策及其启示[J]．环球瞭望，2008（2）：2～6．

（7）贾康，刘薇．论支持科技创新的税收政策[J]．税务研究，2015（1）：35～37．

作者简介

李伟，1980 年生，天津财经大学经济学院财政与公共管理系，经济学博士，副教授，主要研究方向：财政金融风险。

李晨，1993 年生，天津财经大学经济学院财政与公共管理系，先后主持省部级和校级大学生创业项目多项，主要学术方向：税收理论与政策。

普惠金融与城乡收入差距：研究述评[①]

郭彦卿

摘要 在中国经济持续增长的同时，城乡收入差距却快速扩大，严重影响经济健康发展与和谐社会构建。金融作为现代经济资源配置的核心，对经济增长和均衡收入分配具有不可低估的作用。本文梳理了有关普惠金融相关理论以及普惠金融发展对城乡收入差距影响的研究成果，并做出简要评论。

关键词 普惠金融 金融发展 城乡收入差距

金融发展能够带动经济增长（熊彼特，1912；Mckinnon，Show，1973），改善收入分配和减轻贫困（Aghion，Howitt，Mayer Foulkes，2005；王曙光，王东宾，2011）。发展中国家普遍存在的"金融抑制"（Mckinnon，Show，1973），已成为恶化资源配置结构、降低资金使用效率和制约经济增长的主要因素（Bhagwati，Srinivasan，2002）。中国农村地区长期遭受严重的金融排斥，地区金融发展不平衡（田杰，陶建平，2011）。因此，建立高效率、运作良好的金融体系有利于资金转移到那些高生产率的项目中去，并能有效分散风险，从而有利于带动经济增长，增加投资机会，改善收入分配和减轻贫困（Aghion，Howitt and Mayer Foulkes；2005）。

1. 普惠金融：相关概念及理论

包容性增长是 2007 年亚行最先提出的，其最基本的含义是公平合理地分享经济增长。金融包容性是在包容性增长背景下提出的，是包容性增长在金融领域的表现。如果银行体系缺乏包容，甚至是排斥，将会导致国内生产总值（GDP）损失 1%（Chattopadhyay，Sadhan Kumar，2011）。世界银行指出，金融包容性可以使贫困人

① 基金项目：国家社科基金项目"我国'影子银行'风险和地方政府财政风险间的交叉传染机制及其监控政策研究"（14CJY063），国家社科基金项目"基于税负转嫁的间接税税收负担与城乡居民消费研究"（14CJY085），天津市哲学社会科学规划资助项目"税收机制与居民消费行为的有机匹配"（TJYY12-013），天津市高等学校创新团队培养计划资助项目。

口能够储蓄和借款，并得以积累资产、建立个人信用，从而建立更有保障的未来，同时还可以促进经济增长。金融包容性的实质是在金融领域实现经济包容性增长，让更多的人分享经济增长带来的成果，惠及所有人群，特别是要惠及弱势群体，促进社会公平。

"每个人都有享受金融服务的权利"（尤努斯，2005），然而，许多贫困、低收入人群及小型企业由于无法通过正规途径获得金融服务，从而被排斥在金融体系之外。"金融排斥"这个概念最早使用于 20 世纪 90 年代中期，随着一些发达国家政府管制的放松和信息技术的广泛使用，金融机构为降低经营成本、增加利润，关闭了一些中小城市的分支机构，从而导致相对落后的地区金融服务匮乏。金融排斥的原因有很多，主要是低收入、低储蓄、金融文盲、社会排斥、失业或就业不足、不良的理财习惯、经济剥削、缺乏认识、地理位置偏远、繁琐的程序、员工的服务态度、经济上的歧视、不能接入互联网和复杂的金融产品等（Anamika Sharma，2009）。金融排斥的本质在于社会资源的不公平分配，是社会排斥在金融领域的具体体现。同时，金融排斥也进一步加剧了被排斥人群其他方面的社会排斥。

普惠金融与金融排斥是一个问题的两个方面，金融排斥从反面揭示了普惠金融问题的缘起，普惠金融从正面揭示了如何消除金融排斥现象（焦瑾普，2014）。普惠金融即是金融包容性，是实现包容性增长的方法之一，可以让大部分无法或没有能力的人群参与金融体系（Sarath Chandran，B. P. and Manju，T. K.，2010）。普惠金融，最早是由联合国系统在宣传 2005 小额信贷年时提出，当时对其界定为能有效、全方位地为社会所有阶层和群体——尤其是贫困低收入人口提供服务的金融体系。同时明确了普惠金融体系的目标：一是家庭和企业以合理的成本获取较广泛的金融服务，包括开户、存款、支付、信贷、保险等；二是金融机构稳健，要求内控严密、接受市场监督以及健全的审慎监管；三是金融业实现可持续发展，确保长期提供金融服务；四是增强金融服务的竞争性，为消费者提供多样化的选择。

对于普惠金融的具体内容，不同组织、学者认识不同，提出了不同的观点。通过对现有文献研读总结，我们发现主要有以下几种不同的定义：

"所有年龄段的工作人员均有机会以负担得起的价格，有尊严的便利的方式，获得一整套优质的金融服务的状态"（ACCION 国际，2009）。Rangarajan 委员会（2008）这样定义普惠金融：以弱势群体和低收入人群可以负担得起的成本，及时和充分地提供信贷，确保他们获得金融服务的过程。世界银行扶贫协商小组（CGAP）是现在世界上探究普惠金融体系相关问题的先驱，其努力构建包括贫困人群在内的普惠金融体系，其出版的 Access for All：Building Inclusive Financial Systems 一书这样界定普惠金融体系，让全部人群尤其是穷弱阶层拥有同样的金融权利，让全部贫困人群切实受益于金融服务。普惠制金融体系是一个可以更广泛地获得金融服务，可以促进更快和更公平的经济增长。这样的系统允许贫困家庭安全地保存和管理他们的钱，减少其应对经济冲击的脆弱性，使他们能够对他们的发展做出更积极的贡献（Thorat，2007）。普惠金融是以负担得起的费用向弱势群体和低收入群体提供的无所不包的金融服务，如信贷，储蓄，支付，汇款，保险等（V. LEELADHAR，2006；Ricardo N. Bebczuk，2008；Dr. K. Ravichandran，Dr. Khalid Alkhathlan，2009）。

　　通过以上对普惠金融基本内容的定义，我们可以看出，无论是以弱势群体和低收入人群作为普惠金融的服务对象，还是将所有社会阶层都纳入普惠金融体系，都意味着应该拓宽金融系统的服务面，使贫困人群、低收入人群、弱势群体和微小企业等在普惠金融体系中受益。普惠金融的理念就是让全社会各个阶层的人群，尤其是穷弱阶层拥有同样的金融权利，让全部贫困人群切实受益于金融服务。普惠金融的本质是能够确保为每一个人和所有需要这些服务的人提供一系列适当的、容易理解和使用的金融服务（R. Ramakrishnan，2010）。

　　之后，也出现了大量对普惠金融发展状况的定量测度和评价的研究成果。萨尔马（Sarma，2010）选取银行渗透度、银行服务可利用性和使用状况三方面指标衡量普惠金融状况。阿罗拉（Arora，2010）选取银行服务范围、便利性及使用成本等指标。甘普特（Gupte 等，2012）则综合以上指标体系比较了不同年度印度普惠金融指数变化情况。国际货币基金组织开展的"金融接触调查"选取商业银行、信用联盟和金融合作的分支机构数、ATM 机数量、存贷者数目、存贷款账户数目、存贷款金额等指标。谢升峰、卢娟红（2014），徐敏、张小林（2014），王婧、胡国晖（2013）选取地理维度服务渗透性、人口维度服务渗透性和金融服务可获得性（实际使用度）反映普惠金融发展水平。尽管这些研究所选取指标有所差异，但都以覆盖更广大地域、更广泛人群为标准来衡量金融普惠程度，但不足的是，指标体系并不全面。

　　国内较早倡导普惠金融理念的是中国社会科学院杜晓山教授，他被称为"中国小额信贷之父"。白澄宇（2005）提出用普惠金融体系作为 Inclusive Financial System 的中文翻译。人民银行焦瑾璞（2006）在亚太地区小额信贷论坛上正式使用了这个概念，他认为普惠金融体系是小额信贷及微型金融的延伸和发展，体现了金融的公平性，同时提出了普惠金融是以商业可持续的方式为所有人带来多方位、多角度的金融服务的这一观点。党的第十八届三中全会通过的《中共中央关于全面深化改革若干重大问题的决定》正式提出"发展普惠金融"。普惠金融逐渐从框架性的理念上升为广泛认同的金融发展战略。然而，我国的金融体系与普惠金融的理念是否一致？目前，我国的金融体系仍在以下几方面不具普惠性：法律、制度欠缺，金融服务地域覆盖面仍存局限性，金融机构监管机制欠缺，金融机构趋同化，企业外资源融资成本差异较大，金融服务及其产品面对的融资主体缺乏普惠性（韩俊，2009；郑中华等，2014；蔡彤等，2010）。今后我国建立普惠金融体系仍面对很多挑战：如何为大规模群体的金融需求扩展高质量的金融服务？如何不断地拓深更贫困和更偏远地区的客户群体？如何降低客户群体和金融服务提供者双方的成本（杜晓山，2006）？因此，如何构建适合我国国情的普惠金融体系，如何通过发展普惠金融消除我国的"二元"结构，这一系列问题仍有待深入研究。

2. 普惠金融与城乡收入差距的关系

国内外基于金融视角的收入差距研究大部分体现在更宽泛的金融发展层面，且多为实证研究。最早提到金融发展与收入不平等关系的文献可追溯到麦金农等（Mckinnon，Show，1973）的研究，他们阐述了金融深化有利于减少不平等的思想。之后，国内外学者对金融发展与收入差距的关系进行了大量研究，主要形成了三种观点。第一种，倒 U 型关系，即在金融发展初期，收入差距持续扩大，当发展到某一程度后，金融发展开始发挥抑制收入差距扩大的作用。这种观点最早由格林伍德等（Greenwood，Jovanovic，1990）提出，在初始收入分配外生于经济增长和金融发展，且通过金融市场融资需要支付并不是所有人都能支付的固定成本的假设下，建立了一个动态模型来讨论经济增长、金融发展和收入分配三者之间的关系，得出了金融发展和收入分配之间的关系服从倒 U 型轨迹。之后，阿吉翁等（Aghion，Bolton，1997），松山（Matsuyama，2000），加利宁等（Jalilian，Kirkpatrick，2001），汤森等（Townsend，Ueda，2003），克拉克等（Clarke，Xu，Zou，2006），乔海曙、陈力等（2009）通过实证分析得出的结论也支持该观点。第二种，扩大作用，即金融发展加剧收入差距扩大（Galor，Zeira，1993；Bannerjee，Newman，1993；Gimet，Segot，2011；章奇，2003；温涛，2005；张立军，湛泳，2006；孙永强，万玉琳，2011；王修华，邱兆祥，2011；陈斌开，林毅夫，2012）。第三种，抑制作用，即金融发展会抑制收入差距的扩大。雷等（Chakraborty，Ray，2003）提出银行主导型金融体系有利于缩小收入差距。之后，罗丝等（Beck，Kunt，Ross，Levine，2004），莱文（Levine，2007），卡佩尔（Kappel，2010），莫可几等（Mookerjee，Kalipioni，2010），叶志强等（2011），谢升峰等（2014）的实证结果支持该观点。也有学者研究发现金融发展的规模指标和效率指标与城乡收入差距分别呈现正、负相关关系（姚翟军，2005；陈志刚等，2009）。

国内学者已认识到发展普惠金融对缩小城乡收入差距的重要性，把研究角度从整体金融发展进一步深入到农村金融发展，此方面研究主要分两类：第一类是从实证角度分析农村金融发展对缩小城乡收入差距的作用（胡振华，2013；王修华，邱兆祥，2011；张立军，湛泳，2006；孟兆娟，2013），有少数成果分析了反映普惠金融地理维度服务渗透性、人口维度服务渗透性和金融服务可获得性（实际使用度）等6个指标对城乡收入差距的影响（谢升峰，卢娟红，2014；徐敏，张小林，2014；王婧，胡国晖，2013）。第二类是从理论角度研究如何发展农村金融可以缩小城乡收入差距。农村金融困境的成因包括：农村金融供求失衡，金融覆盖面窄，供给规模、深度不够，金融基础设施欠缺，金融适度竞争局面未形成（杜晓山，2014；马九杰，2013）。缓解农村金融困境，需要全面了解农民金融服务需求，扩大农村金融服务规模和质量，推进农村金融产品和服务方式创新，完善农村金融政策环境，建立多层次的农村金融体系（王曙光，王东宾，2011；曹凤岐，2010；杨克明，罗维，谢升峰，2014）。

3. 金融发展影响城乡收入差距的作用机制

综观国外相关文献，金融发展影响城乡收入差距主要通过三条机制：金融发展的门槛效应、非均衡效应与降低贫困效应。

第一，金融发展的门槛效应。在金融约束的条件下，穷人由于自身资本积累的限制达不到财富门槛水平（如享受金融服务的门槛）而得不到高收益的回报，富人则由于自身在资本积累上的优势可以享受到高收益的回报，从而金融发展影响社会收入差距（Galbis，1977；Hellmanmn，Murdock，Stiglitz，1997；Greenwood，Jovanovic，1990；Townsend，Ueda，2003；Galor，Zeira，1993；Bannerjee，Newman，1993；Aghion，Bolton，1997；Piketty，1997；Matsuyama，2000）。

第二，金融发展的非均衡效应。发展中国家由于总体金融资源的有限，从而可能产生金融资源在各地区、各部门以及城乡之间金融资源的配置不均衡，也就是金融发展的非均衡，会对地区之间、部门之间以及城乡之间的收入差距产生影响，它具体包括金融发展的地区非均衡和金融发展的城乡非均衡（Dayal Gulati，Husain，2000；Wei，1997）。

第三，金融发展的降低贫困效应。金融发展促进经济增长，在经济增长过程中，穷人能够享受到更多的金融服务而导致贫困降低，从而影响社会收入差距（Imran Matin，David Hulme，Stuart Rutherford，1999；Jalilian，Kirkpatrick，2001；Beck，Kunt，Ross，Levine，2004；Patrick Honoban，2004；Barr，2005；Galbraith，Lu，1999；Philip Arestis，Asena Caner，2004）。

4. 发展普惠金融缩小城乡收入差距：简要评论

现有研究已涉及发展普惠金融缩小城乡收入差距的内容，但仍存在以下不足：第一，基于金融发展层面的实证研究较多，缺乏直接对普惠金融如何影响城乡收入差距进行系统的理论与实证研究；第二，少数涉及普惠金融影响城乡收入差距的实证研究指标体系并不全面，且由于指标与数据选取标准不同，结论也存在差异；第三，国内研究在研究方法和数据选取上多借鉴国外研究成果，而我国经济发展不平衡且存在地域分割，如何发展普惠金融能有效缩小城乡收入差距在我国的特殊性和适用性需要适合我国国情的研究方法。

在中国经济持续增长的同时城乡收入差距却快速扩大，严重影响经济健康发展与和谐社会构建（乔海曙，陈力，2009）。金融作为现代经济资源配置的核心，对经济增长和均衡收入分配有不可低估的作用。因此，如何将城乡收入差距问题扩展到金融视角，利用新思想、新方法从普惠金融视角给予缩小城乡收入差距理论支持，不仅能够为如何有效发展普惠金融提供理论依据，也为完善收入分配体系、改变城乡二元结构、实现城乡发展一体化提供理论创新。

在普惠金融发展的不同阶段（初期阶段、集聚阶段、集聚后期和扩散阶段），普惠金融发展环境、普惠金融服务提供者、普惠金融服务形式、普惠金融基础设施等方面的作用要素，通过门槛效应、非均衡效应与降低贫困效应三条传导机制，对居民的信贷、储蓄、投资和保险等行为产生影响，从而作用于城乡收入差距，如图1所示。

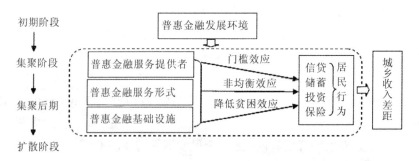

图 1　发展普惠金融缩小城乡收入差距的作用机理

发展普惠金融应从我国实际出发，总结国内成功做法，借鉴国外有益经验，勇于推进理论和实践创新。不同地区在普惠金融发展的不同阶段，普惠金融影响城乡收入差距的具体路径和作用因素存在差异。因此，应分阶段实施差别化的区域金融发展战略和有针对性的区域金融发展策略，并处理好政府和市场的关系，使市场在资源配置中起决定性作用并更好发挥政府作用。在普惠金融发展程度较低的地区，需要政府参与配置金融资源，实行倾斜性的投融资政策；在普惠金融发展程度较高的地区，坚持市场在金融资源配置中的主导地位，重点在于完善普惠金融体系，增强抵御金融和经济风险的能力。具体政策措施应并从政府、金融服务提供者和农民三个层面详细探寻。政府层面，加强对金融基础设施的建设，在市场准入政策、财政货币政策、监管制度等环境建设方面发挥对金融资源的配置和支持作用。金融服务提供者层面，拓展和加强政策性银行职能和能力；巩固商业银行支柱作用，扩展客户层面，优化信贷结构，同时防范系统风险；发展新型农村合作金融组织，加强监管，建立风险补偿基金，防范金融风险。农民层面，全面了解农民金融服务需求及信贷约束，提升农民金融知识与金融意识水平，建立农民资信档案，全方位提升农民贷款意愿，发掘农村普惠金融体系建设和机制创新原动力。

参考文献

（1）Greenwood, J. and B. Jovanovic. Financial Development, Growth, and the Distribution of Income[J]. Journal of Political Economy, 1990, 98(5)：1076-1107.

（2）Beck, T., A. DemirgucKunt, et al. Finance, Inequality, and Poverty: Cross-country Evidence[R]. The World Bank, 2004.

（3）Mookerjee, R. and P. Kalipioni. Availability of Financial Services and Income Inequality: The Evidence from Many Countries[J]. Emerging Markets Review, 2010, 11(4)：404-408.

（4）George R. G. Clarke, Lixin Colin Xu, Heng-fu Zou. Finance and Income Inequality: What Do the Data Tell Us?[J]. Sourthern Economic Journal, 2006, 72(3)：578-596.

（5）马九杰，吴本建，周向阳. 农村金融欠发展的表现、成因与普惠金融体系构建[J]. 理论探讨，2013(2).

（6）杜晓山. 中国小额信贷和普惠金融的发展现状及挑战[J]. 博鳌观察，2013(10).

（7）王曙光，王东宾. 双重二元金融结构、农户信贷需求与农村金融改革——基于 11 省 14 县市的田野调查[J]. 财贸经济，2011(5).

（8）谢升峰，卢娟红. 普惠金融发展影响城乡居民福利差异的效应测度[J]. 统计与决策，2014(21).

（9）冉光和，张金鑫，李敬. 农村金融发展对城乡收入差距的影响——以重庆市为例[J]. 城市问题，2009(10).

（10）乔海曙，陈力. 金融发展与城乡收入差距"倒 U 型"关系再检验——基于中国县域截面数据的实证分析[J]. 中国农村经济，2009(7).

（11）焦瑾璞. 建设中国普惠金融体系[M]. 北京：中国金融出版社，2009.

作者简介

郭彦卿，1980 年生，经济学博士，天津财经大学经济学院财政与公共管理系讲师。联系电话：18622276200；电子邮箱：guoyanqing06@126.com。

基于重点税源企业调查数据的
滨海新区税源分布研究

摘要 基于 2008~2012 年滨海新区重点税源企业的调查数据，本文就滨海新区的纳税人构成情况、税收总量情况、税源分布状况进行了分析，同时将纳税人构成与税源分布情况做一对比，力求通过这些具有代表性企业的数据来研究滨海新区的发展情况。

关键词 滨海新区 重点税源企业 税源分布 主要税种

1. 滨海新区税收概况

本文的分析是基于 2008～2012 年滨海新区重点税源企业的调查数据,这些企业大体是按照流转税纳税额 100 万以上、企业所得税纳税额 500 万以上的标准筛选出来的，是具有相当程度代表性的企业，这些相关数据对我们分析研究滨海新区的整体发展情况具有重要作用。

1.1 区内纳税人总体情况

近五年来，滨海新区重点税源企业纳税人数量呈上升趋势，从 2008 年的 3437 户，发展到 2012 年的 4171 户。纳税人总量的变化情况，在一定程度上反映了滨海新区经济发展的状况以及相关产业的布局情况。

从行业类型来看，2008～2011 年，滨海新区重点税源纳税人总数排在前六位的始终是制造业、批发和零售业、建筑业、交通运输、仓储和邮政业、房地产业、居民服务、修理和其他服务业。2012 年的情况有所变化,信息传输、计算机服务和软件业代替居民服务、修理和其他服务业，进入前六位。

从表 1 可以看出，滨海新区的纳税人主要集中在制造业，约占纳税人总量的35%~40%左右，稳居第一位。其次是批发和零售业，约占纳税人总量的 19%~21%左右，始终位于第二位。建筑业以及交通运输、仓储和邮政业纳税人数量的占比保持在 7%~8%之间。房地产业纳税人数量占比大体呈现上升趋势，而居民服务、修理和其他服务业纳税人数量却出现下降态势。值得一提的是，近五年来，信息传输、计算机服务和软件业的纳税人数量稳步增加，到了 2012 年占比已经跃居第六位。

表 1   2008～2012 年滨海新区纳税人数量占比靠前行业情况   单位：%

年份	制造业	批发和零售业	建筑业	交通运输、仓储和邮政业	房地产业	居民服务、修理和其他服务业	信息传输、计算机服务和软件业
2008	37.88	21.33	7.42	8.38	4.80	5.62	1.80
2009	40.27	21.93	7.95	7.05	5.22	4.82	1.71
2010	36.79	21.85	8.61	7.66	5.49	4.37	2.72
2011	37.06	19.84	8.51	7.65	5.00	4.54	3.38
2012	35.46	20.76	7.50	8.32	5.73	3.76	4.08

从产业结构来看，2008～2012 年，滨海新区第一产业农业（即农、林、牧、渔业）重点税源企业纳税人数量很少，占滨海新区纳税人总量的比重一直在 0.5%以下，由于比重太低，在图 1 中基本看不到第一产业纳税人的情况。第二产业工业（包括采矿业，制造业，电力、燃气及水的生产和供应业，建筑业）纳税人数量占滨海新区纳税人总量的比重平均保持在 46.89%。第三产业纳税人数量与第二产业基本上平分秋色，且略高一些，并呈现逐年上升趋势，到了 2012 年，第三产业纳税人数量占比已达到 54.8%。

从企业类型来看，近五年来，滨海新区的纳税人绝大部分为内资企业，其纳税人数量占滨海新区纳税人总量的比重一直在 72%以上，但其总体有下降趋势。港、澳、台商投资企业纳税人数量占比平均保持在 5.82%，而外商投资企业纳税人数量占比平均保持在 18.51%，并且有稳步上升趋势。如图 1 所示。

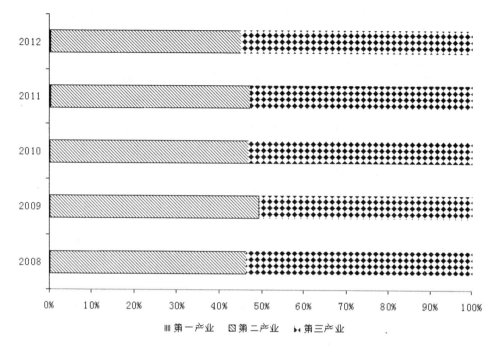

图1　2008～2012年滨海新区按产业结构纳税人分布情况

1.2　区内税收总量情况

2008～2012年,滨海新区主要税种税收总量保持较快增长势头。2012年增值税、消费税、营业税、关税、企业所得税和个人所得税合计总额达到87725272千元,是2008年的2倍多。如图2所示。

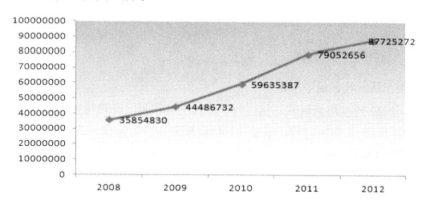

图2　2008～2012年滨海新区主要税种税收总量趋势

具体来看,近五年来,商品税税收总额平均增速为21.17%,其中2010年增速最快,达到了 54.91%,税收总量将近翻了一番。所得税税收总额平均增速为 26.07%,其增速相对平稳,与商品税变化趋势相同的是,2010 年也是所得税税收总量增速最快的一年,当年税收总量是上一年的 1.5 倍。

另外,值得注意的是,2011 年和 2012 年,滨海新区税收结构基本形成了商品税和所得税双主体的局面。2011 年,商品税占纳税总额的 57.5%,所得税占 42.5%。2012 年,商品税占纳税总额的 59%,所得税占 41%。从图 3 可以明显看出,近两年商品税和所得税基本上分庭抗礼,扭转了之前商品税占纳税总额的 70% 以上的局面,所得税对税收的贡献度显著提升。

2008~2012 年滨海新区商品税和所得税总量趋势如图 3 所示。

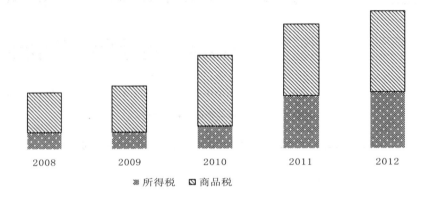

图 3　2008~2012 年滨海新区商品税和所得税总量趋势

2. 滨海新区税源分布情况

2.1　按行业类型分析

(1)农、林、牧、渔业

2008~2012 年滨海新区农、林、牧、渔业主要税种(即增值税、消费税、营业税、个人所得税和企业所得税,下文同)纳税额所占比重很低,基本在 0.02% 左右,比重最高的是 2009 年个人所得税纳税额占滨海新区个人所得税纳税总额的 0.139%。作为第一产业的农、林、牧、渔业,其对滨海新区的税收贡献度很低。这与该行业纳税人数量所占比重很低的情况相一致。

(2)制造业

近五年来,滨海新区制造业缴纳的企业所得税总量迅速膨胀,从 2008 年的

3347911 千元增加到 2012 年的 16092004 千元,2012 年的企业所得税额是 2008 年的 4.8 倍多。滨海新区的消费税基本是由制造业缴纳的,制造业缴纳的消费税约占滨海新区消费税纳税总额的 99%。同时,制造业也是滨海新区增值税纳税额的主力,其占增值税纳税总额的比重平均保持在 69%,可见滨海新区一半以上的增值税来自于制造业。而将近一半的企业所得税也是来自于制造业。制造业主体税种纳税总额占滨海新区纳税总额的 58%。这种情况与滨海新区纳税人的分布情况也是一致的,滨海新区的纳税人主要集中在制造业,约占纳税人总量的 35%~40% 左右,稳居第一位。如表 2 所示。

表 2　2008 年~2012 年滨海新区制造业纳税情况　　　　　单位:千元,%

年份	增值税		消费税		营业税		个人所得税		企业所得税		该行业纳税额占样本总量比重
	已纳税额	占全部样本比重	已纳税额	占全部样本比重	已纳税额	占全部样本比重	已纳税额	占全部样本比重	已纳税额	占全部样本比重	
2008	10328588	83.14	4903271	99.93	342945	7.45	1317234	57.32	3347911	40.550	62.30
2009	9592805	69.27	9289584	99.45	281894	4.63	1608626	58.78	3784258	48.093	61.58
2010	12733388	62.48	13420155	99.26	354723	4.39	969807	35.68	5424927	46.895	58.47
2011	12321950	67.18	9232063	98.65	420843	4.31	1283390	35.40	14502720	48.339	53.11
2012	13799117	61.31	14705951	99.02	390210	3.74	1206717	38.32	16092004	49.013	55.15

　　注:表中最后一列"该行业纳税额"是指该行业增值税、消费税、营业税、个人所得税和企业所得税纳税额的总额,并非该行业全部税种的纳税额。后面的表格同此,不再逐一标明。

（3）批发和零售业

从绝对数额来看,2008~2012 年滨海新区批发和零售业缴纳的消费税一直呈增长态势,从 2008 年的 3330 千元增加到 2012 年的 145481 千元,增长了 43 倍多。增值税和营业税除了 2010 年出现一个高点以外,基本是稳步增长趋势,虽然 2010 年的高点以后两税的纳税额都出现了下滑,不过却将税收整体水平提高一个台阶。从图 4 可以看出,尤其是增值税纳税额在 2010 年出现的高点非常明显,当年增值税增长率达 117.82%。个人所得税的高点也出现在 2010 年,当年纳税额达到 395340 千元,之后两年有所降低。与之不同的是,企业所得税的高点出现在 2011 年,当年增长幅度很大,增长率高达 140%。

从相对数额来看,批发和零售业缴纳的增值税占滨海新区重点税源企业增值税纳税总额的比重,平均为 16.4%;个人所得税所占比重平均为 7%;企业所得税所占比重平均为 10.9%。该行业主体税种纳税额占滨海新区主体税种纳税总额的比重平均为 9%。尽管批发和零售业主体税种纳税额位居滨海新区第二大行业，与纳税人数量排名情况一致，但是却与制造业纳税额相差甚远，可见该行业的税收贡献度要低于制造业。

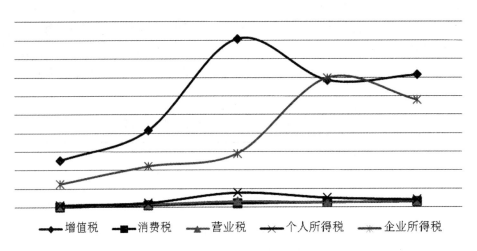

图 4　2008～2012 年滨海新区批发和零售业税收趋势

（4）金融业

近五年来，滨海新区金融业发展迅猛，其所缴纳的营业税额不断增长，从 2008 年的 581523 千元发展到 2012 年的 1145541 千元，占滨海新区营业税纳税总额的比重也保持在 11%左右，是区内继房地产业、建筑业、交通运输、仓储和邮政业后第四大营业税纳税大户。值得注意的是，金融业的重点税源调查企业数量远低于这三个行业，但是创造的营业税却紧随其后，可见其发展态势良好。

金融业的个人所得税和企业所得税呈现不断扩大趋势，除了 2011 年出现了快速上涨的情况以外，其他几年稳步增长。金融业主体税种纳税额占滨海新区纳税总额的比重平均在 4.57%左右，位居第七位，这种情况与金融业纳税人数量排名情况不符，远高于其纳税人数量排名，可见该行业的税收贡献能力较强。

总体来看，滨海新区各行业主体税种纳税额占比排名情况依次为（以下数值均为五年均值）：制造业 58.12%，批发和零售业 9.07%，房地产业 6.71%，建筑业 5.82%，采矿业 5.71%，交通运输、仓储和邮政业 5.35%，金融业 4.57%，信息传输、计算机服务和软件业 4.44%，其他行业占比数值很低，都在 2%以下。纳税额排名情况与纳税人数量排名情况基本相符。不同处在于制造业税收贡献度远高于其他各行业，滨海新区近半数的税收来自于制造业。另外，相较于纳税人数量情况，金融业和采矿业的纳税额相对较高。

2.2　按产业结构分析

第一产业农、林、牧、渔业的纳税情况在上面已经介绍过了，税收贡献率极低，基本可以忽略不计。表3显示的是第二产业的纳税情况，由此即可看出第二、第三产业各主体税种纳税的占比情况。除了营业税，第二产业纳税额占比平均为36%以外，其他主体税种半数以上的税额来自于第二产业，尤其是增值税和消费税更是绝大部分来源于第二产业，当然这也和第三产业大多属于营业税纳税人而非增值税纳税人有关。从第二产业主体税种纳税额占滨海新区纳税总额的比重来看，滨海新区的税收70%以上都是第二产业贡献的。这种情况与纳税人数量占比情况有些不同，第三产业纳税人数量与第二产业基本上平分秋色，略高一些，而税收贡献却与第二产业有一定的差距。

表3　2008～2012年滨海新区第二产业纳税情况　　　　单位：千元，%

年份	增值税		消费税		营业税		个人所得税		企业所得税		该产业纳税额占样本总量比重
	已纳税额	占全部样本比重	已纳税额	占全部样本比重	已纳税额	占全部样本比重	已纳税额	占全部样本比重	已纳税额	占全部样本比重	
2008	11031672	88.80	4903271	99.93	2039275	44.28	1522924	66.27	3503847	42.44	70.79
2009	11458995	82.74	9289584	99.45	2368857	38.93	1895898	69.28	4520801	57.45	74.06
2010	15517593	76.14	13420155	99.26	2840138	35.13	1389672	51.13	6427049	55.56	70.36
2011	14482441	78.96	9232063	98.65	3330171	34.08	1831615	50.52	16794044	55.98	64.24
2012	18466191	82.04	14705951	99.02	3037954	29.15	1568398	49.81	22062468	67.20	71.44

2.3　按企业类型分析

2008～2012年，滨海新区内资企业营业税和企业所得税纳税额呈不断增长态势。营业税纳税额，从2008年的3672075千元增长到2012年的9064310千元，增速为146.84%。企业所得税纳税额增长迅猛，2012年的纳税额是2008年的3.55倍。增值税、消费税和个人所得税纳税额基本也是上升趋势，只是在个别年份出现了高点。

近五年来，滨海新区外商投资企业主体税种纳税额有升有降，有一定的波动性。增值税和消费税的波峰都在2008年，当年两税都达到五年内最高值，不过，这两税纳税额相对稳定，波动不大。营业税和个人所得税纳税额的变化相对复杂些，出现多个波峰，稳定性相对较差。值得注意的是，企业所得税始终保持增长态势，尤其在 2011 年增长迅速，比上一年翻了一番。如表 4 所示。

表 4　2008～2012 年滨海新区外商投资企业纳税情况　　　　单位：千元，%

年份	增值税		消费税		营业税		个人所得税		企业所得税		该类纳税额占样本总量比重
	已纳税额	占全部样本比重	已纳税额	占全部样本比重	已纳税额	占全部样本比重	已纳税额	占全部样本比重	已纳税额	占全部样本比重	
2008	6379669	51.35	3471384	70.75	653592	14.19	1235651	53.77	3423770	41.47	46.67
2009	6313965	45.59	3562220	38.14	1009449	16.59	1496777	54.69	4060874	51.61	41.23
2010	8900257	43.67	4651489	34.40	1274147	15.76	894998	32.93	5938926	51.34	38.49
2011	8825838	48.12	4358547	46.57	777500	7.96	1155859	31.88	14073896	46.91	41.06
2012	8615643	38.28	4170508	28.08	921959	8.85	966186	30.68	14214919	43.30	34.49

　　总体来看，滨海新区主体税种纳税额主要来源于内资企业和外商投资企业，中国香港、澳门和台湾地区投资企业贡献较低。在增值税和企业所得税方面，内资企业和外商投资企业基本旗鼓相当。营业税基本都来自于内资企业，内资企业营业税纳税额占滨海新区营业税纳税总额的比重达到 83%。消费税和个人所得税的占比情况相同，都是外商投资企业在前一、两年基本缴纳了一半以上的税额，但之后几年这种局面被内资企业所取代，内资企业两税纳税额占比都在 50% 以上。

　　从主体税种纳税额整体来看，内资企业贡献了大约 54% 的税款，外商投资企业纳税额占比是 40%。将这一情况与纳税人数量占比情况对比分析发现，内资企业纳税人数量是外商投资企业的 4 倍多，但是税收贡献情况却相差不多。可见，外商投资企业的税收贡献能力相对较高。

作者简介

王晓雪，1981 年生，经济学博士，天津财经大学经济学院财政系讲师。联系电话：13820377521；电子邮箱：happylittlesnow@126.com。

提升我国财政透明度的路径分析[①]

李兰英　王　涛

摘要　随着市场化改革的深入,提升财政透明度水平促进国家治理能力现代化,构建政府、社会、市场三位一体的国家治理体系已成为普遍共识。本文以国际货币基金组织(IMF)对财政透明度的定义为基础,广泛借鉴学界对财政透明度涵义的阐述,对财政透明度的内涵与外延进行梳理与总结,并基于财政透明内涵的四个维度,尝试对我国财政透明度较低的现状进行分析,继而提出提升财政透明度的具体提升路径与方法。

关键词　财政透明度　制度建设　财政信息公开

1. 引言

"财者,国之命而万事之本也。"

——苏辙《上皇帝书》

财政是国家治理的基础与重要支柱,财税体制改革是实现国民经济持续稳定发展与国家长治久安的重要途径。中国的财税体制改革以"放权让利"为突破口,经过了长期艰难的探索。1994年分税制改革基本实现了财政收入的规范化与制度化,并将财税体制改革方向明确定位于构建与市场经济体制相配套的分税分级财政体制基本框架。随着20世纪90年代后期所启动的以预算管理体制改革为重点的公共支出改革,财税体制改革重心转向财政支出领域。沿着30余年的发展轨迹,中国的财税改革走过了一条由不自觉到自觉、由国家财政到公共财政的历程。溯古瞻今,随着市场化改革的深入,实现国家治理能力现代化,构建政府、社会、市场三位一体的国家治理体系已成为普遍共识。在这一改革历程中,财政透明度的提高能够促进

① 本文系李兰英教授主持的天津市哲学社会科学规划资助项目"提升财政透明度多视角研究"(项目批准号:TJYY13-041)的阶段性成果。

政府职能、目标与运作方式的公开并将其置于可供评判与修正的框架内，从而有助于政府职能的明晰，确立市场在资源配置中的决定性作用；能够增加政府财政信息的披露，降低行政成本，实现多方参与，继而优化支出结构，提高行政效率；能够反映公共资源的配置，保障公民的知情权与监督权……使财政透明制度建立的重要性日益凸显。十八届三中全会更是明确提出了实施全面规范、公开透明的预算制度，这都亟需我们加快对财政透明度提升路径的探索与研究。

2. 财政透明度解析

财政透明度较为权威的理解发轫于 1998 年的考皮兹与克雷格（Kopits and Craig），他们将其定义为：对政府职能与结构、政策目标、公共部门的资金运动和预期财政状况等信息的最大可能披露。国际货币基金组织旨在为促进各国财政透明而发布的《财政透明度手册》中系统地采用了上述定义。据此对财政透明度的内涵归纳为：

（1）财政透明度是对政府信息披露的度量。政府进行信息披露的目的是揭示和反映公共事务的本质，消除不确定性。信息披露的内容可分为制度类信息、财务类信息、指标与预测类信息。

（2）财政透明度以财政资金收支运转部门为评价主体。国际货币基金组织（IMF）所建议的财政信息公开所涉及的主体不仅包含广义的政府，还应该将为实现某些政策目标所要求从事准财政活动的公共金融机构和非金融公共企业纳入其中。

（3）财政透明度的考量指标为信息披露的规范性及所披露信息的合理反映性。信息的合理性体现在对信息质量要素的要求上，可归纳为完整性、及时性、可靠性、可理解性、一贯性和可比性 6 个方面。

本文以财政透明度内涵为出发点，以我国财政透明改革现状和国际机构经验为基础，提出我国财政透明度的定性分析框架，如表 1 所示。根据该体系寻找我国财政透明度建设所存在的问题并提出相应提升路径与对策分析。

表 1　财政透明度定性分析框架

财政透明要求	一级指标	二级指标
披露主体覆盖程度	狭义政府	各级政府单位
		各级人民代表大会、政治协商委员会等
	非营利组织机构	全国工商联、中国贸易促进会等
	其他公共部门	金融公共公司
		非金融公共公司

财政透明要求	一级指标	二级指标
披露客体信息的全面性	制度类信息	政府的职能及结构、预算过程的公开、预算资源配置依据、绩效评价与财务审计等
	财务类信息	预算信息、政府资产与负债信息、税式支出、或有负债等
	指标与预测信息	周期性财政平衡、财政可持续性、财政风险水平等
信息公开的规范性	信息公开的立法约束	《信息公开法》等
	公布财政信息公开示范	财务报告格式等
	财政信息披露的时间及方式	信息公布的时间
		信息公开方式
信息公开数据的合理可靠性	合理的预算过程	预算编制（包括充分的预算编制时间、参与式预算程度等）
		预算审批（包括预算审批模式、硬化预算约束、对政府自由裁量权限制等）
		预算执行（政府采购制度、预算调整程序等）
	预算能力	会计基础
		中期预算框架
		绩效预算等
	公开与独立的监督	财政监督体系
		第三方评估机构的发展等

3. 我国财政透明度改革面临的主要问题与成因

3.1　信息披露主体不全面

良好的财政透明要求政府与其他公共部门之间进行清晰的作用和责任划分并予以披露。IMF 所建议遵循的"政府"是"以履行政府职能为行为目标"的广义政府。而从我国部门预算信息所覆盖的主体范围来看，某些涉及财政资金使用的金融和非金融公共公司、非营利组织机构仍然有必要进一步扩充到信息披露的主体范围中。

部门预算公开数量如图 1 所示。

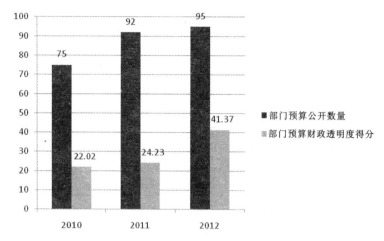

资料来源：上海财经大学公共政策研究中心《中国财政透明度报告》。

图1　部门预算公开数量

3.2　政府信息公开规范性不足

对于一个高效的财政透明制度而言，信息在公开环节要求能够保障信息在组织内部自由流动并向组织外部利益相关者披露，而信息公开的规范性准则是保障信息自由流动的重要手段。综观我国的财政透明建设，显然缺乏相应的规范性制度要求，从中央一级来看，虽然近两年来部门预算、"三公经费"等信息披露在公开时间、格式和细化程度等方面有了较大改进，但从不同民间调研机构所提供的地方财政透明度数据来看，区域之间财政透明差异巨大，反映出财政透明制度建立的困难以及与传统非正式规则的冲突；此外，政府信息公开的立法层级不高，《保密法》与《预算法》无法对"国家秘密"做出具体界定，也是造成政府信息公开规范性不足的原因。

省级财政透明度状况如图2、表2所示。

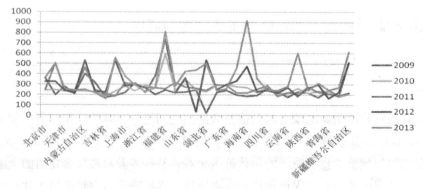

资料来源：上海财经大学公共政策研究中心《中国财政透明度报告》。

图2　2009～2013年省级财政透明度状况

表 2 2009~2013 年省级财政透明情况

年 份	2009	2010	2011	2012	2013
省级财政透明度均值（百分制得分）	21.16255	21.8769	23.1412	24.78111	31.40303
省级财政透明度方差	114.8762	71.55743	82.44965	116.2587	178.1692

资料来源：上海财经大学公共政策研究中心《中国财政透明度报告》。

3.3　政府信息披露内容过窄

目前我国的财政信息公开内容主要为预决算信息和部门预算信息，还不是标准意义上的预算和财务报告。而且就现有预算会计报告的内容来看，与完整的预算报告相比仍存在内容过窄的问题。一是当前仍然存在预算外收支与制度外收支影响正常的财政收支活动；二是完整的预算报告除了收支、赤字盈余等信息外，还应该公开预算过程的各阶段，而现有的预算报告显然无法提供国家财政资源在配置过程中的互动情形。综上所述，笔者认为信息披露内容过窄问题的主要原因在于政府职能划分不清、政府会计制度局限和缺乏中期预算平衡上。

3.4　公开信息质量不高

由于我国公开政府信息的主要内容为政府预决算和部门预算信息，在具体考察上述信息时，从数据披露的质量角度来看仍存在预决算数据的可理解性不足，预算超收、超支现象普遍，预算软约束问题突出，信息披露无法反映公共部门成本与绩效等影响预算透明度的问题。究其成因笔者认为应从预算管理流程展开分析。

第一，预算编制阶段。对预算编制阶段而言，财政透明问题主要体现为，由于预算数据（支出功能分类与支出经济分类）的细化程度不足所引起的公开信息可理解性不够和零基预算编制制度下的预算数据预测性较差。上述问题，在预算编制实践中，除了政府会计制度等技术原因，笔者认为更与预算编制时间和政府预算能力有关。表 3 为中美两国预算编制流程对比。

表 3 中国与美国政府预算编制流程对比

美国（以 2013～2014 年度联邦政府预算为例）	中国（以 2014 年度中央财政预算为例）
2012 年	2013 年
4 月 OMB 制定预算指导方针并向各部门发布 2013～2014 财年及后 4 年的预算纲要	5～6 月初 财政部根据社会经济发展计划对下一财政年度的收支情况进行初步测算，并将测算情况向国务院汇报。国务院下达关于编制下一年度中央预算的指示
9 月 各机构向 OMB 提交初始的预算材料	7 月 31 日前 各部门按规定向财政部报送部门预算申请数，并对本部门预算申请作出详细说明
（10 月 1 日 2012～2013 财政年度开始） 10 月 OMB 工作人员对机构提交的初始预算材料进行审查，向主任及负责人报告 11～12 月 OMB 主任将所有机构的预算请求及预算政策建议向总统及高级顾问做简要汇报。同时，OMB 将分配意见反馈给各机构；支出机构就不同意见向总统及高级顾问简要汇报。	10 月 25 日前 财政部对各部门的预算进行汇总审核，并将汇总审核情况报告国务院，听取国务院领导的指示。财政部根据国务院指示确定各部门下一财政年度预算限额
2013 年 1 月 支出机构向 OMB 提供调整后的预算材料	12 月 10 日前 部门将国务院确定的预算限额重新编报预算报送财政部
2 月第一个周一 总统向国会提交预算	2014 年 1 月 15 日前 财政部将财政预算草案和报告提交给人大预算工委讨论并提出修改意见，要求财政部进一步修改

资料来源：中华人民共和国财政部网站。

　　较之于国外公开透明的讨价还价式预算程序，我国政府的预算能力似乎不足，一方面，由于支出细化程度不足难以衡量支出项目的绩效水平，不利于预算需求方的合理竞争。另一方面，在当前预算管理体制下，各预算需求部门又通过模糊支出去向，减少信息公开与披露实现自身利益目标下的支出方向与支出结构。

　　第二，预算审批阶段。较之于发达国家的议会审批模式，我国的预算审查制度难以在审查阶段对权力机关权力的行使起到实质性作用，造成公民无法了解和约束政府资金使用规模与方向，导致政府透明的能力不足。其原因主要体现为人大审批时间与财政年度不匹配、预算审批时间过短、预算审批能力不足和预算否决权缺失。

首先，我国财政年度依据的是日历年度，但预算草案最终经全国人民代表大会通过通常在预算年度的3月份，客观存在预算法对政府行为的软约束。其次，预算草案一般于会期临近才上交人大财经委员会初审，并且人大代表由于职业和能力的差异往往存在审批能力不足的情况。最后，我国现行的新《预算法》中仍无对预算草案否决的后果做出规定，预算审批实行整体否决制为不合理的部分预算"搭便车"行为提供便利。以上种种问题造成了预算流于形式，最终影响财政透明。

第三，预算执行阶段。预算执行是预算管理过程的重要环节，但在我国目前的政绩考核模式下，预算在执行过程中，各级政府为实现政治进步，倾向于预算支出规模的最大化，继而又造成收入压力型政治评价机制下预算超收现象，如图3所示。因此不可避免地形成预算频繁的自主调整和追加，而人大常委会对此只能被动接受，出现预算软约束的情况。此外，由于缺乏中期预算框架及在收付实现基础下难以对预算年度内各个时期资金的支出规模进行合理规划，财政资金拨付或上级专项资金到位存在一定的时滞性，很多项目只能在下半年甚至更晚时间开展，出现年底突击花钱的问题。

预算超收率%

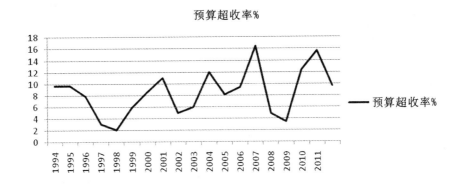

资料来源：历年中央与地方预算执行与预算草案报告。

图3 1994~2011年我国公共预算超收率

第四，预算监督阶段。长期以来我国预算监控力度较弱，其监督更多地停留在法律形式上，缺乏实质性的预算监督手段，预算监督的弱化，增强了政府通过减少信息披露、增加信息不对称掩盖支出不良和效率低下等问题的动机，其直接表现即为财政不透明。

4. 提高我国政府财政透明度的对策与路径

4.1 培养公民文化提高全社会的透明意识

哈耶克认为社会制度"产生于并不能准确意识到其行为后果的个体行动，而不是设计与发明的结果"。公民民主意识的提高无疑是财政透明制度的基石，因此应着意培养公民民主观念。

（1）明晰主体在监督行为下的有效利益

首先，提高个人所得税比重，适时推进房产税。所得税来源于纳税人收入，西方意义上的房产税支出大多被严格限定于直接关系居民生活环境与水平的公共支出领域，能够引发纳税人对政府公共服务关注，继而推动政府财政的公开与透明。

其次，确立地方政府自主发债权。地方政府作为债务人，对自身风险情况和项目盈利能力等信息负有披露责任；地方债的发行是以地方未来税收收入作为偿还保障的，影响未来政府的公共福利支出水平，从而促进公民对财政风险的关注。

（2）培育非政府组织

民主意识依赖于公民主体地位的认知与权责对等观念，公民只有在此基础上才能自发参与到政治经济和社会公共生活中去。非政府组织机构的分权网络式组织体制和以共同信念为纽带的激励约束机制，能够有效地克服公民民主实践中由于外部性所导致的激励不足，有助于平等参与过程中培育独立人格与权责观念。

（3）扩大参与式预算范围

参与式预算在预算过程中通过民主协商的方式使普通公民获得参与决策的机会，在实现利益表达的同时，公民的民主意识也会得到很大提高。

4.2 增强财政的民主法制建设，提高财政公开法律基础

由于政府主体具有双重利益目标，这一客观事实要求公共财政体制必须以民主的方式并辅以严格的制度规范手段，具有民主性和法制性。解决这一问题应在财政民主法制的基础上，加快立法步伐，将预算透明的各方面法律精神贯彻到实践之中。

提高公共财政的民主法制性，首先，要从宪法明确公民知情权为起点。在此基础上改变传统的部门立法规则，确立立法的公开与参与原则。立法本身是一个折冲樽俎的过程，各利益相关方在共同的竞争平台对议案的提出、拟定、审议和通过达成一致。在行政立法的每一阶段都应以对利益相关方公开的方式进行，以保障公民的知情权与参与权。

其次，应当抓紧修订《中华人民共和国保密法》，明确国家机密的法律定义，只要不涉及国家安全的，不应当再列为国家秘密。同时还应提高《中华人民共和国政府信息公开条例》的法律层次，使预决算信息之外的其他政府财政信息公开有法可依。

4.3　明确规定财政信息披露内容

首先，建立健全财政信息公开主体体系。建立健全财政信息公开的主体体系，将所有财政资金适用主体纳入公开覆盖范围之内。

其次，加强信息披露规范性。应由全国人大或国务院主持制定财政信息公开的统一标准，明确中央及地方各信息公开主体每年所涉及披露财政信息的公开时间、格式和口径，并制定相应的问责措施和罚则机制。

最后，逐步拓宽财政透明信息公开范围。财政信息的公开应充分满足决策监督者的需要，因此逐步拓宽信息公开的广度和范围，应涵盖以下内容：

第一，财政预算信息和部门预算信息。在提交立法机关的预决算文件中，除现有的全口径预决算信息外，还应包括预算调整数据、政府债务信息（债务的规模结构预算年度内的偿债计划等）以及未来年度宏观经济展望、财政政策报告、准财政活动报告书、政府财务风险报告。

第二，财务报告信息。建立政府财务报告制度，满足政府资产、负债、全成本信息的核算和披露的要求，其中财务报告应当包括：政府资产负债表、预算运营表和现金流量表。

第三，绩效信息。绩效信息以中长期支出规划以及在此基础上的年度支出安排为前提，以活动支出全成本核算和确定财政拨款的最小单位为基础，参考多年的活动绩效信息，提出跨年度及预算年度内的绩效考评指标，并在活动结束后进行评估报告作为政绩考核与未来预算资源配置的重要依据。

4.4　改进预算过程

（1）深化预算编制改革

首先，细化预算内容，完善预算编制方法。细化预算收支科目是提高预算管理能力的重要前置性工作，我国预决算和部门预算信息应进一步公开到目级科目，同时补充和细化经济分类科目，达到项级科目的公开程度。在此基础上，进一步落实零基预算编制，在明晰各政府职能部门职责的基础上，按照合理的标准与恰当的衡量方法确定部门所应遵循的基本定额，并综合考虑部门的可支配财力与绩效情况等因素。

其次，延长预算编制时间，建立中期预算框架。在预算的编制过程中，应适当延长编制预算的周期，建立中期预算框架体系。以职能部门编制的中长期发展规划为基础，建立切合战略目标的滚动支出项目库，最后制定下年度的支出限额和中期预算内未来年度的支出计划建议。

最后，提高预算编制能力，加强预算风险控制。加快确立以权责发生制为基础的政府会计制度，使政府财政信息能够反映政府的资产负债情况，此外在预算编制过程中应引入预算风险控制的概念，为政府部门配置专业的预算分析人员，不仅在公共支出管理环节对风险进行有效监控，更要在预算编制环节评估活动所产生的财政风险水平。

（2）改进预算审批管理

第一，改进预算审批程序。可以尝试调整财政年度起讫时间，改变现有的日历年度作为预算年度的做法，以适应人民代表大会的日程。补充预算否决权，采取按部门表决和重大项目逐项表决制度，明确预算被否决的法律后果以及应急程序。

第二，严格预算民主提高预算审批能力。在预算审批环节，应形成以人大审批为基础、多方参与式的民主预算审查制度。在人民代表大会审议阶段，审议程序应包括预算项目咨询、公开预算听证、人大财经委员会审查、人民代表大会审查。此外鉴于人大代表职业广泛性和文化程度的差异，不能满足需要熟悉经济专业知识和程序操作技巧的预算审批能力要求，可以设立预算委员会的专职下属部门，就预算报告解释问题在预算编制机构与人大代表之间发生联系。

（3）加强预算执行管理

在预算执行环节，一是要继续推进公共支出管理改革。全面实行国库集中收付制度；在政府购买领域进一步扩大政府采购的规模与范围。二是要严格预算约束，规范预算调整的程序。三是在政府会计权责发生制与中期预算框架基础上，合理预测资金在预算年度内的支出情况，早日落实资金分配，加快资金到位速度。四是完善支出环节的反馈和监控机制。

（4）完善财政监督体系

在财政监督体系的进一步完善过程中，应着力形成以人大宏观监督为先导、财政内部监督为核心、审计外部监督为载体、社会监督为补充的多层次全方位的财政"大监督"主体体系；通过转变监督方式，强化民主决策与监督，形成高效的财政监督机制。

第一，加强人大财政监督能力。推行立法型审计监督，避免审计的行政隶属性，使审计机构更能在公众利益的驱动下开展工作。建立规范的人大质询制度，用更完善具体的法律程序规范质询权的行使，其中包括质询案的组织原则、提交时间限制、质询人的提问、被质询人的答复、质询情况的通报等。

第二，保障媒体舆论监督权。应明确媒体的法律权力，完善新闻相关的法律法规；保障媒体的独立性，加强媒体公信力建设，营造良好的媒体监督氛围。

第三，完善政府财政部门对预算单位和自身的财政监督机制。当前的财政监督机制，可以转型为政府内部控制机构。财政监督人员依据一定的标准，通过对财政工作进行衡量和评价，并对出现的偏差予以纠正，以保证计划得以执行。因此财政监督的目的应当立足于保障资金安全，提高资金的规范性和使用的效益性，这就要求财政监督是财政运行系统自身主动进行的控制，并且贯穿财政资金运行的每一环节——事前监督预警、事中跟踪问效、事后检查考评。

参考文献

（1）国际货币基金组织. 财政透明度[M]. 北京：人民出版社，2001：1～103.

（2）上海财经大学公共政策研究中心. 2012 中国财政透明度报告[M]. 上海：上海财经大学出版社，2012：27.

（3）李兰英. 提升财政透明度：多视角的思考[A]. 天津市社会科学界联合会. 科学发展 •惠及民生——天津市社会科学界第八届学术年会优秀论文集（下）[C]. 天津市社会科学界联合会，2012：7.

（4）李燕. 参照国际标准提高我国财政透明度[J]. 中国财政，2008（10）：37～39.

（5）苏明，李成威，赵大全，王志刚.关于预算公开的若干问题研究[J].经济研究参考，2012（50）：3～17.

作者简介

李兰英，管理学博士，教授，硕士生导师，中国财政学会理事，主要研究方向为财政理论、政府预算管理。联系电话：13163102268；电子邮箱：lilanying2006@126.com。

王涛，1987 年生，硕士。联系电话：13512870547；电子邮箱：manutdwangtao@126.com。

财政分权法定原则理论基础和法学框架重构研究

赵　磊　黄凤羽

摘要　彰显实质价值和呼应行政效率的财政权配置是公共财政的应然需求和实然选择。当今改革转型和权利逻辑成为社会发展热点，契约意识、权力制约、地理均衡、有序博弈等诸多财政基础理念逐渐被厘清，以及纳税人对收益与负担、管理与服务、宏观正义等问题的关注，使得公共财政必须被置于客观中立的地位，从而用法定原则规制财政基础事项中的财政分权成为必然。财政分权法定原则既要约束财权和事权的横向与纵向分割，又要以法律秩序和体系配置分权制度。

关键词　财政分权　法定原则　事权　转移支付

1. 现实、内涵和理论

1.1　分权理论与中国现实

财政治理涉及经济体制和政治体制两个层面,财政分权既是政府间财权与事权、契约和权力的融合分配关系，也是满足赋税者对权利、公平以及平等、秩序需求的题中之义。在新古典经济学研究框架下，传统财政分权理论从公共物品提供效用的角度，以资源有效配置为目标，重点分析地方政府履行财政职能的合理性与正当性；理论核心是对中央和地方政府财政分权之依据与最优程度等问题进行探讨。传统财政分权理论即财政联邦主义认为，分权制度有着令人难以置信的功能优势，分权政府可以针对消费者群体的不同偏好提供公共产品的不同组合，为提高经济效率带来希望。理论奠基人之一的瓦勒斯·奥茨认为，整个国家都受益的全国性公共产品应当由中央提供，不会引发差别提供问题。受惠仅限于区域的公共产品与服务由较低一级政府提供效率会更高。

我国从未间断对于中央与地方财政关系的思考和实践，并视之为财政体制的实质内容和根源范畴。许多人习惯从分税制开始研究中国财政分权，但是在此之前的统收统支、财政包干、核定收支、分级管理等做法，是一种相对粗放的财政联邦主义适用。新中国以来涉及范围最大、调整力度最强、影响最为深远的 1994 年分税制改革聚焦中央与地方分配格局僵化难控，以强化中央财政集权为最明显特征，划分中央与地方两级财政支出范围和收入权力，初步建立纵向税收返还制度，形成了一种"中国式的财政联邦制"。博弈与微调不曾停歇，地方税权财力与支出责任不匹配、分权制度松散易变、省以下分权缺乏基准等问题不断被重复，根源于分权的土地依赖、地方债务危机等问题，再加上公权制约、私权保障、官员激励等，财政分权法定讨论与期盼蓄势待发。

1.2　法律渊源与基本逻辑

财政分权法定原则是指，财政分权本身以及财政分权相关重要事项应当由法律予以明确。在财税法学研究中，将法定原则视为市场经济发展之必然，更是民主政治之题中应有之义。有必要对财政分权法定原则的渊源做一些法学、哲学与现实的考察，主要有（但并不限于）三个方面：第一，财政领域响应法治基本方略的必然选择。法治是遵从公民意志和发展规律的法治理，国家政治、经济运作必须严格依法而行，不受任何个人意志和组织职权的干预。第二，财政与税收属于法律相对保留事项。《中华人民共和国立法法》规定，基本经济制度以及财政、税收、海关、金融和外贸的基本制度只能制定法律。财政分权是财政领域基本研究对象，法定原则是当然抉择。第三，税法私法化。税法无论从法律理念、法律原则，还是从税法概念、法律关系来讲，无不体现着私法精神。税法理论借用民法概念形成的税收之债、信赖保护、税收法定等无一例外均着力于赋税者权益维护，无法无行政的原则要求财政分权法定。

财政分权并非限于中央与地方税权与事权划分，法定原则应当为财政分权提供某种基础或者本源的综合性、指导性价值准则或规范，这一准则和规范应当遵循法学思考基本逻辑和财政分权基本逻辑，既要遵循宪法、立法、执法、司法的逻辑顺序予以示范，也要符合权力划分、执行控制、争议协调、漏洞弥补、行政裁量等财政逻辑。简言之，是以法学逻辑对财政逻辑作闭环约束，这也是后文将要重点论述的内容，最低限度应当包括四个方面：一是，权力划分之来源，事权与财权尤其以税权为甚，必须由中央立法机关以立法形式予以明确。二是，财政分权实施过程控制必须依法，也就是征收与管理、支出与预算及转移支付、收入入库等事项均应当以立法形式予以明确。三是，调整与变更应当遵循法定化原则，法定的一个显著特征是立改废均属同质事项，以此为评价准则，营改增、税收分享比例调整等做法显然不符合法定原则。四是，争议解决渠道必须以法律形式予以固定，裁判主体不能是行政机关。

1.3 法视角的理论综述

鉴于传统财政分权理论尚未将法学理论完全引入分析，关于财政分权法定原则鲜见系统研究，也没有形成有说服力的理论体系，经济学家和法学家往往有意识或无意识地进行交叉和融合研究。理查德·马斯格雷夫（1959）以美国财政现实为基点，认为中央集权制政府无须在宪法中载明政府课税权力和支出权力，而联邦制政府宪法必须对这些做出明确规定，财政安排是制宪会议面临的一个主要问题，该论述对法的基本认识存在一些偏颇，立法权、行政权和司法权的分立牵制不允许财权与税权由行政一方掌握。瓦勒斯·奥茨（1972）通过一项经验研究证明，宪法条文对财政分权之确立有重要作用，中央政府试图干预地方政府决策的举动由于宪法条文的存在而难以付诸实施。同时他提出，法律因素影响决策进程，正式的联邦宪法结构，可能导致地方利益决定着对当地居民重大收益选择有着较大影响的公共决策过程。

在我国经济学界，吕冰洋（2003）认为，税权在不同层级政府间划分等一系列重大原则问题，应当由宪法或者宪法文件做出具体明确的统一规定，税收基本法可以成为有效规制方式。郭庆旺（2011）提出，为了解决县级财政自给能力、实现财政解困，必须以立法形式明确省以下各级政府财政收支责任和纵向转移支付规则。在我国财税法学界，刘剑文（2006）提出，宪法对财政分权的认识是从社会公众和政府职能角度进行的，地方必须在国家权力体系中占有一席之地，在中央和地方之间分配包括税收在内的财政权力势在必行。朱大旗（2007）通过对美国、日本等国家财政分权模式的考察得出结论：各国严密健全的法律体系是维护财权划分顺利进行的有力保障，各国税收权力划分的形式、结构等不是一成不变的，而是按照特定的环境和条件进行调整，从而使税权划分法制化和弹性化实现有机结合。

2. 国际经验和借鉴

2.1 美国分权法律规制

美国是典型的多元主义民主政体国家，本质特征是权力中心多元化，体现在：一是三权分立，二是政府机构分为联邦、州和地方三级。理查德·马斯格雷夫在《财政理论与实践》中指出，美国联邦宪法财政条款的精神所在即财政安排（课税权力与支出权力的规定）是联邦成员政府之间合约的核心，中央政府固然须有财政权力，但各组成单位仍然持有处理其本身财政事务的主权。据此不难看出，美国的财政体制是按照各级政府都有独立的收入来源这样一个原则组织起来的。事实上也是如此，从财权划分法定看，美国各级政府都有非常完备的税收体系，联邦政府的基本课税权必须由宪法授予，涉及财政的条款主要有：课税权力的授予、统一课征规则、按比例课征规则、禁止课征出口退税。但是，州一级课税权没有必须由宪法授权的规定，各州的课税权被视为联邦立宪成员所拥有的主权，是依据余权主义而保有的权力。同时，宪法也通过宪法特殊条款和司法裁判的形式对各州课税权加以若干限制。从事权划分法定看，联邦宪法把整体利益作为联邦财政的一个合法目标，而联邦整体利益的解释权属于国会和法院，因此事权法定在美国财政体制中表现并不显著，只是在极其广泛的意义上做出实践解释。整体来说，美国宪法框架给予财政结构发展以完全的自由，没有设定各级政府特定支出的功能，也没有规定各级政府应该采用什么税种。

2.2　日本分权法律规制

日本政体上实行中央集权的单一制，财政体制却是实行极具特色的中央与地方互不干扰的分税制。从宪法层面，关于财政体制的内容并不多见，最重要的内容是明确新课租税或变更现行租税必须有法律或法律规定的条件为依据。但是，日本新宪法明确规定实行地方自治原则，地方公共团体有管理财产、处理事务及执行行政的权能。以此为根源，为充分实现地方自治，日本制定了《地方自治法》，对财政问题作了原则性规定。财政体制方面，出台了《财政法》《地方财政法》《地方税法》和《地方交付税法》等众多涉及财政分权内容的法律法规，特别是规范了中央与地方的财权和事权，明确实行一级政府一级财政，各级财政只对本级政府负责，上下级财政之间不存在行政上或业务上的管理关系。但是需要特别注意的是，众多规制地方财权和事权的法律法规并不是地方性立法，而是采用中央立法的形式规定地方权力，立法权、征收权相对集中，管理权、使用权相对分散。当然，地方政府拥有一定的税收自主权，《地方税法》规定地方政府可以根据国会颁布的法律制定地方税种的法规，也可以根据地方情况开征法定外少数普通税种的权力。但是，中央对地方实行较为严格的"课税否决制度"，一定程度上限制地方政府擅自开征税种，同时对地方税率也给予适当限制。

2.3　德国分权法律规制

德国是联邦制国家，有联邦、州、地方三级政府，实行分权自治的管理体制。

德国《基本法》对财政体制问题做了非常详尽的规定。关于事权立法,《基本法》做了原则界定,联邦及州各自负担本级政府执行其任务所发生的支出,各邦受托处理联邦事务时,由联邦负担因此而产生的支出。出于地方自治管理体制的考虑,《基本法》对转移支付制度也做了规定:联邦根据任务性质和政策需要,对各州和地方政府的重大投资提供财政协助,这类投资必须是为了消除整体经济均衡发展的阻碍,是平衡联邦领域内不同经济力量或促进经济发展所必须的。这些规定对财政分权的中间目标——克服区域不平衡都做了清晰的规定。关于财权立法,《基本法》分别明确了立法事项和立法形式,按照联邦一般立法规则,有专门立法权和共同立法权两种。联邦政府对关税及财政专卖以及大量的税种有专门立法权,对少数税种,联邦与各州政府拥有共同立法权。专门立法权,各州只有经联邦法律明确授权并在其授权范围内有立法权;共同立法权,联邦政府拥有优先立法的权力,如果联邦政府尚未行使,各州政府有权立法,否则无权立法。即使各州已经立法,联邦政府也可以重新制定,各州立法自行失效。总的来说,德国财权是属于相对集中型的,其绝大部分税种的立法权集中在联邦立法机关,但收益权和征收权则分散于各级政府之间。

3. 财政分权的法理基础

3.1 价值追求

(1)秩序。根据博登海默的定义,秩序是指自然进程和社会进程中都存在着某种程度的一致性、连续性和确定性。法律是维护秩序的工具,财政分权法定原则是维护财政体制秩序的重要方式,以法律视角研究财政分权必须坚持将秩序作为财税法的基本价值追求。财政体制要基于当前的经济秩序划分财权和事权,确保能从广度和深度上推进市场化改革,减少政府对资源的直接配置,推动资源配置依据市场规则、市场价格、市场竞争实现效益最大化和效率最优化。财政分权直接关系社会秩序,关乎稳定的事权要由中央财政负担,分权制度调整不宜过于频繁。中央和地方都要优化财政支出结构,着力保障和改善民生,提高公共投资的社会效益。另外,消费税、资源税的分权要能够真正支持节能减排和环境保护。

(2)公平。公平是一个涉及人际关系安排的概念,是人际关系平等与否的准则,公平构成财政体制和政府裁量的道德基础和评价标准。财政分权首先要能够有利于实现赋税者的负担公平,国家征税应使各个纳税人的税负与其负担能力相适应,并使纳税人之间的负担水平保持平衡。应以同等的课税标准对待经济条件相同的人,应以不同的课税标准对待经济条件不同的人。要正确处理实质课税和税收法定主义的冲突与矛盾，法律冲突适用要以公平为遵循。其次要能够有利于实现受益公平，在调节收入差距和协调地区发展已成为主要矛盾的情况下，财政分配应当将公平放在更为优先的位置。财政分权要稳步推进国民收入分配格局调整，基础社会保障要由中央财政统一负担，确保整体公平和区域公平。在观念上，更应与以效率为中心的传统财政学观念相区别，把公平这一法律的根本价值置于应有的突出地位。

（3）效率。效率主要是一个经济学的概念，但并不仅限于经济领域。讨论财政分权的核心问题其实就是政府职能如何在不同层级的政府间分配才能更有效率。按照瓦勒斯·奥茨的论断，在事权划分上要适度分权，分权能够实现更加有效率的公共产品产出水平，一个地方政府的体制会在提供公共物品和服务的过程中促进静态和动态效率，中央财政承担的主要责任是稳定经济，实现公平的收入分配，以及提供某些严重影响全社会所有成员福利的公共产品。我国分税制要注重发挥地方政府的积极性，事权和财权划分不能制约相关领域发展，比如税收分享不能影响地方政府产业发展均衡性目标，出口退税分担不能影响港口功能的发挥，而这类问题在当前的财政分权实践中并不少见，都是财政分权重构应当予以特别规避的价值抵消。

（4）权利。要维护纳税人基于税收债务关系说的契约权利，税收作为满足公共需求的手段不仅具有很强的公益性，而且税收的课赋和征收还必须保障公民的基本权利。当然，作为这一特征的反映，税收债权人即国家，拥有私法债权人所没有的种种特权。公共支出要真实反映赋税人的偏好，努力实现公共资源的有效配置，事权划分和公共产品需求与数量确定都要体现社会公众的意愿，要充分考虑到财政分权所涉及赋税者的基本权利。要从宪法层面构建赋税者的权利体系，时机成熟时要制定纳税人权利法。当前，对税法权利的规范比较现实和尤为重要，要维护纳税人在税收征收中的权利，提供公开的财税信息，避免侵犯纳税人的商业机密和个人隐私，要维护纳税人在税收处罚、税收救济中的权利。

3.2 宪法基础

（1）财政分权的宪法基础。财政权在我国被赋予的宪法意义和实践效果还不能充分实现财政促进社会公平、实现国家长治久安的根本制度功能，赋予财政权包括财政分权一定的宪法依据十分重要。从西方经济学研究看，公共选择理论是新自由主义经济学的一个分支，都是对凯恩斯主义反思而产生的学派，同时"财政立宪主义是公共选择理论的一个分支，在宪法中研究财政问题"。我国国情和历史并不是适合财政立宪主义生长的土壤，照搬其他国家宪法机制的做法并不明智，但是用宪法明确国家和人民之间公法上的财产关系的理念与原则，无论是从权利保护层面还是从行政效率层面考虑，都是十分必要且非常重要的。

（2）入宪时间和范围。是否尽快将财政分权问题详述于宪法？是否在宪法中对财政问题进行系统明确，包括事权范围的确定、课税权力的分配，以及中央与地方分权共生的转移支付、财政援助等辅助制？笔者的答案是否定的，理由有三个：一是中央与地方的事权划分、课税分配一直处于动态过程，作为财政改革的核心，财政权力的分配在经济秩序和社会秩序都处于不断调整阶段的背景下，还没有形成固定的模式和框架，将没有定论的内容写入宪法显然是不明智的。二是中国税制还不完善。一直以来，税制改革是财税体制调整的重点，近期税制改革的目标是完善地方税体系，逐步提高直接税比重、推进增值税、消费税、房地产税、资源税等税种改革，这些改革并不是非核心税收要素的改革，而是涉及税种消亡、财权划分的根本性问题。三是中央与地方之间的关系、省以下地方政府之间的关系尚未理顺，我国宪法对财政分权的明确肯定要走先实践后入宪的路径，这有待于各方达成一致之时。

（3）关于宪法监督和宪法权利。宪法监督的作用是保障宪法的实施、维护宪法权威、保障公民权利和自由。从当前现实考虑，违宪审查制度虽然已经建立，但是鉴于财政法治化程度和公共财政建设水平，目前在财政领域还不具备真正付诸实施的意愿和条件。未来发展必须在完善宪法监督制度的同时，明确纳入制度管辖范畴的财政事项，特别是对国家机关以及国家机关工作人员行为的合宪性进行裁决。关于宪法权利，前文已作了些许论述，除目前宪法赋予公民的基本权之外，纳税人享有的基于赋税的权利也应当做适当规定，这其中自然包括已经在宪法中明确的依法缴税权，同时还要载明异议申辩权、法律救济权、财政支出知情权的保护框架。

3.3　立法配置

（1）当前的财政分权立法领域存在体制性障碍。一是，税权立法集中在中央，阻滞地方因地制宜的灵活性和积极性。《中华人民共和国立法法》规定：税收基本制度必须由全国人民代表大会及其常务委员会制定法律，尚未制定法律的，全国人民代表大会及其常务委员会有权作出决定，授权国务院可以根据实际需要，对其中的部分事项先制定行政法规。税收基本立法权和授权立法权都集中在中央，中国地域辽阔，各地区资源禀赋和发展水平各不相同，税源状况千差万别，税收立法权绝对集中严重影响地方政府发挥立足实际的能动性，中央税收立法又无法考虑到全方位情况，管得死和管不到问题同时存在，一个简单的例子就是许多税种在个别地区由于没有税源基础毫无存在的必要。二是，立法参与程度不够。法的创制原则之一就是立足全局、统筹兼顾、适当安排，要求财税立法必须从根本和长远利益出发，正确对待和处理国家、集体和个人之间，中央与地方之间，地区之间和部门之间的利益关系。我国财税立法特别是税收立法对财政分权地方利益和赋税者利益考虑不多，财政分权程度的最根本考虑是中央控制权，对地方自主权有所忽视，导致地方财政问题和风险频出，行政立法对民意的忽略也显而易见。三是，财税立法在我国法律体系中仍然处于缺乏基本法律框架的法律部门，没有基本的通则性财税法律，实体税法仅有《中华人民共和国企业所得税法》《中华人民共和国个人所得税法》和《中华人民共和国车船税法》3部，税法通则、财政转移支付法等财税分权基本法律仍然没有进入实质立法阶段。

（2）关于立法配置，笔者建议：一是立法配置的首要任务是事权划分，对政府职能必须进行合理划分。一般意义上理解，政府具有资源配置、收入分配、经济稳定三大职能，基于经济学的逻辑结论，"一个中央集权的政府显然优于极端分权化的政府组织，一个集权的政府组织在实现收入再分配的目标上要远比分权的政府组织更为有效，而分权将导致更加有效率的公共产品产出水平"。瓦勒斯·奥茨言下之意，政府职能配置的规则是：收入分配和经济稳定职能由中央政府享有，资源配置则按照经济效率原则相机抉择，以地方为主。二是赋予地方税收立法权，地方政府有权根据地区发展需要，通过地方税收立法，在本区域内因地制宜开征附属税种。对地方税收立法权的限制尤为重要：前提是地方税收立法不能争抢中央税源，地方政府不能对中央政府的事项课税，与中央税收立法的调控方向不能背道而驰。从区域关系看不能形成贸易壁垒和非区域公民歧视，影响资本、人力、技术等生产要素自由流动的地方税收立法必须绝对禁止。关于救济性限制，可以考虑对地方政府实行财政收入总量控制。另外，中央对地方税收立法的否决权至关重要。三是以法完善省以下财政体制。我国目前拥有世界上层级最多的政府体系和行政区划体系，包括中央、省级、地区级、县级和乡镇共5级，根据各级政府间财政关系，省以下财政管理体制采用不同的基本模式，省以下各级政府的事权范围及支出责任划分不清，财政管理体制级次过多，行政成本居高不下，转移支付制度亟需进一步规范和完善，省以下财政分权立法同样非常重要。

参考文献

（1）Wallace E. Oates. Fiscal Federalism.Edward Elgar Publishing, Incorporated, 2011.

（2）Hehui Jin, Yingyi Qian and Barry R. Weingast. Regional Decentralization and Fisacal Inceentives. Federalism, Chinesc Style, Jan.3, 1998.

（3）Spahn, Paul Bernd, Oliver Franz.Consensus Democracy and Interjurisdictional

Fiscal Solidarity in Germany.presented at IMF Fiscal Affairs Department Conference on Fiscal Decentralization. Intenational Monetary Found, Washington, November, 2000.

（4）Nancy C. Staudt. Constitutional Politics and Balanced Budgets. University of Illinois Law Review, 1998 U.Ill. L. Rev.

（2）理查德·A. 马斯格雷夫等. 财政理论与实践[M]. 邓子基，等译. 北京：中国财政经济出版社，2003.

（4）刘剑文. 中央与地方财政分权法律问题研究[M]. 北京：人民出版社，2009.

（5）陈少英. 税法基本理论专题研究[M]. 北京：北京大学出版社，2009.

（6）詹姆斯·M. 布坎南著. 公共财政[M]. 赵锡军等，译. 北京：中国财政经济出版社，1991.

（7）北野弘久著. 税法学原论[M]. 陈刚，杨建广等，译. 北京：中国检察出版社，2001.

（9）博登海默著. 法理学——法律哲学与法律方法[M]. 邓正来，译. 北京：中国政法大学出版社，1999.

（10）金子宏著. 日本税法原理[M]. 刘多田等，译. 北京：中国财政经济出版社，1989.

作者简介

赵磊，男，1982 年生，天津财经大学经济学院 2013 级财政学专业博士研究生，研究方向：财政与税收理论。

黄凤羽，女，1973 年生，南开大学 1999 级金融学专业博士研究生，现就职于天津财经大学，教授，博士生导师，研究方向：财政理论、个人所得税。

依法治国方略下的依法治税
——基于建立依法治税新常态的思考

王 晨

摘要 十八届四中全会审议通过了《中共中央关于全面推进依法治国若干重大问题的决定》。自中共十五大正式提出"实行依法治国，建设社会主义法治国家"基本方略后，十八届四中全会将依法治国提升到新的高度。税收收入是国家财政收入的主要来源，作为政府与市场、国家与社会、中央与地方、立法与行政等方面基本关系的枢纽，依法治税必然进入"新常态"，成为全面推进依法治国的核心环节。本文首先探讨了如何建立税法体系的新常态，而后运用社会契约理论，通过阐述建立依法征税、依法用税和依法纳税的新常态，以构建"三位一体"的征、用、纳体系。

关键字 依法治税 税法体系 新常态 社会契约论

1. 建立税法体系的新常态

十八届四中全会公报提出"建设中国特色社会主义法治体系，建设社会主义法治国家"的总目标，这里的"中国特色社会主义法治体系"进一步强调了"科学立法、严格执法、公正司法、全民守法"的全过程、全覆盖。所谓依法治税，是依法治国的有机组成部分，是指通过税收法制建设，使征税主体依法征税、纳税主体依法纳税，从而达到税收法治的状态。可以说，依法治税的前提和关键便是税收法定，税法在法治建设大局中必然扮演不可或缺的重要角色，建立完备的税收法律体系对于加强依法治税、推进依法治国有着重要的意义。

1.1 税法体系的定位

税法体系是在税法基本原则的指导下，一国不同的税收法律规范所构成的、各部分有机联系的统一整体。在这个整体内部，不同形式的税法规范分别有着不同的效力等级，因此，一个完善的税法体系应当表现为以税收法律为主体、层次分明、内容完整统一的金字塔结构，位于该结构最上层的是具有最高效力的税收宪法，中层是以宪法为依据的税收基本法或有关税收方面的基本规定，位于基底层的是数量较大的单行税种法或有关各个税种的具体规定。此外，税法体系作为一个综合领域，既涉及国家根本关系的宪法性法律规范，又有体现宏观调控精神的经济法内容，更包含着大量的规范管理关系的行政法则。税法体系通过法来定税，达到限制政府的征税权、保障人民群众财产安全的目的。

1.2 我国税法体系的现状

目前我国基本形成了以宪法为统领、以税收实体法和税收程序法为核心的税收法律体系，为国家征税奠定了基本的法律依据。但是，和严格的税收法定相比，我国税收法律体系依旧存在诸多不规范之处。其中最为明显的是税收立法不规范，行政立法的法律数量在税法体系中占据主导地位，规范的税收法律体系框架尚未形成。从税收收入角度来看，税收实体法中仅有《中华人民共和国个人所得税法》《中华人民共和国企业所得税法》和《中华人民共和国车船税法》3 部法律，而其余 16 部税法、近 70%税收收入的征收依据是国务院、财政部、国家税务总局等行政部门颁布的行政法规，而不是人民代议的最高立法机关颁布的法律；从税收调节作用角度来看，三部法律分别为所得税和财产税，而增值税等商品劳务税类均未立法，在生产环节发挥作用的税种没有上升至法律层次，使得政府利用税收调控经济没有稳定的法律保障。因此，我国的税收法律体系和规范的税收法定之间差距非常大。税法体系的不健全直接影响是政府拥有一定的税收立法权，征税具有较大程度的随意性，间接影响是财政支出的无度性。因此，就目前我国税法体系现状，推进依法治税应从完善税法体系入手，这不仅是解决一系列税收问题的根本途径，同时也有利于健全社会主义市场经济体制和法治国家建设。

1.3 完善税法体系的思路

第一，建立科学、统一的税收立法制度，保障税法体系从形式到内容的协调性、完整性和规范性。一方面，合理划分中央与地方的税收立法权限和立法机关与行政机关的税收立法权。另一方面建立专家立法制度。为保证立法成果的合理性、科学性、有效性，以及立法技术的专业性，通过建立专家立法制度，规范税收法律体系。同时拓宽公民有序参与立法途径，通过建立公众参与立法的诉求收集、评估、处理、反馈机制。完善人民参与立法的机制及征询社会公众意见机制等。

第二，加快空白地带的税收立法工作。一方面，随着问题逐步暴露、社会经济发展不断变化，税收法律体系中愈来愈显现出立法空白。因此，对于尚未制定相应规范性法律文件的领域，应尽快立法，填补税收法律关系调整的空白地带，规范性税收法律文件应尽可能全面、完整。另一方面，提升税收法律体系效力的最终目标是全部或几乎全部的税收实体法和税收程序法由税收法律来加以规范。对于立法空白领域的涉税规范，应由全国人大或常委会制定相应法律，填补法律空白。具体而言，对于我国由国务院制定的税收暂行条例应尽快上升为法律。

第三，构建良好的税收法律层次，加强各税收法律组成部分的逻辑联系。完善的税法体系应当表现为以税收法律为主体、层次分明、内容完整统一的金字塔结构，各层次的税收法律产生不同的税法效力。此外，各部分税收法律之间应具备合理的逻辑联系，避免在税法执行过程中出现冲突和矛盾，以保证涉税事项调控的相互联系与合作。

第四，协调税收法律之间的关系。具体包括税收法律体系与其他法律体系相协调、税收法律体系与社会经济发展相协调。

2. "三位一体"的征、用、纳体系

本部分以社会契约论为理论基础，提出"三位一体"的征、用、纳体系，即依法征税、依法用税、依法纳税，以构建依法治税的新常态。

2.1　社会契约论概述

税收是国家为实现其职能，凭借政治权力，按照法律规定，通过税收工具强制地、无偿地征收参与国民收入和社会产品的分配和再分配取得财政收入的一种形式。其具有无偿性、强制性和固定性的形式特征。

纳税似乎是人与生俱来的义务，而征税似乎也是国家顺理成章的权利；但是，荷兰的法学家和思想家格劳秀斯（Hugo Grotius）把国家定义为"一群自由人为享受权利和他们的共同利益而结合起来的完全的联合"，提出了国家起源于契约的观念。

社会契约理论是西方政治思想史上影响最为广泛的政治学说之一，其探讨的核心问题就是国家的权力和人民的权利问题。其主要思想概括为：国家起源于处于自然状态的人们向社会状态过渡时所缔结的契约；人们向国家纳税，即个人让渡其一部分自然财产权利以达到更好地享有其他自然权利以及在其自然权利受到侵犯时可以寻求国家的公力救济的目的；国家征税，也正是为了能够有效地、最大限度地满足上述人们对国家的要求。无论如何，纳税和征税二者在时间上的逻辑关系应当是

人民先同意纳税并进行授权，然后国家才能征税；国家征税的意志以人民同意纳税的意志为前提，"因为如果任何人凭着自己的权势，主张有权向人民课税而无需取得人民的同意，他就侵犯了有关财产权的基本规定，破坏了政府的目的"。所以，人民之所以纳税，无非是为了使国家得以具备提供"公共服务"或"公共需要"的能力；国家之所以征税，也正是为了满足其创造者——作为缔约主体的人民对公共服务的需要。以此契约理念为基石，西方逐渐发展出的公共财政理论体系，更为充分的体现了税收契约的思想内涵，即"税收是公共产品的价格"，从而将税收和公共物品的交换关系以及政府依法征税诠释得更为清晰。

2.2　"三位一体"的征、纳、用体系

根据社会契约理论，纳税人向政府纳税以换取对公共物品的需要，满足自身利益，所以作为纳税人应履行纳税义务。而政府应明确纳税权利的获得来自于公民权利的赋予，所以在征税和用税环节要依法征税、依法用税，履行好政府的职责。

（1）建立依法征税新常态

"法律的生命力在于实施，法律的权威也在于实施。"在建立税法体系新常态的基础上，作为税务机关和税务工作人员，应建立依法征税的新常态。近几年，税务系统的工作质量在进一步提高，但也存在着税务机关工作人员素质不高、法律意识淡薄、执法过程中自由裁量权大等突出问题。

第一，提升综合素质，强化法治意识。作为征税主体的税务机关及其工作人员应注重对自身业务知识及法律知识的学习，依法规范征税行为，提高执法质量，增强其运用法治思维和依法办事的能力，努力在税收领域梳理政府管理和社会主义法治的权威性和公信力。同时税务机关要进一步推进机构、职能、权限、程序和责任法定化，完善征纳程序。

第二，控制裁量权，建立监督机制。依法治国也需要赋予行政机关必要的自由裁量权。相比而言，我国税务机的自由裁量权较大，但在行使权力过程中出现如核定个体税收定额不公平、罚款数额畸高畸低、优惠政策执行不到位等。其原因可归结为赋予税务机关的自由裁量权缺少具体标准。所以在实行依法征税的过程中，应推行税收执法权力清单制度，建立重大决策终身追究制度以及责任倒查机制，对于违法违规征税的行为予以严肃查处，以强化对税务机关及工作人员的监督与问责，杜绝随意征税现象发生。

第三，融洽征纳关系，营造和谐氛围。良好的征纳关系，不仅保证税源的充足稳定，同时也利于社会和谐、经济发展。税务机关应进一步取消审批事项，推进政务公开，简化办税程序，减轻程序负担，缩短办结时限，以方便纳税人，优化纳税

服务，营造协税护税的社会氛围。

（2）建立依法用税新常态

建立依法用税的新常态需要各级政府及税务机关转变观念。根据社会契约理论，公民纳税是以政府提供公共物品为前提，当政府提供的公共物品满足纳税人需要时，公民会自觉纳税，因为税收从根本上说就是纳税人为购买、消费社会公共商品或服务而支付的价格，公民与政府之间存在着一种交换关系。

依法用税是依法纳税的前提，目前我国偷税、漏税、骗税、欠税甚至暴力抗税的现象还是比较普遍，究其原因，不能简单地归结于公民纳税义务不强。目前我国教育、医疗、养老、失业等公共福利的不足，没能让群众充分感受到纳税的"受惠感"；相比之下，官员们公款吃喝、公费用车、公款出国任意挥霍纳税人的血汗，税收并没有取之于民用之于民，而是取之于民用之于官，纳税积极性不高便可以理解。

第一，强化政府及政府官员依法用税意识。长期以来，我国强调"纳税是每一个公民应尽的义务""取之于民、用之于民"，而对于政府官员依法用税的职责和法律义务的强调则不是很充分。这就导致政府官员形成这样一种观念即国家制定法律法规、收取税收是为了人民，而政府官员又是人民的公仆，因此，人民应该积极踊跃地交纳税收。在这种思维下，政府官员的依法用税意识没有得到应有的强化。所以，强化政府官员依法用税意识，提高依法用税责任，当好人民公仆。

第二，建立有效的监督体系和畅通的反馈渠道。在用税方面，政府必须加强对政府及官员的监督。要努力畅通纳税人监督体系，各级政府可建立信息公布平台，及时向社会公众反馈税款使用情况，并对重大项目进行成本效益分析，使公民能掌握税款的使用方向和使用效率，接受群众的监督，畅通纳税人反馈渠道，同时，通过法律规范、舆论监督等多种途径来促使政府及官员依法用税。

（3）建立依法纳税新常态

根据社会契约论原理，公民通过出让自己一部分私人财产以换取对公共物品的需要，根据"经济人"假设，每位公民都希望在不改变对公共物品消费的情况下支出最小，这就会出现"免费搭车"的现象，也就会造成国家财政收入不足，难以满足全社会对公共物品的需求，进而导致公共物品提供数量减少或质量下降。所以，公民要树立依法纳税的意识，明确依法纳税的目的和意义——保护个人权利。同时国家也将向公众公布用税情况，做到取之于民用之于民，形成良好的纳税氛围。

依法治税新常态之"新"在于观念，税收作为一种公共财产，来源于纳税人，最终要服务于纳税人，要坚持人民的主体地位。新常态之"常"在于落实，依法治税不能只停留于观念和口号，应成为税收活动实际奉行的日常准则，以此加快税制改革，优化税制结构，推进依法治国建设。

参考文献

（1）胥力伟. 中国税收立法问题研究[D]. 首都经贸大学，2012.

（2）沈阳. 依法治国方略下推进依法治税的思考[D]. 苏州大学，2006.

（3）十八届四中全会公报. 建设中国特色社会主义法治体系.

（4）卢梭. 社会契约论[M]. 北京：北京出版社，2012.

（5）安晶秋. 关于我国税收授权立法制度的法律思考[J]. 税务研究，2007.

（6）陈共. 财政学[M]. 北京：中国人民大学出版社，2004.

（7）刘剑文，熊伟. 二十年来中国税法学研究的回顾与前瞻[J]. 财税法论丛（第 1 卷），2002.

作者简介

王晨，1982 年 11 月生，经济学硕士，天津财经大学财政系 2014 级博士研究生。联系电话：13920957344；电子邮箱：tjufewangchen@126.com。

地方政府城市基础设施建设引入 PPP 模式的困境及其突破

摘要 在当前缓解地方融资平台债务风险压力、积极推动国内产能过剩"走出去"战略的背景下，在地方基础设施建设中引入 PPP 模式，不仅是一次宏观层面的体制机制变革，更是一次微观层面的操作方式升级。本文界定了 PPP 模式的概念，分析了我国 PPP 模式的常见运作方式，指出了地方政府城市基础设施建设中采用 PPP 模式的三大困境所在，并提出了突破这些困境的有效路径。

关键词 PPP 私人资本 BOT 特许经营

为贯彻落实十八届三中、四中全会精神，财政部提出推广运用政府与社会资本合作（PPP）模式，鼓励社会资本参与地方城市基础设施和公共事业的投资运营。这一举措可以提高基础设施供给效率和公共产品质量，逐步化解政府性债务，对于我国新型城镇化建设大有裨益。然而，基础设施项目的公益性程度差异较大，致使我国 PPP 的应用呈现出多样性、复杂性，如何根据城市基础设施公益性程度来撬动民间资本参与地方政府基础设施建设的"踏板"，解决 PPP 运作的现实困难成为当前亟待解决的问题。

1. 政府和社会资本合作（PPP）模式的界定

1.1 PPP 概念有广义和狭义之分

PPP 是 Public-Private Partnership（公私合作）的缩写，其内涵有广义和狭义之分。广义 PPP 是指政府与私人部门为提供公共产品或服务而建立的合作关系，授权特许经营权是其特征，具体形式包括 BOT（Build-Operate-Transfer）、BOO（Building-

Owning-Operation）、PFI（Private Finance Initiative）等模式。欧洲国家最早实践了类似 PPP 的模式，即授予公路养护人以"收费特许权"，从而实现政府和私人部门共同提供公共服务。20 世纪七八十年代以后，发达国家开始采用 BOT 模式，在特许期内以"使用者付费"的形式吸引私人参与基础设施建设。20 世纪 90 年代，英国政府首创性提出 PFI 模式，通过"政府付费"方式支持私人投资公共产品。近年来，发达国家在 BOT、PFI 的基础上，又探索了新的模式，即 PPP 的狭义概念模式，它与 BOT 原理类似，但更强调公私部门合作贯穿基础设施建设全过程。本文探讨的是 PPP 模式如何带动民间资本投入地方政府基础设施建设的问题，即 PPP 的狭义概念涉及的具体运作方式问题。

1.2　我国 PPP 模式的特征

我国 PPP 中的社会资本不仅包括外商投资、民营资本，还包括与当地政府没有行政管理关系的中央企业投资、外地国有企业投资等。具体而言，我国 PPP 的主要特征为：

第一，政府与私人部门共同组成特定项目公司（Special Purpose Vehicle，SPV），针对特定项目或资产与政府签订特许经营合同，并由 SPV 负责项目设计、融资、建设、运营，特许经营期满后 SPV 终结。

第二，公私部门通过 SPV 进行全过程合作，不仅包括融资、建设、特许经营，还包括规划、设计等前期工作。

第三，私人部门在特许经营期内一般通过"使用者付费"来获得成本补偿及合理回报。

2. 我国 PPP 的常见运作方式

PPP 模式注重结果而不是实现方式，它是一种激励型制度安排。由于能否"盈利"是社会资本的关注点，故而设计社会资本的投入和收益类型即成为 PPP 成功的关键。目前，我国 PPP 模式下社会资本的投入类型包括收购股权或收购资产、投融资建设、经营管理、按需求提供服务四种，而其收益类型则呈现多样化，如直接向公众或公共部门收费、政府给予财政补贴、经营项目副产品、降低营业成本扩大盈利空间、将盈亏状况或概率不同的项目打包实施 PPP 等。鉴于社会资本对公共项目的投入类型有所区别，致使其参与 PPP 的程度不同，项目产权的归属也不同。因而，我国目前 PPP 的运作方式可归纳为四类，如图 1 所示。

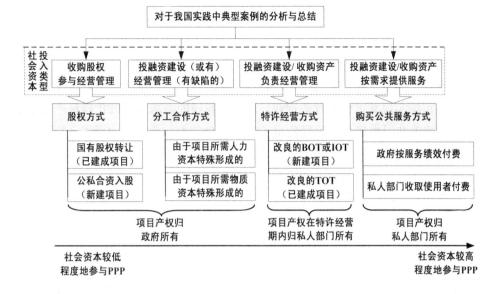

图 1　我国 PPP 运作方式

资料来源：根据天津市财政局资料绘制而得。

2.1　股权方式

2010 年 5 月《国务院关于鼓励和引导民间投资健康发展的若干意见》（国务院新 36 条）明确规定"鼓励和引导民营企业通过参股、控股、资产收购等多种形式，参与国有企业的改制重组。合理降低国有控股企业中的国有资本比例"。据此，我国以股权方式开展的 PPP 项目主要有如下两种：

一种是国有股权转让。对于城市供水、供气等已相对成熟且长期由国有企业垄断的行业，国有企业依法将其股东权益有偿转让给外资企业或民营企业，组建双方共同持股的合营项目公司（SPV），该公司在公私双方约定的特许经营期内采用以董事会为中心的公司治理模式，以"使用者付费"作为经营收入，按照股权比例分享利润。

另一种是公私合资入股。对于高速公路、民用机场、能源站等盈利能力良好的基础设施建设项目，可依法由国有企业与民营企业或外资企业共同出资建设，组建双方共同持股的合营项目公司（SPV），依据实际情况由民间资本控股或参股，在公私双方约定的特许经营期内采用以董事会为中心的公司治理模式，以"使用者付费"作为经营收入，按照股权比例分享利润。

2.2　分工合作方式

《国务院新 36 条》明确提出,"鼓励民间资本参与发展医疗事业","鼓励民间资本参与发展教育和社会培训事业"。对于医疗、教育等人力资本(主要是医生、教师)或某些特殊物质资本(如贵重的医疗设备或科研设备)占据重要地位,社会资本无法完全通过市场实现其优化配置的行业,现阶段我国的做法为,PPP 项目产权属于政府,公私双方共同组建合营项目公司(SPV),公共部门承担人力资本、特殊物质资本的配置工作,私人部门承担项目的建设以及该项目运营期间的日常管理、设备维护、专家服务等工作,当私人部门提供服务的质量达不到要求时,政府可实施惩罚,双方在约定的特许经营期内各司其职、各尽所能,共同实现公共服务质量与效率的提升。

2.3　特许经营方式

传统 BOT 方式由于私人部门不介入项目前期论证而对项目理解不全面,对风险的识别与评判不准确,公共部门在运营期间因将项目全部外包出去导致私人部门过度追求利润,难以保障项目的公益性。按照《国务院新 36 条》的精神,为了规避传统 BOT 模式的弊端,目前实践中尝试通过公私双方共同组建 SPV 来保证新建项目中私人部门能参与前期论证,同时保证项目特许经营中政府对公共产品盈利状况的有效监管,一旦项目收益超出预期,政府就依据合同约定下调公共产品价格,避免其获得暴利;反之,政府就通过补贴或涨价等方式使私人部门获得合理回报,从而将传统 BOT 模式进行了改良。

2.4　购买公共服务方式

《国务院新 36 条》明确规定,"鼓励民间资本参与发展社会福利事业。通过用地保障、信贷支持和政府采购等多种形式,鼓励民间资本投资建设专业化的服务设施,兴办养(托)老服务和残疾人康复、托养服务等各类社会福利机构"。我国购买公共服务方式的 PPP 模式不仅可由政府部门运用财政支出购买公共服务,还可由私人部门在特许经营期内直接收取"使用者付费",且公私双方还需组建 SPV 以实现对服务绩效和服务成本的严密监控。

3. 地方政府城市基础设施建设中引入 PPP 运作模式的困境

民间资本进入公共领域并不是个新鲜的话题,近年来各方讨论热烈,但实际效果依旧差强人意,"玻璃门、弹簧门、旋转门"的现象已经成为社会关注的焦点问题。究其原因,既有政策原因也有客观因素,特别是基础设施领域投资大、风险高、回报期长,民间资本进入还存在着迫切需要突破的困境。

3.1　确定政府与私人双赢的利益分配机制较为困难

利益分配机制的实质就是定价,这是 PPP 模式中最重要、最困难的环节。定价低了无法有效吸引私人资本;定价高了,基础设施项目出现暴利,违背基础设施准公共产品的本质属性,政府又会面临较大的社会舆论压力。最理想的定价结果是私人部门盈利但不暴利。从国际实践经验看,通常根据建造成本、运营维护费用、预期收益率等因素,倒算出价格上限,并根据未来使用流量、CPI 等变量,确定出定价公式。这种定价机制较成本加价法更能限定价格的随意上涨,同时也能激励私人部门降低成本、提高效率。但我国目前尽管也是根据 BOT 等公私合作项目的成本和未来收益定价,但实际政府很难在项目前期准确估算项目未来流量,又大多没有在特许权协议中对私人收益做出"可以调整"的约束性条款,从而导致难以确定恰当的政府与私人间利益分配机制。

3.2　确定政府与私人间适度的风险分担机制较为困难

风险分担的最优原则是,谁对哪种风险最有控制力,谁就承担相应的风险。一般而言,私人部门擅长控制建造、运营、技术风险,政府擅长分担政治、法律、政策风险。政府既不适宜承担过多风险,也不适合将风险过多转移给私人部门。目前部分地方政府出于吸引民间资本的目的,往往对公私合作项目给予了过多的承诺,甚至对一些市场风险"兜底",导致政府支出压力较大,这违背了政府为缓解地方政府基础设施建设资金压力而费尽心力引入 PPP 运作模式的初衷。

3.3　实现政府角色的恰当转变较为困难

公私合作建设城市基础设施项目的模式与传统模式相比的主要区别之一,即在于政府要从经营者转变为监督者。因为大多数基础设施项目如供水、供电、供热等,都具有自然垄断的特征,私人部门倾向于定高价,牟取暴利。这就要求政府在基础设施各领域设立专门的监管机构,负责对本行业公司合作项目的监管,重点监管基础设施产品的定价及提供效率。一方面,我国目前缺乏这样的专门监管机构,或者即使有这样的监管机构也由于机构设置不顺、职责权限不清等问题导致实际监管效果不佳;另一方面,由于政府没有发挥好监督职能,例如,准入期缺乏对竞争秩序的监督，建设期缺乏对资金使用的监督，运营期缺乏对服务质量的监督等，导致部分基础设施项目不但没有提高效率，甚至成了政商勾结的温床。如果政府在倡导引入 PPP 模式的同时，不加快对政府职能转变的研究和出台有效的监管制度，就会使 PPP 运作的效果偏离政府和社会的预期期望值。

4. 突破地方政府城市基础设施建设 PPP 运作模式困境的路径

应该看到，PPP 模式是一把"双刃剑"，对政府管理能力提升提出了挑战，要求政府在利益分配、风险识别、监管防控等方面具有较高的水平才能突破 PPP 运作中的困境，开启地方基础设施建设的新局面。

4.1　建立合理的政府和社会资本合作项目定价与调价机制

定价的合理性是决定 PPP 项目能否改善公共物品供给效率的关键因素，而价格的确定不仅依赖于私营、公共部门的利益，更依赖于项目受众的需求。基本确定准则应为，一是对于竞争性强的公共设施产品价格，应该让企业通过市场自由竞价形成定价；二是为了防止形成垄断高价、私营部门获得暴利，对于具有自然垄断性的业务和环节，仍需实行政府定价，但不再采取传统体制下僵硬的政府统一直接定价模式，而是采用科学调价机制下的定价模式。根据 PPP 项目的受众范围不同，PPP 项目的定价模式可以分为三类，一是听证定价模式，使用该模式定价的 PPP 项目受众较为广泛，在定价的过程中公众参与度高，适用于城市供水项目。二是政府统一定价模式，采用该模式定价的 PPP 项目一般服务对象比较单一，无需听证会，决定该 PPP 项目价格的因素往往是行业的平均价格指数。同时政府出于城市发展考虑，往往采取低价收费，以保证项目公益性目标的实现，适用于城市地铁项目。三是公私双方博弈模式，采用该模式定价的 PPP 项目受众范围较窄，决定该 PPP 项目价格的因素更多的是私营部门的谈判能力，适用于海水淡化项目、高速公路项目等。

科学的调价机制是实现公私部门共担风险、优势互补、保证公共利益最大化原则的基本手段。PPP 项目调价的基本原则是对私营部门暴利或亏损的情况进行调整，使私营部门能够获得长期合理的回报。产品或服务价格的调高需首先由 PPP 项目公司提出调价申请，并根据上期价格基数提出价格调整的方案，政府主管部门对 PPP 项目公司提交的申请和调价方案进行审核，审核通过后政府再组织价格调整听证会，之后才能进入最终调整价格阶段，且上述全过程都要接受独立的监管机构及政府、法律、人大代表和社会大众的监督管理，以保证 PPP 项目定价的公平和效率，如城市供水价格的调整。若部分 PPP 项目的价格无法调整，或者价格提高对公众满意度影响较大，政府部门可以通过提高补贴的方式对投资者做出合理的补偿，如保障房的建设。

4.2　基于长远视角，理性看待和评估风险因素

地方基础设施建设在 PPP 模式下，特许经营期限一般很长，少则 10 年、多则 30 年甚至更长。这就要求政府和私人部门都要从长远视角看待项目的投入和产出，既要算好眼前账，又要算好长远账，理性看待和预测项目可能产生的各种风险。对私人部门来说，如果过度压低建造成本，那么后续的运营维护成本就会拉高，项目总成本反而可能上升。对政府来说，引入 PPP 模式建设地方基础设施项目，虽然可以缓解当期财政压力，减轻地方政府债务压力，但如果为了吸引私人资本而承诺过高的税收优惠和财政补贴，就会增加未来支出压力，反而加大未来的地方政府债务风险，同时不计效果、不计门槛、一哄而上式的 PPP 引入模式会进一步加大地方政府或有负债的压力。需知道，在地方基础设施建设领域引入公私合作模式，是政府投融资模式的创新，但这并不意味着对传统政府主导投资模式的全盘摒弃。推广 PPP 是一个循序渐进的过程，在我国目前的起步阶段，对于一些经济基础较好的地区，可积极运用 PPP，对于一些欠发达地区还要考量各种风险隐患，小步试点，稳步推进。

4.3　完善政府管理性职能，建立健全 PPP 法律体系

一方面，PPP 项目涉及面广、关系复杂、专业性强，多数发达国家政府均建立了负责推进 PPP 项目的专门机构。因此，我国政府在引入 PPP 运作模式的同时，也要研究建立专门管理机构，避免多头管理带来的职能交叉和相互推诿等问题。另一方面，PPP 项目的运作周期长，基础设施建设项目更是如此，往往一个项目做下来，政府已经历经了好几次换届。目前有很多地方政府尝试地方人大为私人部门"背书"的方式来确保私人资本的收益。但是单靠政府机构甚至立法机构的承诺都难以彻底解除私人部门的后顾之忧，需要相应的法律法规作为保障。同时，PPP 项目法律关系复杂，各个环节都会涉及不同领域的法律问题。因此，推广 PPP 模式必须法规先行，中央层面要研究制订公私合作的总则性法律法规，地方层面也应研究建立区域性的公私合作法规体系。

参考文献

（1）高会芹. 基于 PPP 模式国际实践的 VFM 评价方法研究——以英国、德国、新加坡为例[J]. 项目管理技术，2011（3）：18～21.

（2）柯永建，王守清，陈炳泉. 英法海峡隧道的失败对 PPP 项目风险分担的启示[J]. 土木工程学报，2008（12）：97～102.

（3）贾康，孙洁，陈新平，程瑜. PPP 机制创新：呼唤法治化契约制度建设——泉州刺桐大桥 BOT 项目调研报告[J]. 经济研究参考，2014（13）：43～51.

（4）汪文雄，陈凯，钟伟，丁刚. 城市交通基础设施 PPP 项目产品/服务价格形成机理[J]. 建筑管理现代化，2009（2）：105～108.

（5）李启明，熊伟，袁竞峰. 基于多方满意的 PPP 项目调价机制的设计[J]. 东南大学学报（哲学社会科学版），2010(1).

（6）何寿奎，孙立东. 公共项目定价机制研究——基于 PPP 模式的分析[J]. 价格理论与实践，2010（2）：71～72.

作者简介

张丽恒，1977 年生，天津市经济发展研究所副编审，博士，研究方向：财政理论与政策。通信地址：天津市河西区福建路 17 号，邮编 300202。

第三编

教学管理与实践研究

社会保障专业硕士研究生学习中的
问题及破解方法研究
——基于×校研究生的本科专业背景视角①

焦培欣　关晓辉

摘要　×校劳动与社会保障专业自 2004 年起开始招收社会保障学学位硕士研究生，由于跨专业考入的学生居多，学生之间的专业基础知识水平参差不齐。本文基于学生本科专业背景视角，分析硕士研究生在学习中遇到的问题及其成因，并提出了培养学习兴趣、鼓励学生补课、改进教学方法、鼓励学术活动等破解之策。

关键词　社会保障专业硕士研究生　本科专业背景　学习兴趣　教学方法　学术活动

劳动与社会保障专业是为了满足我国改革开放后的社会经济发展对社会保障专业人才需要而设立的，1998 年教育部在新修订并颁布的《普通高等院校专业目录》中，增设了劳动与社会保障本科专业，并授权一些高校培养该专业研究生。据中国高等教育学生信息网和中国研究生招生信息网的统计，截至 2014 年，全国开设劳动与社会保障专业的院校已多达 156 所，招收社会保障专业硕士研究生的院校有 98 所。

×校于 2004 年开始招收社会保障专业学位硕士研究生，该专业隶属财政与公共管理系，经过十多年的发展，已经初具规模，平均每年招收硕士研究生 10 人左右，硕士研究生就业率 100%，其中进入国家劳动与社会保障部门从事社会保障管理服务工作的不足 10%，90%以上的毕业生均在银行、医院、大型企事业单位的人事部门从事职工社会保障方面的工作。

由于研究生毕业后很难进入国家社会保障部门从事管理服务工作，也难以进入高校从事理论政策制度的研究工作，导致一些硕士研究生学习理论知识的动力不足，加之社会保障专业招收的硕士研究生大多数是跨专业考入，给研究生的培养带来了

---

① 本文由天津财经大学学位与研究生教育教学改革研究项目（项目编号：2014YJY06）资助。

一定困难。因此，本文基于社会保障专业硕士研究生的生源，分析不同本科专业背景下的硕士研究生学习过程中遇到的问题及其成因，探究问题的解决之策。

1. ×校硕士研究生本科时段专业分布

我国普通高校社会保障专业招收的学位硕士研究生中，跨专业考入的学生占相当大的比例，学生专业理论基础知识水平参差不齐，对教学工作提出了严峻挑战。以×校为例，社会保障专业硕士招生面向全国各高校，2011～2014 年共招收学位硕士研究生 43 人。目前，在校生 20 人，其中 2013 级 6 人，2014 级 14 人，各含行政推免生 1 人；毕业研究生 23 人，2011 级 11 人，2012 级 12 人。研究生本科时所学专业及占比如表 1 和图 1 所示。

表 1　×校 2011～2014 年社会保障专业硕士研究生本科专业分布

本科专业	人数（人）
劳动与社会保障专业	11
社会工作	1
公共事业管理	3
人力资源	4
会计学	2
财务管理	1
财政学	2
金融学（含国际金融）	5
经济学	2
外语	2
旅游管理	1
国际经济与贸易	5
市场营销	3
广播电视新闻学	1

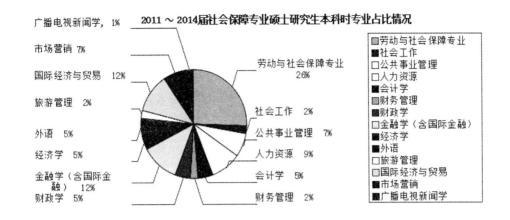

图 1　×校 2011～2014 年社会保障专业硕士研究生本科专业占比

从表 1 和图 1 可以看出，社会保障专业硕士研究生的本科专业呈现多样性和分散性。按专业分类，本科为社会保障专业的 11 人，所占比重为 26%；而本科为非社会保障专业的人数则高达 32 人，占比 74%。可见社会保障学硕士研究生跨专业考入的学生比例高是社会保障专业硕士研究生生源的特点之一；其另一特点是本科专业的分散性。

究其原因主要有以下几个方面：第一，社会保障专业的学科门类属于管理学，对于本科专业为工商管理、人力资源管理等其他管理学专业的学生，易于掌握社会保障学的专业知识，且对此专业感兴趣，是促使跨专业学习的一个重要原因；第二，×校硕士研究生入学考试不考数学，吸引了一些本科专业为外语类、中文类等数学基础差的学生报考；其三，一些不满足于本科院校和学历、试图通过研究生阶段的学习提升自己的毕业院校和自身学历的部分学生报考了×校。

2. ×校硕士研究生学习中的问题及其成因

本文按本科专业把×校硕士研究生分成两组，通过召开座谈会，了解学生在硕士研究生阶段学习中遇到的问题，并分析问题成因。

2.1　本科为社会保障专业的研究生

被劳动与社会保障专业录取的本科生，绝大多数并非根据本人填报的志愿，而是通过调剂被分配到该专业的，这就造成一些学生本科期间对专业课的学习缺乏主动性，对专业知识的了解不够深入和全面，基础知识不扎实。在研究生学习阶段遇到了如下问题：

第一，没有建立起系统的理论知识体系。本科期间学习专业课时，由于对社会保障专业缺乏全面的了解，学习兴趣不高，对于基本理论和基础知识的理解过于粗浅，没有建立起系统的知识体系，学到的知识非常零散，缺乏方向性，对于前沿学术问题更是知之甚少。开始研究生阶段的学习后，难以用本科学过的理论分析实际问题，知识利用低效化。

第二，不适应研究生阶段的教学方法。本科生的培养一般采用课堂讲授方式，由任课教师传授讲解专业基本理论和基础知识，学生只要认真听、做好笔记就可以了，而研究生的培养注重学生的科研能力和分析解决问题的实际能力，教学一般采用课堂讨论、学习会、专题讲座等方式，教师讲授的重点是研究理念、研究视角、分析方法和技术路线等，要求学生事先查找国外的政策制度、研读外文经典著作和有影响力的论文。由于本科时用外语阅读专业论文的训练较少，加之查找资料的经验不足，一些学生产生了消极的学习态度和行为。

第三，专业学习材料不足。虽然×校图书馆拥有大量的学术资源，仅藏书就有100余万册，还有许多期刊、杂志、报纸等，但社会保障方面的专业学习材料相对匮乏，前沿性著名外文期刊、文献以及国内外著名学者的专著只有极少量，先进国家社会保障制度改革及法律方面的原文资料难以找到，严重影响了学生专业知识的深入学习。

2.2　跨专业考入的硕士研究生

跨专业考入社会保障专业的学位硕士研究生，由于缺乏专业基础知识，加之一些学生读研究生的目的是为了提升自己毕业的院校或学历，并非为了学习专业知识，在学习专业课时遇到的问题，除了本科为社会保障专业的学生遇到的上述问题外，还有一些异质性问题。

一是，学习压力大。本科为非社会保障专业的学生，社会保障专业基础知识极度匮乏，对于研读的论文难以理解，对于一些学术观点也是对错难辨，觉得"隔行如隔山"，意识到了与本科学习社会保障专业同学在专业知识上的差距，与导师的学术交流也存在一定困难，感到心理压力很大。

二是，缺乏学习的积极性。专业知识的获得，需要一个由浅至深的学习过程，是靠听课和阅读逐步积累起来的。而跨专业考入的研究生没有本科基础，对新专业问题的分析缺乏理论支撑，难以全方位、多角度地把握问题。尽管自身努力弥补，但由于梳理学术问题的能力不够，加之专业问题的复杂性，往往是"事倍功半"。此外，一些学生考取研究生的目的并非为了学习专业知识，因此产生了畏难情绪，为了上课而上课，缺乏探索新知识的求知欲和能动性。

3. 破解研究生学习中的问题之对策

综上所述，无论本科时的专业是否是社会保障专业，在硕士研究生学习阶段都会遇到这样或那样的问题，以下将针对学生学习中的问题，探讨具体的破解之策。

首先，培养学习兴趣。古人云："知之者不如好之者，好知者不如乐之者。"兴趣是学好知识的内在驱动力，能够化低效为高效。硕士研究生已经具备了一定的探索知识和研究学问的能力，因此，指导教师应该在培养学生的学习兴趣上下功夫，进而提升其主动学习的积极性。为此应该根据学生所掌握的专业知识情况，有针对性地加以引导，因材施教。可以采用案例教学，启发学生分析问题，由问题产生的原因，联系到现行制度，再探讨如何完善制度，同时把外国制度改革的做法和经验穿插到教学中来，这样的教学方法有助于提升学生的学习兴趣。

其次，鼓励学生补课。对于基础知识薄弱尤其是基础知识欠缺的跨专业学生而言，有效利用课余时间，到劳动与社会保障专业本科生的课堂，认真听课、参加案例讨论课，是弥补其专业基础知识不足的捷径和有效方法。打好基础，对于研究生阶段的学习至关重要。指导教师应根据学生掌握的专业知识情况，鼓励学生到本科生课堂学习。

再次，改进教学方法。指导教师的教学方法对研究生的知识体系构建和学术思维培养具有重要影响。在专业课学习之初，教师就应该把学术前沿动态、学术热点问题、国内外经典著作、有影响力的论文介绍给学生，就某些热点问题，指导学生搜集资料，不定期地开展专题讨论，帮助学生逐渐适应研究生阶段的学习，针对学生有困惑的问题，进行画龙点睛式讲解。这样的教学方法对于克服学生学习中遇到的问题颇有成效。

最后，鼓励学生参加学术活动。为了提升学生的科研能力、创造更多的学习机会，一些高校每年都举办以研究生为对象的学术论坛。指导教师应该把参加学术交流活动作为研究生培养的一个重要内容，指导学生撰写论文，鼓励学生积极投稿、参加学术交流活动。这不仅有利于学生了解本领域的前沿动态，而且有利于拓宽学生的知识面，提升学生运用理论分析问题解决问题的能力。

参考资料

（1）李长远. 高校劳动与社会保障专业人才培养模式对比分析——基于对六所

高校的调研[J]. 福利教育（理论版），2014(12).

（2）冯敬一，朱宁波，李丹. 全日制硕士研究生自主学习状况探析[J]. 辽宁师范大学学报（社会科学版），2013(5).

（3）刘媛媛，邵文娟. 基于专业技能提升视角下劳动与社会保障专业实践体系构建[J]. 劳动保障世界，2013(10).

（4）范建刚. 学术型硕士研究生"学习低效困境"的成因及其破解——基于对 S 大学三年级研究生的调查[J]. 学位与研究生教育，2013(9).

（5）蒋琳玺. 跨专业硕士研究生学习困境及对策研究[J]. 青年文学家，2013(2).

（6）何运信，李美中. 跨专业与本专业硕士研究生差异化培养研究——基于对经济管理类专业研究生的问卷调查[J]. 高等农业教育，2010(1).

作者简介

焦培欣，天津财经大学经济学院财政与公共管理系教授。

关晓辉，天津财经大学社会保障专业 2013 级硕士研究生。

对提升本科毕业论文质量的若干思考①

李兰英

摘要 毕业论文是大学本科专业学生实现培养目标的一个综合性、实践性教学环节，是检验大学生四年学业期间所学各种知识掌握程度的综合测评工具，也是检验其综合素质的重要载体。本文针对本科毕业论文质量影响因素，探讨了完善财经类本科毕业论文质量保障体系的路径，旨在遏止财经类本科毕业论文质量下滑趋势，提升财经类本科毕业生综合素质。

关键词 大学生 本科毕业论文 论文质量提升

本科生毕业论文是高校教育教学工作的重要环节，毕业论文是大学本科专业学生实现培养目标的最后一个综合性、实践性教学环节，是培养学生综合运用知识和技能分析、研究、解决问题能力的重要教学形式，也是全面衡量学生基础理论知识、基本技能训练、语言写作实践能力、分析问题和解决问题能力的重要尺度，是对大学生学习成果的综合性总结和检验，是不容忽视的一个重要教学环节。但目前由于种种原因，本科毕业论文的质量堪忧，亟待提高。因此，分析影响毕业论文质量的诸多因素，完善毕业论文质量保障体系，对于遏止本科毕业论文质量下滑趋势，优化本科培养方案，提升本科毕业生综合素质，乃至对整个高等教育的发展都具有重要意义。

1. 毕业论文写作存在主要问题分析

1.1 论文选题随意性

高校财经类毕业论文选题的空间一般都比较宽泛，这无疑给学生提供了广泛的

---

① 本文为2015年天津财经大学教育教学改革项目"本科毕业论文质量保障体系研究"（立项编号为JGY2015-13）的阶段性成果。

研究视点。但选题空间大也使学生在选题时容易产生困惑，往往不知所措，出现种种选题失误。面对给定的选题方向，有些学生直接拿来作为标题，大而空，漫无边际，无从切入。比如：选题方向中有"财政政策与货币政策关系研究""中西方财政差异析源""现行税制改革研究"等方向性题目，希望的是学生选择其中的某一方面来作为毕业论文的研究视角，有些学生平时对一些问题没有思考钻研，没有资料的积累，选题时显得十分被动，随意选择一些概括性的题目，很难对某一领域进行深入研究论析。还有的学生不愿开动脑筋，直接拿来当下已有定论的题目，比如"预算法改革的必要性研究"，只能步人后尘，毫无新意。既缺乏创新价值，又缺乏理论和应用价值，也限制了学生主观能动性的发挥。还有的学生在选题时仅凭一时兴趣就选下题目，研究方向不甚明确，无所侧重，只能蜻蜓点水，接触不到问题实质，泛泛而谈。有的题目已经指导老师认可，但学生在进行下一步工作之前又作出较大的改变，甚至改变研究方向，推倒重来。还有一些学生选题时面对诸多选择举棋不定，最后只好确定某一领域作为自己的选题范围，然后寄希望于指导教师，让教师帮助自己确定题目。近年来不少教师在指导毕业论文时经常遇到这种情况。例如，有一位学生，第一次与指导教师见面时说准备写"政府间转移支付"方面的问题，但究竟要研究什么问题，是转移支付方式、转移支付模式还是转移支付的绩效评价，学生自己并不清楚。甚至有个别学生直接要求指导教师给他命题。总之，题目难以确定或者说确定不好的现象越来越多。

1.2　论文写作缺乏科学性

毕业论文的科学性要求所表述的内容具有可靠性，绝不允许凭主观臆断或个人好恶随意地取舍素材或得出结论。具体说来，一是观点要明确，论据要充分，有说服力。这就要求作者既要广泛地查阅文献资料和周密地进行调研，又要认真地梳理资料、研究文献，去粗取精，以最真实有力的论据作为立论的依据。二是在文字表述上，力求准确、精练，不含糊其辞，还要通俗易懂。对文中引用的各种专有名词、术语在语义上的内涵和外延要有正确的把握，不可望文生义。现实中，进入到论文写作阶段后，有的学生提交的论文初稿观念新颖、思想敏锐，但结构紊乱，表达不顺畅，逻辑思维混乱，是写作表达能力欠佳的表现；也有的论文从理论到理论，基本不联系财经改革的实际问题，更没有作者自己的思考和见解，也用功，常请教，但论文质量仍然不能提高，是思辨能力较差，理论脱离实际的表现；还有的学生论文选题有意义，材料也比较丰富，但缺乏新意，没有深度，是研究、创新能力薄弱的表现；更有甚者，交来的论文看起来不错，也有一定的理论水平，但一经查重，发现整段都是从网上下载的，是态度不端、懒惰的表现。

1.3　论文写作不合规范

本科毕业论文属于学术论文，财经类本科毕业生通过论文答辩是授予学士学位的必备条件。学生提交的毕业论文应具备学术文体的一般特征，主要内容包括：题目、目录、摘要、关键词、正文和参考文献等几个部分，一般来说，各高校对毕业论文格式（体例）都有明确规定，并对表格、数据、图片、模型、标注、外文字符等作出专门规定，但在学生提交的论文初稿中，仍然会出现大量的文本格式不规范问题。以摘要和关键词为例，论文摘要是以提供文献内容梗概为目的，简明、确切地记述论文重要内容的短文，其基本要素包括研究目的、方法、结果和结论。关键词是用于表达文献主题内容，无论是直接从题目中抽取的名词，还是从小标题、正文或摘要里抽取的部分词汇，都必须是单一的概念，切忌复合概念。而有的学生不会撰写摘要和关键词，写出的摘要不具有概括性，很松散；选择关键词时又将很普通的"制度""对策""建议"等列入，根本无法体现论文的核心内容。关于注释和参考文献的标注也存在很多问题，比如不注明出版社、出版时间，不注引文页码，文中引用的数据、文献不加脚注等。至于论文中错别字不断、标点符号乱用、段落不衔接、不认真校对、格式出现较大偏差等，都严重地影响了论文内容的表达，大大降低了论文质量。

2. 影响毕业论文质量的因素分析

2.1　学生重视程度欠缺

毕业论文的写作时间，普遍都会安排在大四最后一个学期。学生着手写作与完成毕业论文之时，正是毕业在即之际，他们会面临许多棘手的问题。最为紧要的问题就是毕业分配、就业。由于高校只推荐而不包毕业分配，加之就业形势普遍不乐观，所有应届大学毕业生都承受着相当大的就业压力，要花费大量时间忙于求职递简历、应聘面试以及到用人单位实习等方面。而写作毕业论文期间，学生自由支配时间，无需考勤，学生们大多就利用这段"可自由支配"的时间解决自己的当务之急，不少学生把主要精力放在找工作和考研上，没有认识到毕业论文的重要性，在论文写作过程中投入的时间精力均不够，将毕业论文看成是就业和考研过程中的一个包袱，认为毕业论文的成绩对找工作和考研没有直接影响，因此，采取消极应付的态度，毕业论文质量自然难以保证。加之网络技术的普及，为论文抄袭提供了便利条件，不少毕业生干脆从网络上东抄西摘，拼凑毕业论文，有的甚至直接整篇下载或者寻找"枪手"代笔。这些现象对毕业论文的写作质量影响极大。

2.2 论文指导师资不足

毕业论文是为了培养学生综合运用所学知识与解决实际问题的能力，除了对学生有一定的要求外，对指导教师的质量也有较高要求。毕业论文写作过程是教师和学生互动的过程，教师的认真指导对于学生毕业论文的写作及其成功与否具有重要意义，因此，指导教师也是影响学生毕业论文质量的重要因素。大学教师除了授课之外，还将重点放在科学研究上。近几年来高校连续大规模扩招后，学生多，师资力量严重欠缺。由于缺乏符合要求的指导教师，有的学校不得不增加教师指导论文的数量，或者将指导教师的要求降低，一些专业水平有限、经验不足、缺乏实践能力的教师也担任了论文指导任务。另外有些学院学生多，一个老师要带十几个甚至更多的学生，还要兼顾自己的科研工作或自我充实等，这样也导致老师精力不足，指导难免出现偏颇，这些都严重影响了对学生实践能力的培养，制约了毕业论文质量的提高。另外，也不排除在个别教师中存在着重视课堂教学、轻视论文指导的现象，具体表现为等待学生来找，学生不找也就不管不问等现象。

2.3 管理层面存在漏洞

管理层对本科毕业论文定位不准，平时教学中对学生科研能力的培养不够重视。部分老师上课照本宣科，而不注意教学的潜心钻研，更新知识能量，培养学生的科研意识；不注重借鉴各家之所长，启发学生独立思考，往往使学生陷入被动接受状态，而不会辩证思考、自主探析，缺乏创新思维。由于学生专业基础薄弱，学术研究能力较低，导致毕业论文流于形式、脱离实际、粗制滥造等现象有增无减；管理者层面也不愿意在学生毕业之际为难学生而绿灯大开，对论文过程管理重视不够，缺乏健全的管理机制。或缺乏规范，或规范不明确，缺乏可操作性；或疏于检查、监督、实施不力。虽然各高校都有毕业论文的相关管理规定，但在实施细则方面却很不完善，学校对毕业论文的管理大多停留在格式、字数以及查阅文献的多少上，而对决定毕业论文质量的环节监督力度不够，没有明确的考核指标和标准，这样，对学生的约束力不大，使论文质量无法得到保障。

3. 提升毕业论文质量的建议

3.1　狠抓管理，全程监督

面对目前本科论文存在的诸多问题，应从加强规范管理入手，首先明确本科毕业论文定位，明确毕业论文的指导思想、质量标准、格式规范、过程要求、评分标准、组织管理等内容，确立严格选题、重视开题、中期检查、加强指导、严格答辩、多人评审的工作程序，为全面提高毕业论文（设计）质量提供制度保障。为此要制定一系列相关管理制度，比如：毕业论文工作条例、毕业论文写作规范、毕业论文质量标准条例等，实行规范化管理，建立和完善毕业论文质量监控机制。其次，实行校、院、系三级督导制，强化对毕业论文指导流程和撰写过程的监控，建立和完善对指导老师的考核制度，对工作突出的教师在课时补助、评优晋升等方面予以倾斜，以确保指导老师时间到位、精力到位、指导到位。

3.2　端正思想，加强训练

制定合理的教学大纲和培养计划，应尽可能结合实际情况，调动学生的主动性、积极性，激发学生的创新能力。使学生充分认识毕业论文的重要性，在没有进入毕业论文研究阶段，要让学生知道，完成和撰写毕业论文是人才培养过程中一个十分重要的环节，是本科阶段必须完成的一门必修课，是毕业资格和获得学位的先决条件。为此要有针对性地深化毕业论文有效性探索，不仅可以提高学生综合知识的能力，而且可以提高学生的工作实践能力，培养学生分析问题和解决问题的能力。可以探索性实施导师制，即从大学二年级第一学期专业课开设伊始，就指派专业导师，根据专业特点和研究方向一致性原则，组建以导师为核心的包括大三、大四学生在内的调研小组。导师的责任包括参与、指导学生的社会实践活动和实践报告的撰写；为学生指定阅读课程之外相关专业的报刊书目，与学生互动交流，及时解决学生在阅读中遇到的问题，必要时还可以吸收学生参与导师所研究课题的调查、资料搜集、信息加工整理等工作，并训练学生撰写专题文献综述以及小论文，为毕业实习和毕业论文的写作奠定基础。

3.3　责任到人，严格把关

指导教师须树立过程决定质量的思想，加强对毕业论文的过程控制。在论文的撰写过程中，教师的正确指导是完成该项工作的关键因素之一。指导教师不仅要具备较深厚的科研素养，而且要有正确的态度，勇于承担艰巨的任务。要规范毕业论文指导教师的职责，在论文写作过程中由指导教师全程负责，包干到底。教师在选题方面要严格把关，题目选好后，教师的任务是指导，不是包办，要指导学生查找相关文献资料，鼓励学生解放思想，放开手脚，大胆尝试和创新，使学生明白做毕业论文不仅仅是要完成一篇文章，更重要的是培养独立思维、独立分析问题和解决问题的能力。在指导过程中，要注重培养学生的主动性和积极性，充分发挥学生的主体作用。为了激发指导教师的积极性，还需要整合全学校的力量，全方位、多渠道地开展工作。比如学校可以将指导本科生毕业论文的能力和指导质量作为评价教师的重要指标，在津贴补助、评优晋级等方面予以倾斜。还可以制定绩效奖励制度，将学生优秀论文评审结果与评选名师、教师晋升、年终评比等直接挂钩，这将对推动毕业论文指导工作起到促进作用。

提升本科毕业论文质量是一项系统工程，需要下大气力，综合制定全盘规划。除了到毕业论文写作阶段时必须做的工作之外，还要重视平时的基础性训练。例如举办科研论文专题讲座，系统地讲授有关科研论文的构成、写作方法、图表的分析、参考文献的应用以及论文的规范性等一系列问题，帮助学生更好地理解论文写作的主旨，以提高毕业论文的科学性、可读性和规范性。

参考文献

（1）费育曼，赵江农. 高校毕业论文写作现状的调查与对策[J]. 江西电力职业技术学院学报，2010（6）：76～77.

（2）李春平，张洪江. 完善管理机制,提高本科毕业论文质量[J]. 内蒙古农业大学学报，2010（2）：12～13.

（3）田杰. 提升本科生学位论文质量的对策建议[J]. 才智，2014（14）：26～28.

作者简介

李兰英，1957 年生，天津财经大学，管理学博士，教授。联系电话：13163102268；电子邮箱：lilanying2006@126.com。

关于开设新生专业导论课的思考①

刘秀丽　刘　阳　石智雪

摘要　新生专业导论课作为引导性的入门课程，可以帮助学生了解专业课程知识，激发学习兴趣，认识自身情况，明晰人生规划，是学生利用大学时期来强化自己的奠基性课程。虽国内外已经有高校开设了相关课程，但是并没有普及，尚未形成一套公认的体系。本文通过对该课程现状以及设置该门课程的必要性分析入手，对课程的内容、教学形式、考核形式等方面提出政策建议，以期达到开设该门课程的教学目标。

关键词　新生专业导论课　人才培养　课程体系

在现有的高校教育机制之下，专业课程是高等教育的核心环节，提高专业教学质量一直是高等教育人才培养的核心命题，但是低年级大学生接触的都是基础性的公共课程，只有到了高年级才能进入专业课程的学习，学生接触到的是被安排好的学习进程，只有进入大学一两年之后才能对自己所学的专业和自身规划有一个大致的认识，这既不利于学生专业课程的学习，也不利于学生素质的综合拓展，而新生专业导论课可以弥补这一缺陷。专业导论课，又被称为专业概论或者概述课，是关于新生的专业引导课程，通过对该专业的知识内容、专业地位和作用以及应用前景等多方面的学习，可以解决新生迷茫无方向、精神懈怠涣散、积极性下降等问题，同时有助于激发学生对专业领域的兴趣，培养应用型人才，提高教学质量，更好地完成教学目标。对于学生来说，专业导论课是学好其他课程的基石；对于教师来说，学生学好了专业导论课，就有了接受以后专业课程的主动性，有利于更好地实现既定教学目标。可见专业导论课的重要性不可小觑。

---

①　2015年天津财经大学教育教学改革项目"新生专业导论课建设的研究与实践"（项目编号：JGY2015-33）的阶段性研究成果。

1. 研究背景

该课程是高校改革的一项创新性举措，虽然已经有很多高校开设了入学教育类相关课程，但情况不一，目前尚未像其他大部分学科一样形成一套固定的教学内容和形式体系。要想上好这一类课，了解国内外的现实情况是很有必要的。

1.1 国内现状

（1）初入高校的大学生普遍处于迷茫状态

首先，高等学校的学习与之前中学的学习内容存在极大的不同，中学之前是由浅入深、循序渐进的一个过程；而大学除了由公共基础课、专业基础课到专业课的深入，更多的是学习的广度，高校课程的科目很多，每个学期的学习科目都不一样。其次，课程安排和进展的差别引发不适应，中学以前是学习一样的课程，学生知道接下来学习的科目；可是高校的课程安排中有的与学过的内容重复，同时又有学生完全不熟悉的专业术语，一般是被安排好的学习进度，并没有针对性的本专业课程培养方案系统性的指导，对学生意识的连贯适应形成一定挑战。再次，学习目标模糊，价值判断困惑，成绩的高低是检验课程学习效果的有力证据，是学生在高考压力之下习惯的思维方式。但是进入了高等教育阶段，已经不再是纯粹知识能力的加强，更重要的是应用型人才的培养。受过高等教育的人，应该是综合素质都得到全面发展的人，一个具备了完善人格进入到社会的人。最后，学生缺少合理规划，因为迷茫，本专业培养模式的缺陷导致学生对本专业目标、专业定位缺乏充分认识。调查表明，60%左右的学生不满意自己在大学的学习结果，认为这与入学时的期望有差距，多数同学认为原因在于大学期间没有对自己的学习生活做出合理规划，放任自己，导致学习效果不尽人意。如何让学生觉得没有虚度大学时光，帮助他们合理规划大学生活，是必须思考的问题。

（2）高校缺乏足够重视，存在盲区

为了迎合学生的学习需求与社会的人才需求，高校的教学改革探索一直在进行，在制定专业教学计划时，却并没有跳出传统教育理念的框架，虽然注意及时引入新理论、新思想、新方法，但是还是把教学中心放在教授专业知识上，现有的教学安排仍然是"各司其职"模式——各科教师对学生进行本专业知识"灌溉"，学生接受这些知识，但是却并不知道为什么要学习这门课程，对本课程的学科地位认识不充分，正所谓知其然，却不知其所以然。

对新生专业导论课价值的忽视是高校教学设计中的误区。专业导论课不像其他课程那样得到学术重视，对专业学科投入科研基金，做论文，搞科研，是目前大学普遍的状态，却鲜有高校对该门课程高度重视、强化管理，鲜有这方面的专业性师资，更缺少形成科学体系的教材与资料。然而事实上，新生专业导论课扮演着针对性、全局性的导航者的重要角色。高校必须意识到，开设并发挥新生专业导论课的重要作用是义不容辞的责任，只有将这门具有"穿针引线"作用的基础性课程开设好，才能更好地实现其他课程的教学目标，培养综合素质人才，提升高等教育的品质。

1.2　国外新生导论课的特色

美国、澳大利亚等国家非常重视对新生的入学教育，且教育形式多样化，具有新颖的特点。

（1）足够重视，投入较多的人力、物力

在国外，部分大学甚至设置专门机构来负责新生入学遇到的各种问题，在专职部门的领导下，其他部门进行协助，比如美国北卡罗来纳大学教堂山分校设立了新生及家长项目办公室，美国耶鲁大学在院长办公室下设新生事务办公室；而且，这些高校并不停留在新生入学的那一小段时间，美国很多高校实施"新生头年计划"更是将新生教育的时间拉长为一年，其中包含了学生学习工作的综合规划，效果甚佳，被诸多国家效仿。

（2）形式多样，贴近学生实际

为了使学生更好地实现中学到大学的过渡，更快适应和融入大学生活，高校采用课程式和个性活动相结合的方法，组织针对新生的多样新颖的各种活动。首先，课程教学是必要的也是重要的环节，比如，美国的大学规定新生修满入学课程的学分之后才允许接下来课程的学习，澳大利亚新生开学第一周听各种辅导课；其次，除了课堂形式，还有很多其他的形式，入学手册、入学网站等，内容涵盖教学生处理人际关系，管理时间等。美国、法国、新加坡等国家还有志愿者活动、研讨会、咨询辅导、专题讲座等令学生乐于接受的方式，这些方式可以引起学生学习兴趣，发掘学生专业潜能，让学生消除陌生感，全面快速地了解学校。

2. 开设新生专业导论课的必要性

迷茫与困惑是每一个大一新生都会有的状态，每个参加过高考的人都知道，报考志愿的时候基本上凭借的是对专业名义上的理解或者其他人的建议，实际上并不了解学科的具体情况，包括课程内容、学科地位、就业前景等，虽然很多高校在大一的时候给予学生转专业的机会，但是由于认识粗浅，好多学生并不能真正了解自己到底适合怎样学习。让学生在大学伊始就尽快了解专业性质，对自身所处的学习环境有最基本的了解，不管是对今后的学习还是生活，都是有益的。针对这门课程的特殊性，新生专业导论课的开设有其独特的理论意义和现实意义。

2.1 通过启发引导，培养学生对专业的学习兴趣

新生专业导论课中对专业知识的介绍是必不可少的内容之一。面对截然不同的学习模式，陌生感是学生共有的情感体会，虽然报考了这个专业，但是事实上很少有人真正了解本专业的学习内容、专业性质、学科地位、未来发展等专业性的知识，这也是新生专业导论最基本的教学目标之一，让学生在本专业开始专业课之前就对本专业有了正确的认识，从而培养学生的信心，激发学习兴趣，使之对未来几年有希冀。兴趣是学好一门课程最好的方法，只有有了兴趣才会由"浇灌式"教学变成"启发式"教学，使学生积极主动地融入到学习过程中去，达到事半功倍的效果。

2.2 提高专业课程的教学效果

新生专业导论课解决了新生普遍存在的"这个学科是干什么的，会学什么，我要怎么学，以后可以应用其干什么"的问题，学生对本专业有了一定了解，知晓了本专业的课程设计情况，也就提升了教学活动的参与度，有了继续学习研究的动力。之后再接触大学中开设的其他课程，就会减少突兀感，激励学生掌握有效率的学习方法。因而，学习该门课程不仅对本时期有影响，对以后的其他学科都有不可忽视的积极影响，从而可以调动整个教学设计体系的有效运行。

2.3 加强学生对学校的归属感和认同感

高等教育机制与中学教育机制不同，不再是简单的一个班级一个固定教室，学生面临的多方面条件都有很大改变，除了对专业知识的讲解，新生专业导论课还有对学生所处的人文环境等其他方面的介绍。该过程可以使学生在学习专业课程之前就认识并了解自己大学期间要接触的老师及机构设置，对大学的尽快熟悉可以让学生拥有归属感和认同感。

2.4 解开学生心中的迷茫，对未来有较为明晰的规划

大学，不仅仅是获取知识的课堂，更是完善人格、为以后融入社会做好准备的场所。然而事实上，大部分学生进入大学是不清楚知道自己是要干什么的，并不能

做到充分利用好时间，以至于不少毕业生遗憾没有规划好大学时光。

教会学生制定属于自己的职业生涯规划是大学教育应尽义务，新生专业导论课有助于解决学生迷茫的问题，认清自我，从而建立起合理的规划，提高综合素质，提高就业竞争力，更好地适应工作岗位需求。

3. 新生专业导论课程体系的设置

3.1　课程目标设置

开设新生专业导论课的目的是为了让大一新生能够更快更好地融入大学生活学习中。大学不仅在学习环境上与中学有很大的差异，在学习形式、生活方式上也有很大的不同，因此如何让新生主动、快速地融入大学的学习生活中，这就需要有专门的课程加以引导，并且需要专业的教师为其讲解辅导，使其能够基本了解本专业的理论基础、学习内容、学习方法、学习目标以及本专业的就业方向；同时培养其学习兴趣，提高自学能力，从而帮助大学生们有目的、有规划地度过今后四年的学习生活。

首先，让学生对所学的专业有一个全面系统的了解。开设新生专业导论课，使学生在学习专业课之前就清楚地知道本专业的基本理论、培养目标、专业课的学习方法以及应具备的分析和解决专业问题的基本技能和能力。大一新生通过专业导论课的学习，学习目标就会更加具体、明确，学习也会更加有动力。

其次，提高大学生的专业理论素养与人文素质。大学教育不仅要求大学生要充分掌握书本知识，同时还要增强研究和解决实际问题的能力。因此开设专业导论课、上好专业导论课，在导论课的教学中注意培养学生的学习方法，使他们既能够理解并掌握书本知识，又能够养成发现问题、解决问题的好习惯。

再次，培养学生对专业课的兴趣。兴趣是学习的动力，想要充分调动学生学习的主动性、积极性和自觉性，就要提高学生的学习兴趣，使他们愿意学习。积极培养学生的学习兴趣，激发学生强烈的求知欲望和学习动机，这样才能使其更快更好地掌握知识。

最后，让学生能够规划自己的职业生涯。大学阶段是学生决定未来发展方向的关键时期，因此大学教育应该能够帮助学生了解自己所选择的专业，让学生对本专业人才所能从事的职业以及适应的岗位有初步的了解，从而能够做好自己的大学学习规划和未来的职业规划，为未来步入职场奠定基础。

3.2　课程内容的设置

新生导论课的开设，需要学校的高度重视，不仅要为新生提供设备和硬件条件，雄厚的师资力量也是不可或缺的。新生导论课应由优秀教师通过新颖的方式为新生进行讲解，要充分调动学生的积极性，使其能够融入到教学中来，不能使学生在对专业课一开始就对本专业课程失去兴趣。同时新生导论课的设置要与本专业息息相关，要对专业课起到引导的作用，切不可泛泛而谈。为了实现专业导论课的教学目标，在内容的设置方面应该包括对所学学科和专业的分析、本专业学习目标和方法以及本专业的职业规划等内容。

第一，学科与专业分析。新生专业导论课在这方面首先要从本专业的历史背景开始分析，向学生们概括讲解本专业的发展、本专业的内容和特色以及本专业的教学计划；然后结合本校的实际情况，介绍该专业在我校的发展情况、培养模式与目标、教学资源以及该专业的就业前景；最后结合专业知识，介绍本专业的横向发展，通过介绍国内外该学科相关行业的基本情况和发展状况，分析该专业的社会发展前景，最终使学生能够对自己的专业有个全面系统的了解。

第二，本专业教学安排。通过向学生们介绍本学科的课程体系，使他们能够明白本专业所设置的基础课与专业课、理论课与实践课、必修课与选修课以及这些课程之间的相互联系；明白本专业的培养目标、教学计划与学分安排；除此之外，还应该了解本专业对基础知识、个人能力的要求；学校对该专业的教学资源配备，如师资、实验室、校外基地、校内软件资源等，从而保证他们能够有计划、有组织地安排好大学四年的学习生活。

第三，学习方法和兴趣的培养。通过专业导论课的学习，培养学生们的学习兴趣及对本专业的热情，使他们能够对未来的大学学习生活充满向往。同时还要注意科学的学习方法的培养。专业的学习方法体系不仅能够帮助他们减少学习专业课的阻力，而且这在一定程度也会避免部分学科较难对学生的学习热情造成打击；相反，科学的学习方法会加大他们的学习动力。学习方法和兴趣的培养能够让学生了解大学学习的特点，激发学生的学习主动性和创造性。

第四，职业规划设计。新生专业导论课的目标之一就是使新生对自己未来的职业生涯做好规划，所以职业规划设计也是课程内容必不可少的一部分。专业导论课的内容要结合学科和专业的发展情况和趋势，让学生了解所学专业在经济社会中的重要作用，通过介绍与本专业相关的职业及岗位以及本专业毕业生应具备的职业素质等，使学生初步建立起对本专业的认同感、自豪感，从而热爱本专业的学习。

3.3　课程教学方法的设置

大学的学习生活与中学有很大的差别,作为刚从中学毕业进入大学的学生来说,他们还不能够对大学有个全面清晰的认识,这在一定程度上会阻碍他们快速融入新的学习环境中。因此在教学方法的上要充分考虑新生的心理状态,保证采用的教学方式能够被他们接受,更重要的是,能够以新颖的教学方式吸引他们的注意力,使他们对今后的学习生活充满期待和向往。大学课程的教学方式有很多种,结合新生专业导论课的目标和特点,可尝试采用不同的教学方式。

第一,参与式课堂讲授。新生专业导论课以理论教学为主,在教学时为了激发学生们的学习热情,建议采用“参与式”的课堂教学方法。通过全体学生与老师之间进行互动、学生之间相互讨论辩论等方式使学生主动参与到教学中,一方面,在互动中共同学习、相互启发,深入理解所学知识内容;另一方面,通过合作又可以培养学生的团队精神、协作意识,提高沟通能力。

第二,名人专题讲座。教学方式应该多样化,可以邀请本专业的校内外名人包括已毕业的优秀学姐学长进行专题讲座,并进行提问和讨论,从而帮助学生从各种角度来了解本专业的相关内容及学习方式。邀请本专业相关名人对其所研究领域的知识、发展概况、基本要求等向学生进行专题讲座;同时邀请历届优秀毕业生向新生介绍本专业的学习方法和学生的就业情况和就业现状,使学弟学妹们能够一方面总结并借鉴本专业学习的学习经验,另一方面使他们对未来就业有了一个大致的了解。

第三,实地参观体验。学校可以组织大一新生去与本专业有关联的实验室、科研机构或者企业参观学习并进行社会实践。通过近距离与专业实践接触,能够让学生对本专业以及今后的就业了解得更加透彻。通过亲身实践,他们会揭开本专业的神秘面纱,明白专业的目标和要求,今后的学习生活也不再会局限于课本和讲义,面对专业也不会再一无所知,毫无头绪,他们将会以未来主人的身份迎接专业的学习和未来的就业。

3.4　课程考核方法的设置

任何课程体系的设置都需要考核方法,只有通过考核才可以检验该课程的教学效果,才可以考察该课程设置的意义。

通过借鉴国内外开设专业导论课的经验,可将考核方式设置为平时成绩占40%,期末考试成绩占60%。专业导论课主要还是应该考察学生平时的课堂表现,期末考试不宜采用论文形式,宜采用开卷的方式,试题为开放式主观题。内容不仅包括专业理论知识，还要涵盖学生对本专业的理解和认识，采用开放式试卷，学生可根据自己实际情况自由发挥。最终任课教师根据这三部分的成绩综合评定，给出最终成绩。

根据平时学习情况可建立平时学习档案，由课堂表现、课外作业、课外阅读等内容构成，依据学生在课堂上回答问题、小组讨论、团队合作的表现来进行评判，并给出成绩标准，计入平时成绩；课外作业可以多样化，组织学生听讲座，写心得体会，参与实践学习，制作 PPT 等都可以作为作业，并要求学生总结自己获得的知识和感悟，教师根据学生的总结报告计入成绩。

为了实现中学和大学的完美衔接，开设新生专业导论课具有不可或缺的意义。新生导论课应该起到专业指导、职业咨询、人生教育等多重作用，即能够帮助学生了解自己的专业，对自己专业目标、培养计划、专业基本要求有初步的认识，使其对四年大学学习生活不再迷茫、彷徨；通过优秀教师的引导，培育学生对本专业学习的兴趣，激发他们学习的热情，并辅助他们做好学习规划，从而更加自信地迎接未来的学习生活；通过向学生们介绍与其专业相关的行业发展状况，使学生们对自己未来就业方向以及就业形势有概括的了解，以保证他们可以合理、系统地安排大学的学习生活，并能够增强自身实力，以达到专业的要求，为就业时刻准备着。总之，专业导论课意义非凡，开设专业导论课势在必行，高校应本着对学生负责、对社会负责的态度，给予这门课程高度的重视。

参考文献

（1）刘雪. 大类招生背景下专业导论课的教学实践与探索[J]. 工会论坛，2013(19).

（2）王蓉蓉. 大学生职业生涯规划中的问题及对策[J]. 当代财经，2014(23).

（3）王晓晖. 大学专业导论课开设的目标探析[J]. 高教论坛，2013(12).

（4）时洁，李秀坤，周天，张海刚，郭龙祥. 电子信息工程专业导论课程研究[J]. 高教学刊，2015(8).

（5）苗艳凤，关惠元. 对"专业导论"课程教学体系设置的探讨[J]. 中国林业教育，2012(30).

（6）翟光宇. 对金融专业新生研讨课的思考[J]. 金融教育研究，2014(27).

（7）杨玉民，孟宪梅，王海修. 对开设专业导论课程的认识[J]. 吉林工商学院学报，2012(28).

（8）朱福兴，李惠娟，李莉. 高校增设"学科与专业导论"课程的探索与展望

[J]. 常熟理工学院学报（教育科学），2011(12).

（9）任唤麟. 高校专业导论教学内容设置探讨[J]. 旅游研究，2015（1）：66～69.

（10）高海霞. 工商管理类专业导论课的教学心得[J]. 科技视界，2012(19).

（11）杨晓东，崔亚新，刘贵富. 试论高等学校专业导论课的开设[J]. 黑龙江高教研究，2010(7).

（12）郭俐兵. 应用型大学视角下就业指导课程教学的现状及改革[J]. 科教导刊，2015(5).

（13）林年添，丁仁伟，杨思通，赵俐红，李建平. 导论课在有效教学中的作用及其实施对策[J]. 企业科技与发展，2014(24).

（14）郭宇星. 高校大一新生专业导论课的开设初探[J]. 中国学术期刊电子出版社，2013(21).

（15）宋育红. 如何给大一新生上好专业导论课[J]. 价值工程，2012(7).

作者简介

刘秀丽，天津财经大学教授。

刘阳，天津财经大学硕士生。

石智雪，天津财经大学硕士生。

劳动与社会保障硕士研究生学术能力培养研究
——基于跨专业背景视角[①]

焦培欣　赵彦霞

摘要　随着我国社会保障事业的发展，社会保障管理服务部门及其他企事业单位对社会保障专业人才的需求明显增加，跨专业考取社会保障硕士研究生的人数逐年增长。本文通过对跨专业社会保障硕士研究生学术能力的优劣势分析，提出通过构建开放性的课程体系、讨论为主的课堂授课形式、端正学习态度等办法来提高跨专业研究生学术能力的建议。

关键词　跨专业社会保障硕士研究生　学术能力培养　开放性课程

1. 研究生学术能力概念界定

国内对于"学术能力"的概念界定主要分为系统说、科研说、学习力说、感悟说和梳理创新说。系统说认为"学术"是指有系统地从事专门学问的活动。一个人的学术能力主要包括：问题的发现能力、文献收集及整理的能力、概念的生成及厘定能力、做出学术命题的能力、研究过程的能力以及学术前沿的敏感能力。科研说要侧重把学术能力等同于科研能力；学习力说把学术能力等同于学习能力；感悟说则认为学术能力是对学术的感悟能力，主要包括动手能力、沟通能力、参与能力、观察能力等十种能力；梳理创新说认为梳理能力是在专业课基础之上阅读相关文献并进行梳理，在梳理的基础之上进行创新。本文认为"学术能力"是指，进行学术研究所必需的知识层面素质和能力，知识层面主要侧重于专业基础理论知识，而问题的发现能力、文献收集及整理能力、科研能力、学习能力都是建立在专业基础知识之上的。

---

① 本文由天津财经大学学位与研究生教育教学改革研究项目（项目编号：2014YJY06）资助。

2. 跨专业研究生学术能力

跨专业研究生是指研究生专业与本科专业不一致。可以把跨专业研究生分为以下三大类：一是一级学科内部各二级学科之间的跨越，如一级学科公共管理下的二级学科，行政管理专业和劳动与社会保障专业；二是相同学科门类下各一级学科之间的跨越，如从工商管理专业跨入公共管理专业；三是不同学科门类之间的大跨越，如从数学专业跨入经济学专业。

本文以某大学社会保障专硕士研究生为研究对象。经过调查发现，跨专业的学生有相同学科门类下各一级学科之间的跨越，如由旅游管理、市场营销、人力资源管理专业转入劳动与社会保障专业的；也有不同学科门类之间的大跨越，如由外国语言文学类日语、英语，经济学类金融、国际经济与贸易等经济学类。根据调查发现，大部分学生选择社会保障专业是因为考研不考数学，考试相对容易，而且毕业后可以获取研究生学历，就业具有学历优势。

2.1　跨专业硕士研究生的优势

跨专业研究生虽然专业基础知识、思维方式和逻辑能力等方面与本专业研究生存在差异，但是本科所学专业对于所跨专业有一定的优势。社会保障学是与政治学、经济学、社会学、历史学、法学等学科相交叉的学科。在研究社会保障时，必须引入这些交叉学科的知识，通过跨学科的研究视角和方法来研究社会保障制度。例如理工科专业的学生有良好的数理功底、计算机基础、思维逻辑能力，可以运用数理模型对社会保障制度进行分析。大学专业是英语和日语专业的学生，在研究国外相关文献的能力优于别的专业；经济类专业的学生可以从经济的视角切入社会保障专业，如社保基金的管理与运营、缴费比例的设计、保险税率等需要经济方面专业的知识。

2.2　跨专业硕士研究生的劣势

（1）学科间知识体系衔接性差

研究生的专业知识是本科专业基础知识的进一步升华，不仅在本科生专业基础之上获得更深入、更高层次的理论知识，而且在学术能力方面也要高出一个层次。跨专业研究生本科专业的多元化使他们掌握的本专业基础知识水平参差不齐。据了解社会保障专业的硕士研究生中部分学生大学四年从未接触过社会保障专业；一些学生甚至都没听说过社会保障专业；有的学生只是知道有这个专业。

（2）跨专业学生专业知识匮乏

跨专业研究生入学前学科知识的掌握主要来源于考研时规定的考试指定教科书，没有专业老师的教学，学习的专业知识不够系统，不够深入，在专业理论知识方面落后于本专业学生。专业知识的不足影响本专业问题的发现能力、学术判断力以及学术敏感程度。

（3）跨专业学生专业理念和专业素养欠缺

由于本科期间没有经过专业知识的培养，进入另一个专业学习会遇到很多难题，把握不到所学专业的核心；专业知识结构不合理，专业功底薄弱。因为在本科阶段没有系统学习过社会保障专业相关的专业课程，进入研究生学习阶段以后，跨专业研究生对该专业学术不敏感；盲目跨专业，学习动力不足。这些因素导致部分研究生学习态度不端正，学习动力不足。本专业的研究生本科期间可以较系统地学习学科专业理论知识，专业知识功底相对较好，专业素养方面优于跨专业研究生。在调查的本科为社会保障专业的研究生中，主要学习了社会保障学、社会保障概论、社会保险学、社会救助与社会福利等相关专业课程，并通过考试的形式加强专业知识基础。

总体来讲，本专业与跨专业社会保障研究生主要的区别就在于专业基础知识、学术敏感度、学习动机三个方面，应从这三个方面加强跨专业研究生学术能力培养。

3. 提高跨专业硕士研究生学术能力的建议

跨专业研究生主要是在专业基础知识方面以及专业敏感度方面不及本专业研究生，在三年的研究生期间仅仅依靠专业教师的授课来提高专业基础知识以及专业敏感度是远远不够的。如果相关专业基础与理论得不到加强，学生缺乏基础理论积累，则不利于拓展这类学生基础理论的深度和广度、综合素质和研究能力。

3.1 构建开放性课程体系

由于跨专业的研究生本专业知识参差不齐，因此课程设计时要考虑个体之间的差异。学校可以构建开放性的课程体系，这样无论是同专业研究生还是跨专业研究生都可以根据自己的需要与兴趣自主选择课程进行学习研究。跨专业的研究生可以学习本校本科生专业课程，也可以跨校学习，最后通过考试来检验学习成果。

3.2 创建讨论型课堂学习形式

研究生对专业知识要求更加全面，在知识的广度和深度上需要提升到更高层次。

研究生课堂学习要以讨论为主，这样，可以激发学生的独立思考能力和创新能力。导师提供学术前沿观点和热点供学生讨论，学生在课堂之外搜集资料，并进行课堂讲解，通过同学与同学之间、师生之间的讨论来丰富知识储备。这样一方面可以提高学生的文献的搜集与整理能力，另一方面提高专业敏感度，进而提高学生的学术能力。

3.3　不定期地进行心理辅导

在高等教育大众化的背景下，社会保障专业的就业领域狭窄，主要对口就业方向就是人力资源管理工作、人社局及商业保险行业。劳动与社会保障专业、人力资源管理专业、保险学专业、社会工作等专业学科之间交叉，就业时与这些专业竞争，就业面临着巨大压力。

根据调查，劳动与社会保障大部分跨专业研究生取得了银行、会计、证券等热门专业方面的证书，但这些证书的含水量比较大，学习到的东西过于表面化，在就业时未必会发挥重要的作用。跨专业研究生对社会保障专业就业前景缺乏信心，造成了心理压力过大。因此，学校应开设相关的心理辅导讲座，向跨专业研究生灌输积极的思想，使其认识到本专业及自身存在的优势。导师根据学生的具体情况安排课程，消除学习的困惑，激发学习的动力，最终适应新专业的学习。

3.4　端正自身的学习态度

研究生属于高素质的人才，主要偏向于研究层面。许多研究生读研的目的就是获得研究生学历，可以找到更好的工作。这种功利性思维会导致学生在学习中过于浮躁，不能专心于学术研究，因此无论是本专业还是跨专业学生都应端正学习态度。跨专业研究生由于专业基础知识薄弱，专业敏感度差，学习压力相对较大，更容易偏离学术研究的轨道。研究生期间需要通过广泛学习社会保障专业学术资源，找到自己的兴趣点，从内心对学术产生兴趣，激发学习热情，进行主动式学习。

参考资料

（1）肖川，胡乐乐. 论研究生学术能力的培养[J]. 学位与研究生教育，2006(9).

（2）叶树霞. 跨学科专业复合型研究生培养的途径及措施初探[J]. 科技视界，2015(1).

（3）徐庆庆. 国内文科类学术型研究生学术能力研究综述[J]. 教书育人·高教论坛，2014(11).

（4）陈木龙，张敏强. 研究生科研能力结构模型的构建及胜任特征分析[J]. 高教探索，2013(1).

（5）赵蒙成. 研究生学习力的特点与养成策略[J]. 学位与研究生教育，2010(8).

（6）丁小义，余红娜. 培养"跨专业"研究生的探讨——以经济管理类研究生为例[J]. 消费导刊·教育时空，2008(2).

作者简介

焦培欣，天津财经大学经济学院财政与公共管理系，教授。

赵彦霞，天津财经大学社会保障专业硕士研究生。

探寻政府行政管理学的本土渊源[①]

郭 昱 凌 岚

摘要 我国公共管理专业学位教育 10 多年来为各级政府部门培养出大批高素质、实用型的管理人才。但公共管理专业所讲授的政府行政管理、政治学、行政法等课程似乎存在偏重"西化"的现象。有鉴于此,本文试图对中国本土文化中政府行政管理学说和实践做几点梳理,并建议我国公共管理相关学科的教学内容与知识体系做适当调整,增加一些体现中国文化精髓的政府管理的学说思想和政策主张。

关键词 中国古代行政思想 古为今用 实践教学 教学改革

现代公共管理专业教育始于 20 世纪 20 年代的美国,1924 年,美国锡拉丘兹大学率先成立了马克斯维尔公民与公共事务学院,招收公共管理专业研究生。随后,美欧各大名校也先后启动了类似的研究生教育规划,进而促进了公共管理教育在全世界的普及与发展。我国公共管理专业学位教育始于 2001 年,10 多年来已经为各级政府部门培养出大批高素质、实用型的管理人才。但在这门学科恢复之初,或多或少地让人感到某些偏重"西化"的倾向,表现在比较多地翻译、引入西方教材,授课中较多地运用西方理论、概念和价值观,介绍西方行政管理理论的发展演变等,而对于中国传统行政管理学说重视不够。打开多数教科书都不难发现这种情况,这不能不令人遗憾。如果我们从中国上下五千年历史文化传承的视角,通观政府行政管理学科的前身,如政治、伦理、组织、人事及社会政策等学说的演进脉络,不仅可以追溯到本土理论学说深厚悠久的渊源,还能从中领悟到政府行政理论是如何伴随社会实践而发展,怎样在社会变迁推动下从象牙塔走向民间,经过实践检验优胜劣汰,得到升华而成为经世治国的经典。

---

① 本文是天津财经大学教育学改革科研课题"公共管理相关课程实践教学创新"及学位与研究生教育教学改革科研课题"研究生思想政治教育实践创新"的研究成果。

1. 中国历代行政管理思想

许多西方行政学者早已认识到，古代东方是行政思想的发祥地。著名的国际公共管理学者艾伦·休斯曾经论证，行政管理是与政府的概念同步发展的，最早的行政系统出现在古埃及，当时行政系统的主要作用是治理尼罗河一年一度的洪水泛滥，管理灌溉和建造金字塔。在中国卷帙浩繁的行政管理典籍中，艾伦·休斯先生对儒家"选贤任能"的记载尤为关注，即《礼记·礼运》所述："大道之行也，天下为公，选贤与能，讲信修睦。"① 美国行政管理学家杰伊·沙夫里茨和艾伯特·海德也在《公共行政学经典》一书中高度赞誉了中国古代、古埃及古巴比伦人留下的行政管理知识。的确如此，华夏文明中有关政府行政的学说和实践可以追溯到更远，从夏代就有尧舜禅让、大禹治水的记载，到先秦诸子百家时期更涌现出以儒、墨、道、法为代表的伟大思想家和实践者，他们游说四方，传道讲学，铸就了一派教育兴盛、学术繁荣的景象。各家学说无不在历代政府管理思想的薪火相传中打下深深烙印。以下我们尝试作几点梳理。

1.1　儒家学说

儒家学说是中国古代的主流行政思想，中国自宋代始素有"半部论语治天下"之说，儒家思想对中国、东亚乃至全世界都产生过深远影响。儒家反对严刑峻法，向统治者建言实行"德政"或"仁政"。孔子提出富民、惠民政策，他认为用道德和礼教来治理国家是最高尚的治国之道。儒家学说的影响也反映在中国古代的教育学专著中。《学记》是我国也是世界上最早一篇论述教育学的文章，写作于战国晚期。② 《学记》言简意赅，喻辞生动，它论述了教育作为政府施政工具，对于传达圣命、教化民众的重要作用，"古之王者，建国君民，教学为先"。它还进一步阐述了教育对于贯彻"德政"的特殊意义，"发虑宪，求善良，足以謏闻，不足以动众。就贤体远，足以动众，不足以化民。君子如欲化民成俗，其必由学乎"。大概的意思是，自古以来，凡是有作为的统治者要想治理好自己的国家，仅靠发布政令、求贤纳士等手段并不一定能达到施政目标，统治者要想使百姓遵守社会秩序，形成良风美俗 ，实现

---

① 艾伦·休斯在《公共管理导论》一书中指出：按照儒家学说,治理政府的人才不是根据 出身门第而是根据品德和才能选拔出来的,其主要目标是使人民安居乐业。

② 据郭沫若考证,《学记》的作者为孟子的学生乐正克,《学记》比捷克大教育家夸美纽斯的《大教学论》早问世 1800 多年。它从教育的作用、教育的目的、学校制度、教育内容、教学原则、教学方法以至师生关系、教师问题等方面，做了比较系统而精辟的概括和理论上的阐述。

天下善治的目标，必须发展社会教化，开启民智，提高民众的素质。

1.2　墨家学说

墨家学说在先秦诸子百家中独树一帜，墨子作为一名平民政治家，他站在占人口绝大多数的小生产者的立场上，向统治者进言，宣传自己"兼爱非攻"的政治主张。他聚众讲学，广收弟子，他认为"今天下之君子，忠实欲天下之富而恶其贫，欲天下之治而恶其乱，当兼相爱，交相利。此圣王之法，天下之治道也，不可不务为也"。墨子的语言明确通晓，能够深入人心。他还指出："若使天下兼相爱，国与国不相攻，家与家不相乱，盗贼亡有，君臣父子皆能孝慈，若此则天下治。"墨家学说是中国平等、博爱思想的先声。孙中山先生评价道："仁爱是中国的好道德，古时最讲爱字的，莫过于墨子。墨子所讲的兼爱，与耶稣所讲的博爱是一样的。"

1.3　道家学说

道家思想对中国政治的影响虽说无形但却极为深透，老子"治大国，若烹小鲜"的治国智慧，受到国外许多政治家的推崇。老子"无为而治"的治国理念，可谓与市场经济"无形之手"的思想遥相呼应。奥地利学派代表人物哈耶克在论证其自发秩序理论时，就引用老子"我无为而民自化，我好静而民自正"的论述，以佐证自己的观点。道家学说的精髓是"道法自然"实现"无为而无不为"的境界，"是以圣人处无为之事，行不言之教"。老子告诫统治者不但要知人善任，还要有自知之明，"知人者智，自知者明"，"是以圣人自知不自见，自爱不自贵"。为政之要是清静无为，不要滋扰百姓，不要朝令夕改，更不要与民争利，等等。

1.4　法家学说

法家思想对于中国历代君王治国理政贡献极大，从政治体制、法制建设、经济政策、统御谋略等方面无不渗透着法家的真知灼见。法家代表人物也是中国变法图强理论与实践的先行先试者。管仲辅佐齐桓公安邦定国，提出一系列行之有效的政策主张，如治国富民、藏富于民、四民分业、平准价格、调通民利、备患于无形等。韩非子是先秦法家思想的集大成者，他阐述了"国无常强，奉法强则国强，奉法弱则国弱"的基本原理。他主张加强君主集权，剪除私门势力，以法为教，厉行赏罚，奖励耕战，富国强兵等。他还提出"不期修古，不法常可"，"事异则备变"等变法图强的观点，进而建立起一套以法、术、势为核心颇为完整的法制理论。法家思想为秦始皇统一六国以及后世中央集权制度的建立奠定了坚实的理论基础。

先秦诸子时期正是中国奴隶社会到封建社会的变革时代，是学术史上"百家争鸣"的时代，诸子百家学说在中国思想史上占有重要地位，中国历代政治家的治国理政思想莫不渊源于此。习近平总书记就经常引用《老子》"天下大事必做于细"、"圣人无常心，以百姓之心为心"等名言，表达与人民同呼吸共命运的执政理念。以先秦诸子为代表的古代优秀思想学说，应当在当今政府行政管理教学中占有一席之地。

2. 中国行政学说与实践紧密结合

马克思主义理论认为，实践是认识的基础、认识的来源、认识发展的动力、认识的目的和归宿，实践是检验真理的唯一标准。俄罗斯杰出的教育家、列宁的夫人克鲁普斯卡娅则论述了教育的目标是"培养全面发展的人，这样的人要具有自觉的和有组织的社会本能、成熟的世界观。因此，能清楚地了解周围自然界和社会生活中所发生的一切事情，能建设合理的、内容丰富多彩而又愉快的社会生活"。古希腊教育学家罗塔哥拉提出"没有实践的理论和没有理论的实践都没有意义"。法国著名思想家卢梭在《爱弥儿——论教育》一文中也指出"真正的教育不在于口训，也不在于说教，而在于实行"。这些论述与中国古代"格物致知""知行合一"的观点是相通的。纵观中国政治、经济、行政、法学发展史，不光有浩如烟海的学说著述，还有前人经大量实践检验积累下的宝贵经验，供后世借鉴。

孔子在《中庸》里论述了"博学之，审问之，慎思之，明辨之，笃行之"的为学之道，其中"笃行"即是要矢志不渝地将所学理论应用于实践，使其落地生根。"笃行"不仅是读书的目的，也是检验从书本上得来的知识是否可靠的标准。关于检验学问的真实可靠性，又有墨子提出著名的"三表"（或称"三法"，"表"和"法"都是标志、标准的意思），即"有本之者，有原之者，有用之者"，大意是，要判断知识的真伪，就要上考历史有无经验可循，下察百姓耳目所实见实闻，再考察政令的实际效果是否对国家和百姓有利。墨子尤其强调"言必信，行必果"，"君子以身戴行"。孟子继承发展了孔子的"德政"思想，扩展了它的广度和深度，将其升华到"仁政"这一新的高度。"内圣外王"是对孟子思想的高度概括，孟子说"国君好仁，天下无敌焉"，"行仁政之王，莫之能御也"。在"仁政"思想统领下，孟子提出了"省刑罚"、"薄税敛"、"济寡怜孤"等具体的政策建言。

中国最初的官吏实习制度可以追溯到明初洪武时期的"国子监历事"制度。这项制度与西汉的"太学生出仕制度"和北宋王安石变法中的"三舍法"并称中国古代官学教育的三大改革。我们用当代的概念理解，国子监或类似于现在的国家行政学院。明太祖朱元璋出身贫寒，因而重视国计民生，他一登基便着手改革历代脱离实际的太学教育模式，创设"国子监历事"制度。当时政府各部门如户部、礼部、刑部、工部、督察院等为国子监生历事提供了很多实习岗位，以历练他们文书写作、处理政务的实际能力。如果派国子监生赴外地办事，就要委以重任，履行随御史出巡到州县清理良田、稽核税粮、督修水利及清查黄册等职责。朱元璋还常派遣国子监生深入诸司历事，或衔命出使，稽查百司案牍，处理案件或到地方充当教官。历事制度使子监生们得到锻炼提高。自明代国子监生实习历事制度后，当时的官场应该少一些"穷理居敬""静坐冥想"的迂腐之气，多一些文武兼备、经世致用的好官吏。

　　明末清初是中国商品经济发展的萌芽期，此时西方资本主义经济正在迅速发展，急需在海外寻找市场，西方列强开始用坚船利炮开疆拓土，在贫弱国家建立殖民地。此时，中国一代仁人志士预感到国家的生存危机，萌生了各种变法图强的思想。在教育界，以颜元和李塨为创始人的颜李学派提出"实文、实行、实体、实用"和"强身、强家、强国、强天下"等政策主张，在社会历史转折期发挥了继往开来，承前启后的作用。"颜李学派"经世思想的核心是天下的富、强、安。颜元提出，"如天不废予，将以七字富天下：垦荒均田、兴水利；以六字强天下：人皆兵、官皆将；以九字安天下：举人才、正大经、兴礼乐"。李塨发展了颜元的观点，提出学生在习行六艺（即礼、乐、射、御、书、数）中应"参以近日西洋诸法"，还要学习"礼乐兵农之学，水火工虞之业"。颜李学派融合了改良派思想家顾炎武、黄宗羲等人的先进思想，遵从宋代张载"为天地立心，为生民立命，为往圣继绝学，为万世开太平"的政治抱负，担负起"以先觉觉后觉"的历史责任，颜李学派对清末民初改良派思想的形成起到了催化作用。

　　鸦片战争后，昔日大清帝国的威风扫地，中国逐渐沦为半封建、半殖民地社会，开始经历一场艰难痛苦的政治、经济、社会大转型。面对数千年从未有过的变局，中国朝野各界爱国人士提出教育救国、工业救国、科学救国、实业救国等革旧鼎新的方略，并为之付出艰苦卓绝的努力。魏源、林则徐等近代改良主义思想家开始"睁眼看世界"，提出"师夷长技以制夷"。郑观应在《盛世危言》中指出"其治乱之源富强之本，不尽在坚船利炮，而在议院上下同心，教养得法"，强调"育才于学堂，议政于议院"是治国之本。张謇主张要从经济实业的根基上救国，"譬之树然，教育犹花，海陆军犹果也，而其根则在实业"，"因非富不强，富非实业不能"。张謇权衡19 世纪末中国经济的比较优势，提出实业救国的重点是轻重工业并举的"棉铁政策"。在"中学为体，西学为用"方针下，办实业以自强的洋务运动风生水起，洋务学堂、武备学堂、矿务局、船政局、机器制造局，一些民用企业乃至新式海军等陆续建立起来。

大变革时代纷纭复杂的社会现实，为检验各家学说的适用性提供了一个"实验场所"，各派理论在晚清孱弱凋敝的国家肌体中获得实践检验的机会。学理切磋，思辨交锋，大浪淘沙，各家学说在兼收并蓄中相互滋养，促进着实学代替玄说，真知取代拙见。教育改革荡涤着传统教育中空疏陈腐的基因，经世济用的学说促进了晚清政府管理体制的变革，而脱离现实拘泥古义章法对社会变革无所助益的学说自然被滚滚向前的历史潮流所淘汰。

3. 中国行政学说学理深厚

中国历史上政府行政管理的学理基础极为深厚，在乡村自治、民众参与诸方面都有许多成功的范例。孙中山先生明确提出"提倡民生主义，厉行民治精神"，建设"民族的、国民的、社会的国家"。仅以民办教育为例，中国历来有学在民间的传统，从知识精英到乡间教师，他们讲学启蒙，兴办私塾、学堂及书院，在基层为政府培养行政人才，也为传承民族的文脉，弘扬中华文明做出了贡献。贯穿20世纪上半叶，以李大钊、陈独秀、蔡元培、黄炎培、陶行知、卢作孚、晏阳初、梁漱溟、张伯苓等人为代表的中国知识精英们掀起了一场轰轰烈烈的社会革新运动，他们或"铁肩担道义，妙手著文章"；或深入社会民间，从事公民教育，立志改变旧中国教育极度落后、经济濒于破产的窘况，促进国运中兴。

中华职业教育社是由著名爱国民主人士黄炎培先生于 1917 年在上海创立的，1918 年建立起中华职业教育学校。黄炎培先生倡导中华职业教育以"谋个性之发展，为个人谋生之准备，为个人服务社会之准备，为国家及世界增进生产力之准备"为目的，将"使无业者有业，使有业者乐业"的愿景转化为"使求人者得人，求事者得事"的现实。中华职业教育社先后在上海、南京等地成立职业指导所，面向社会免费开展职业指导服务，在当时中华职业教育模式享誉海内外，被誉为"最富有实验性的学校"。从其业绩来看，不但培养出华罗庚、徐伯昕、顾准、秦怡等杰出人才，也为普及教育、增加就业、培养社会急需的政府行政和民营事业管理人才立下了功勋。

陶行知、晏阳初、梁漱溟等人致力于乡村教育和平民教育。他们的侧重点各有不同，有的以教学为主，有的注重生产劳动，也有人以改造社会组织为使命，尽管动机不同，但都是以教育为切入点，试图把乡村政治、经济、教育等各种事业纳入一个统一的框架，施以综合治理，再以乡村教育为枢纽，成就振兴中华的伟业。陶行知先生创办晓庄师范，他挣脱传统教条的束缚，提倡"教学做合一"的三合一教学思路，他不仅创立了完整的教育理论体系，而且进行了大量教育实践。晏阳初先生致力于从事平民教育70余年，他选择河北省定县作为"平民教育"整体推进计划的实验县，根据他所总结出的中国普通老百姓存在的"愚、贫、弱、私"四大病症，施以"文艺、生计、卫生、公民四大教育"。梁漱溟撰写的《乡村建设理论》一书，阐述乡村建设必须依靠教育手段，通过社会组织的重建和现代科学生产及生活知识的灌输，来解决中国的政治问题和促进农业经济的复苏与振兴，使中国逐步过渡到真正以民为主的现代国家，并由农业引渡到工业化。梁漱溟先生并不满足于著书立说，而且亲自主持了山东邹平县的乡村建设运动。

对于爱国企业家卢作孚，人所共知的是他作为民生公司董事长在抗日战争中做出的贡献，而对他在重庆北碚进行的社会改革实验却知之不多。卢作孚先生在20世纪二三十年代，以一个企业家的思维，勾勒并践行了北碚地区以教育为中心的发展规划，先后创办中学、地方医院、图书馆、报社，修建温泉公园、运动场、博物馆、动物园等。还修建了一批基础设施，如北川铁路，从此结束了这一地区人工背煤的历史。他的工厂制造出中国第一个火车头，他组建了煤炭公司天府煤矿，创办了重庆最大的织布厂，架设了乡村电话线和三峡地区电话网等。以卢作孚先生为代表的一代民族工业家，既是中国实业救国的顶梁柱，也是中国社会公益事业发展的开拓者。他们开拓奋进的业绩值得今天的公共事业管理学认真研究。

毛泽东认为"一切真知都是从直接经验发源的"，"读书是学习，使用也是学习，而且是更重要的学习"。政府行政、公共管理、公共政策等学科讲授的是经世济民的学问，要遵从理论联系实际的原则，否则就成为无源之水、无本之木，空谈误国，实干才能兴邦。毛泽东还指出，"如果有了正确的理论，只是把它空谈一阵，束之高阁，并不实行，那么，这种理论再好也是没有意义的"。毛泽东在《改造我们的学习》一文中，曾经对当时党内出现的一股照搬西方食洋不化的风气做出批评，指出有些学者"言必称希腊，对于自己的祖宗，则对不住，忘记了"。很多留学生"从欧美日本回来，只知生吞活剥地谈外国。他们起了留声机的作用，忘记了自己认识新鲜事物和创造新鲜事物的责任……在学校的教育中，在在职干部的教育中，教哲学的不引导学生研究中国革命的逻辑，教经济学的不引导学生研究中国经济的特点，教政治学的不引导学生研究中国革命的策略，教军事学的不引导学生研究适合中国特点的战略和战术，诸如此类。其结果，谬种流传，误人不浅"。

检讨当今我国政府行政、公共管理等相关学科的教学科研等工作，是否存在引证西方理论学说较多而对本土学说理论及历史经验重视或挖掘不够的现象？这一点值得反思。我们认为，对于中国历史各时期的思想流派的学习借鉴，应本着科学精神、理性的态度，遵照古为今用的原则，注重历史的延续性、兼容性，在学习借鉴的基础上创新发展。建议今后我国公共管理相关学科的教学内容与知识体系应做适当调整，更多地加入一些体现中国文化精髓的政府管理的学说思想和政策主张。一方面，中国上下五千年的历史文化传承为我们留下一座政府行政管理的"沉睡的智库"，我们不应将这笔财富束之高阁；另一方面，我们也要大胆吸收和借鉴人类社会创造的一切文明成果，提倡"古为今用"和"洋为中用"，兼采中西方政府行政管理理论与实践的精华部分，融会贯通，与时俱进，努力培养具有创新精神和实践能力的新型政府管理人才。

参考文献

（1）艾伦·休斯. 公共管理导论[M]. 北京：中国人民大学出版社，2007.

（2）莎夫里茨，海德. 公共行政学经典[M]. 北京：中国人民大学出版社，2010.

（3）张国庆. 典范与良政——构建中国新型政府公共管理制度[M]. 北京：北京大学出版社，2010.

（4）高正. 诸子百家研究[M]. 北京：中国社会科学出版社，2011.

（5）王一儒. 试论儒家学说的精髓——人格思想[J]. 陕西社会主义学院学报，1998(1).

（6）杜祖贻. 儒家学说的文教力量[J]. 北京大学教育评论，2005(3).

作者简介

郭昱，天津财经大学，助理研究员。

凌岚，天津财经大学，教授。

专业学位研究生培养模式优化路径分析①

杨书文

摘要 专业学位研究生教育已经成为我国研究生教育的发展趋势,在新形势下,重塑专业学位研究生培养模式,不断提升专业学位研究生的培养质量已经成为当务之急。本文从专业学位研究生教育的特点出发,探讨我国专业学位研究生教育中存在的问题,并据此提出优化专业学位研究生教育的五个基本路径。

关键词 专业学位研究生 培养模式

专业学位是现代科技和社会迅速发展的产物,是在借鉴发达国家人才培养模式以及我国在教育实践中不断摸索和总结而形成的适合我国国情的研究生教育形式。随着研究生规模的不断扩大和社会需求的不断变化,专业学位研究生教育已经成为我国研究生教育的发展趋势。2009年出台的《国家中长期教育改革与发展规划纲要》对专业学位研究生教育提出了明确的要求,"要加快发展专业学位研究生教育",即从国民经济建设和社会发展的战略高度出发,加快研究生培养类型的结构转型。当时确定的目标是到2015年实现全日制专业型硕士与学术型硕士各占一半。因此,在新形势下,重塑专业学位研究生培养模式、不断提升专业学位研究生的培养质量已经成为当务之急。

1. 专业学位研究生教育的特点

1.1 应用研究性

笔者认为应用研究性是专业学位研究生教育的本质属性。理论研究的目的在于发现、解释或校正事实、事件、行为或理论,增长人类的知识,研究成果一般具有

---

① 本文为天津财经大学学位与研究生教育教学改革研究项目"专业学位研究生教育管理模式创新研究"(项目编号:2014YJZ02)的阶段性成果。

普遍的正确性，常常表现为原理、理论或者规律。应用研究是将基础研究所产生的原理、理论或者规律应用到解决实际问题上去。应用研究不但可以体现理论研究的意义与价值，也能够把理论转换为现实生产力，不断推动实践的发展。专业学位研究生教育的目的是培养将科学理论应用于实践的应用型人才。这样的人才以较强的知识应用能力和解决实际问题的能力区别于学科型人才，又以较强的综合分析和研究能力区别于技能型人才。专业学位研究生的学术研究以社会生产实践中的问题为导向，研究的对象和内容具有特定的应用目标或指向明确的应用范围和领域，其目的不在于积累学科知识和建构学科体系，而在于寻求解决实践问题的方法、手段或途径，并运用相关理论和知识审视、分析实际问题，探寻其因果关系与内在根源，从而增进、深化和拓展人们对特定问题的认识。即专业学位研究生教育强调培养研究生综合运用理论、方法和技术解决实际问题的能力，偏重应用性研究与事理分析。

1.2　独特职业性

专业学位是在学术型学位基础上为适应社会分工需求多样化而分支出来的一种学位类型，因此具有学位+职业的双重性质。专业学位研究生教育主要针对某专业技术职业进行导向性教育培养，因此，职业性是它的特性。从招生对象看，专业学位研究生教育比较重视学生的职业实践经历，有些专业要求有一定年限的工作经验。从培养目标看，专业学位研究生更注重与职业紧密相关的某专业的实务训练，经过专业学位研究生教育的人应具备从事某项专业技术职业的任职资格。从生源结构看，专业学位研究生主要由相关实践部门的工作人员构成，大部分是在职学习，这种学习状态也凸显了专业学位研究生对于职业性知识的特殊要求，学员一般是期望通过专业学位研究生的学习提升某一方面的专业素质和能力。

2. 专业学位研究生教育存在的问题

第一，当前的专业学位研究生培养中的实践性不够突出，落实不到位。谁都不会否认实践在专业学位教育中的重要性，但在现实层面，实践性教学在培养过程中的比例并不高。首先，在课程设置上，实践性课程所占比例不够，很多专业学位研究生的课程设置与学术研究生的课程设置差别不是很大，有的甚至具有高度相似性。其次，从授课教师来看，很多老师已经习惯了传统的学术研究生教学模式，给专业硕士布置的课题和论文跟传统学术模式一样，与应用型培养的目标相去甚远。最后，从实践教学质量来看，无论是师资条件还是实验室等物理环境的支持上都不够充分。指导教师大多都学术型研究人员，其本身在实践环节方面就存在着先天不足。另外，在现有的实践教学中，实验室教学和案例讨论式教育的实际效果有待提升，无法保证专业学位研究生在实践方面的特殊性要求。

第二，专业学位教学方式不够灵活，教材编制缺乏统一。当前，专业学位教育采用进校不离岗的培养方式，在授课方式上采用集中学习的方式。但是学员的工学矛盾特别突出，很难保证出勤率。此外，专业学位研究生的课程设置中虽涵盖了公共知识、专业基础知识、相关学科知识等多门课程，但由于起步较晚，缺乏专门统一的教材和优秀的教学案例，甚至，有的科目直接使用学术性学位教育所使用的教材，使得专业学位的教育质量很难保证。

第三，专业学位研究生的评价和考核标准有待完善。由于培养单位学术学位与专业学位研究生的数量比例结构还未稳定，人们对专业学位研究生教育的认识理解尚未达到应有程度，很多培养单位还没有形成一套专门评价专业学位研究生质量的标准。《中华人民共和国学位条例》规定，获得硕士学位必须通过硕士学位课程考试和论文答辩，课程学习可以按常规打分定等，但学位论文质量的评价就需要有一个明确的标准，而专业学位论文质量评价标准恰恰是许多培养单位的空白，套用学术学位论文评价标准仍是普遍现象。从考核标准来看，从招生到培养到最后的学位授予，所采取的考核方式都是基于现有的学术性考试而设立的。从入学考试看，考生需要参加全国统一入学考试，政治、英语全国统一，业务课一大部分也是全国统一，很难体现出专业学位研究生的特色。在学位授予方面，与学术型硕士一样，仍然考核学生的毕业论文或毕业设计，也没有体现出专业学位的实践特性。

3. 专业学位研究生培养模式的优化路径

研究生教育的目标是为社会培养高层次人才，因此，培养质量是研究生教育工作的重中之重。不同种类的研究生要突出各自个性、突出某一种质量。专业学位研究生的培养就是要服务社会需求，根据行业、职业需要量身定做。专业学位研究生的培养包括三个关键阶段，一是招生选拔，二是全面培养，三是对口就业。根据培养目标与要求，培养单位在招生选拔时就应强调"实践优先"的选拔方式，招生时应主动与用人单位接触，争取合作培养、订单式培养，邀请行业主管部门和合作单位参与专业学位研究生培养方案的制订，使专业学位研究生的培养更加适合社会需求。为此，在培养模式方面要做到以下几点：

3.1 专业学位研究生的培养目标应定位于培养应用型人才

明确培养目标定位是专业学位研究生教育发展的前提和基础。专业学位是一种独立的学位体系，其培养目标与学术学位研究生的培养目标有明显差异。但由于我国专业学位研究生教育起步较晚，相应的培养目标、基本要求、培养过程等环节与学术研究生的区别不大，这是不符合专业学位研究生教育特色的。因此，我们要制定一套符合专业学位研究生教育需求的培养目标，并据此设计相应的培养方案，使专业学位研究生教育真正成为一种具有独特价值和意义的学位教育。

3.2　课程体系的设置要围绕职业发展的需要

高层次应用型专门人才的培养目标决定了专业学位研究生教育在课程内容的选取上，既要保证研究生相对系统地掌握某一专业领域的理论性高深知识，为后续学习和研究打下基础；又要以实际应用为导向，以职业需求为目标，以能力提高为核心，注重多学科知识的交叉与综合，突出基础理论与实际应用相结合。因此，课程体系建设的核心是要确保职业性、实践性、应用性课程开设到位，通过研究生课程的学习，既可以形成职业要求所需的知识体系，养成高层次应用型人才所需的开拓性思维方式和多视角分析问题的习惯，提高从事专业工作的能力，有效应对实际工作中的复杂情形；又可以灵活、及时地将学到的理论、方法和技术应用到社会实践中去。为此，需要采取两项措施：一是有必要对一些科学探究课程和研究方法课程做适当简化，以腾出更多的学时和学分来保证实践性课程的实施；二是增加职业性、实践性课程的内容、学分和时间，职业性课程和实践性课程的时间应该至少有一年。这些课程的目标应该是旨在传授研究生专业领域核心知识体系与基本技能，不断提升研究生的应用能力和解决实际问题的能力。

3.3　师资队伍建设要不断培养双师型教师

高质量的专业学位研究生教育必须有高水平的师资队伍做保证。学位研究生教育的目标以及课程的实际需要对教师提出了较高的要求，即给学位研究生授课的教师既要有较高的理论水平，又要有较强的专业实践能力，熟悉相关职业领域的实际情况及相关政策。为此，一方面，要鼓励校内教师到实践部门进行挂职锻炼，通过半年到一年的社会实践了解职业领域社会实践中存在的问题，让自己先做到理论与实践相结合，把校内教师培养成具有较高理论水平和较强实践能力的教师。另一方面，要拓宽专业学位研究生授课教师和论文指导教师的来源渠道，聘请职业部门专业实践能力强、具有一定理论水平的领导和相关业务能手到学校授课或指导学位论文的写作，充分发挥他们实践经验丰富、深刻了解行业发展对人才的需求等优势，与校内教师共同承担学位研究生的培养工作，不断提升专业学位研究生的教育质量。

3.4　学位研究生教育要加强实践教学基地建设，做到教、学、用三结合

专业实践是学位研究教育的重要教学环节，充分、高质量的专业实践是专业学位研究生教育质量的重要保证。因此，专业学位研究生要大力加强实践教学基地建设，让更多的学生到实践部门进行锻炼，学校应与相关实践部门建立长远的战略合作目标，克服短期行为，努力实现实践基地的可持续发展，通过实践基地的建设不仅要提高研究生的实践能力与应用能力，还要不断地为合作单位提供政策咨询和有价值的发展战略规划，最终通过实践教育基地这一平台实现学校和相关实践部门的双赢，共同提高，共同进步。

在实践基地建设的同时，专业学位研究生教育要把更多的实践因素融入教学中去，加强专业实践教育，促进学术与职业之间的融合。要多运用现场研究、模拟训练、案例分析等教学方法，最大限度地调动研究生的积极性、主动性，强化教学参与的广度和深度，激发研究生的讨论热情，真正将知识与能力、理论与实践、专业教育与素质教育相结合，不断提高研究生解决实际问题的能力和综合素质。

3.5　学位论文的写作与评价要突出体现职业和社会实践的要求

学位论文的写作是研究生开展研究工作的重要阶段，是学生理论应用到实践的体现。专业学位论文应主要针对社会实践或职业工作实际中的现实问题，运用理论知识对其加以分析并提出解决问题的有效方法，重在回答"怎么办"的问题，属于对策性研究，具有明确的职业背景和应用价值。通过专业学位论文的写作，研究生分析和解决问题的能力应该得到加强，其个人能力水平应得到整体提升。相应的，对于学位论文的评价，也应该反映专业领域的特点及其对高层次应用型人才的能力要求，要考察研究生的技术工作能力、综合运用相关研究方法解决实际问题的能力，学位论文的结论或成果应该具有较强的实践价值，最好是能够推动某方面实践问题的解决或促进某方面实践方法的改进。

为此，首先，学位研究生的培养单位要建立一套符合专业学位研究生培养目标和要求、具有专业学位特色的学位论文评价制度。论文的评阅应实行双轨制，即负责评阅论文的学术教授和行业专家在数量上应大体相当；其次，学位论文的答辩委员会要实行复合制，必须邀请相当数量的行业专家参加论文答辩委员会，最好是由行业专家担任答辩委员会主席；最后，学位研究生教育应实现评定委员会专门化，专门成立专业学位评定委员会,学校设立专门面向专业学位研究生的论文评选项目，使专业学位研究生有机会展示自己的应用成果。

参考文献

（1）吴仁群. 对专业学位研究生教育培养模式的思考[J]. 北京印刷学院学报，2012(2).

（2）刘国瑜，李昌新. 对专业学位研究生教育本质的审视与思考[J]. 学位与研究生教育，2012(7).

（3）别敦荣，陶学文. 我国专业学位研究生教育质量保障体系设计[J]. 现代教育管理，2009(8).

（4）于波，等. 我国专业学位研究生教育模式研究[J]. 绵阳师范学院学报，2013(8)

（5）梅红，等. 专业学位研究生教育质量保障与控制要点[J]. 研究生教育研究，2014(4).

作者简介

杨书文，天津财经大学经济学院财政与公共管理系主任，副教授。

税收学专业课程体系优化研究[①]

李　颖

摘要　目前税收学专业课程是在注册税务师方向上建立起来的，与原有的专业方向相比，新专业的课程设置并没有本质的变化。随着学科和专业的不断发展，专业课程在安排上存在着越位、缺位和错位等诸多不足之处，制约了税收学专业的进一步发展，增加了税收学专业人才培养的难度。因此研究税收学课程体系、重视专业课程设置无疑会对专业的发展起到积极的推动作用。作者提议将税收类系列课程进行整合，在教学过程中综合考虑课程设置、教学内容和时间安排等各项因素，构建税收类系列课程一体化课程体系。

关键词　税收学　专业课程　课程体系

1. 税收学专业及专业课程设置情况

1.1　全国情况

税收学专业作为我国高等院校的一门传统专业，其发展大体经历了设立—取消—重新开设的变迁过程。2012 年，在教育部颁布的新版《普通高等学校本科专业目录》中，税收学专业由以前的目录外专业调整为目录内非控专业，这足以说明随着我国社会经济发展形势的转变，税收学专业已经逐渐成为一门适应国家和区域经济社会发展需要、具有发展前景的专业门类。根据全国普通高校·院校信息库的数据，2015 年我国计划招收税收学专业的普通高校有 58 所，各省市具体分布情况如图 1 所示。

---

① 本文为作者所主持的 2015 年天津财经大学教育教学改革项目"新形势下税收学专业课程体系和教学范式优化研究"（项目编号：JGY2015-31）阶段性成果。

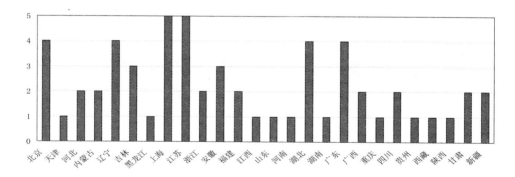

资料来源：全国普通高校·院校信息库，http://gaokao.chsi.com.cn/。

图1　全国开设税收学专业的普通高校

由此完全可以预见，在高等院校专业整合与调整的大背景下，将会有更多的高校尤其是财经类院校开设税收学专业，税收学专业具有广阔的发展空间，根据社会经济发展对人才需求的多样化，税收学专业也将朝多元化方向发展。从设立税收学专业的财经类院校来看，基本开设了税法、税收学原理、税收筹划、税务代理实务等专业课程。这些专业核心课程基本围绕课程内容理论与实务的权衡而安排设置。普遍的做法是诸如税法等课程应以实务为基础，重点讲授税制构成；而像税收学原理等课程则应着眼于理论，侧重税收理论知识的传授。以此避免课程之间的交叉重复，提高教学质量和效率。但是，这种课程设置显然具有一定的局限性，未能将该学科体系的基本框架进行系统化、综合化、一体化分析。税收学专业课程设置有待进一步完善和优化。毋庸置之，专业建设和人才培养离不开健全完善的专业课程体系，优化现有的课程体系成为税收学专业发展的必要条件。

1.2　我校情况

天津财经大学于2013年重新设立税收学专业并开始招生，其前身为财政学（注册税务师方向）、财政学（税务代理与筹划方向）。财政学是我校的传统优势学科，税收学专业在此基础上成立并发展，具有良好的历史积淀。几经调整，将税收学从财政学中独立出来并成为一门学科，明确了税收学的专业地位。近年来税收学专业的变化发展情况如表1所示。表中数据显示，2007~2014年，税收学专业（方向）共招生309人，其中毕业人数199人。可见，我校税收学专业招生规模稳中增长，基本满足了社会对税收人才的需求。

表 1　我校税收学专业设置及变化情况

年份	专业/方向	人数
2007	税务代理与筹划	23
2008	税务代理与筹划	38
2009	税务代理与筹划	46
2010	注册税务师	47
2011	注册税务师	45
2012	注册税务师	35
2013	税收学	41
2014	税收学	34

目前，税收学专业开设了税收经济学、国际税收、比较税制、税法、税务代理实务、税收筹划、纳税检查等专业课程。在课程设置上，力求做到课程内容理论与实务的权衡、理论和实务课程的设置比例平衡。通过学习，使学生既具有较强的专业理论和专业知识，又具有较强的动手操作能力。

2. 税收学专业课程体系面临的困境

如前所述，我校于 2013 年将财政学（注册税务师方向）调整为税收学专业并开始招生，在前期相应调整了人才培养方案和教学计划。原有的财政学（注册税务师方向、税务代理与筹划方向）的课程体系为税收学专业奠定了良好的基础。尽管如此，在新形势下税收学作为一门独立的专业，在人才培养和教学体系上，既不同于20 世纪 90 年代的税务专业，也有别于原有的注册税务师方向或税务代理与筹划方向，具有更广泛和深入的内涵和外延。随着我国社会主义市场经济的快速发展，传统的税收理论在更新，税收制度在完善，税收管理在改进，这些都对税收学专业提出了更高的要求和挑战。必须承认的是，目前税收学专业课程是在注册税务师方向建立起来的，与原有的专业方向相比，新专业的课程体系并没有本质的变化。随着教学内容的不断深化，授课教师深感课程设置、授课内容等存在诸多不足，制约了税收学专业的进一步发展，增加了税收学专业人才培养的难度。具体存在的问题主要包括：

第一，课程之间的"越位"。一些知识点往往好几门课程都有涉及，缺乏统一的规划，造成不必要的重复；而另一些知识点却被遗漏，又导致学生知识结构不完整。

例如，在增值税、消费税、营业税、企业所得税等基本内容学习上，多门课程都有涉及，这往往存在着不必要的重复、交叉之处。这些重复交叉给专业教学和科研工作带来不便或混乱。由于税收课程某些内容的重合、缺乏新意，不能做到有的放矢，不能有效调动学生的积极性和学习热情，浪费精力与财力。

第二，课程之间的"缺位"。由于税收学专业涵盖的范围较宽泛，使得现有的课程安排不足以支撑税收学科的重要内容，对一些知识点造成遗漏。这样，不仅不利于教师的教学内容的完整，也不利于教师的科研发展，对专业或学科建设造成负面影响。专业课程设置仅仅满足于当前税收经济学、税法、纳税检查、税收管理和税收筹划等是远远不够的。因此，积极拓宽视野，创设一些新的专业课程，在纵向和横向及其边缘学科上有所突破，都有着重要的、积极的现实意义。

第三，课程之间的"错位"。从目前的专业课程安排来看，各门专业课程之间缺乏有效的衔接，课程之间前后顺序的衔接关系比较混乱。课程之间主次层次把握不够，将本应作为专业主干课的课程，人为地列为专业选修课，这样导致一些课程在培养方案中列举之后，在实际教学中由于各种理由而没有开课教学。造成的严重后果之一是专业培养教学不规范，教学目标定位不清，教学效果未必能够达到教学的预期目标，给学生的专业学习造成极大的困惑，对专业理论和知识结构的塑造难以把握。在这样的条件下培养出来的学生势必专业实践能力不高，后续发展乏力。

3. 税收学专业课程体系的完善与优化

税收学专业主要是培养熟悉税收基本理论和掌握税务工作技能的应用型、复合型和创新型人才，因此研究税收学课程体系、重视专业课程设置无疑会对专业的发展起到积极的推动作用。总体构想是构建税收类系列课程一体化课程体系。将税收类系列课程进行整合，在教学过程中综合考虑课程设置、教学内容和时间安排等各项因素。

首先，按人才培养目标整合专业课程设置。高校税收类课程的设置首先应体现"厚基础、宽口径、强能力、重应用"的目标，注重提高学生综合素质和专业核心能力的培养，因此应该根据不同方向的具体培养目标，重新构建各专业所需要的税收知识体系，据此设置相关课程，重点是优化专业课程的设置，根据每门课程在专业培养目标中的地位、作用，进行多维度的整合，充分体现专业特色，既要避免开课不足、应有知识的欠缺，又要避免盲目贪多求全，还要避免各专业"一刀切"开设课程。

其次，专业课程体系特色化建设。课程体系特色化建设应在两个方向上展开。

横向上，努力开发特色课程，弥补现有课程的"缺位"。如可以考虑增加税收心理学课程，这门课程属于税收学与心理学交叉的边缘学科，主要研究和阐述税收征纳活动心理与行为及其规律，重点研究征税人与纳税人的心理特征、税收征纳活动与税收遵从行为、税收心理效应及不良效应防范等内容。同时，对现有不合理的课程进行归并和整合，避免课程设置上的"越位"，进而形成完整的有别于其他高校的课程体系。纵向上，积极培育优质课程，使课程体系在实现人才培养目标上的有效性显著增强。优质课程的培育，应选择能对其他课程的教学产生基础性影响的课程。例如，税收经济学属于税法、税收筹划、税务代理实务、纳税检查等诸多课程的先修课程，将税收经济学培育成优质课程，对后续其他课程的教学会产生良好的影响。

再次，专业课程模块化建设。在专业课程设置上，应该综合考虑课程的全面性、系统性、客观性和实践性，以及学科之间的合并与互补性。基于这一思想，专业课程体系可以设计为学科基础课程、专业基础课程、实务选修课程三大模块。其中，学科基础课和专业基础课的设立，主要在于培养学生的综合素质和综合能力；专业选修课的设置应突出专业针对性和实用性，主要在于提高学生的专业素质和执业水平。一方面，为了提高学生的综合素质，应该安排足够的税收基础类课程；另一方面，为了适应社会对税务类人才的需求，还要突出税收实务类课。

最后，理顺课程之间的逻辑关系。如果只是设定课程框架，而不能处理好课程之间的衔接问题，就会导致知识脱节或者重复。因而，检讨课程内涵，订立每门课程的主要内容，逐步实现课程的标准化设置。各类课程的设置应体现课程之间的主次关系、层次关系。基本的原则是基础课程和理论课程先行，提高课程和实务课程在后，先易后难，先简单后复杂。强调课程的核心内容，从而有效减少税收学专业所学课程间内容重叠的现象。确定课程规划和课程内容，使学生在学习相应课程时更具理性和目标性。同时，应当加强各门课程授课老师之间的相互沟通与协调工作，特别是前序与后续课程之间的相互沟通，防止教学内容的"错位"。

参考文献

（1）王曙光. 构建我国社会主义市场经济税收学科体系的研究[J]. 会计之友，2014(34).

（2）杨杨. 地方财经院校应用型本科税收专业人才培养课程体系优化研究[J]. 教育教学论坛，2013(16).

（3）李华. 税收类系列课程一体化教学改革研究[J]. 中国大学教学，2011(7).

（4）刘珺，许宗凤，彭智军. 高校税收类课程目标定位及教学改革研究[J]. 铜陵学院学报，2009(1).

作者简介

李颖，1980 年生，经济学博士，天津财经大学经济学院财政与公共管理系教师，副教授。

劳动与社会保障专业信息化实践教学设计研究[①]

郭彦卿

摘要 劳动与社会保障专业信息化实践教学主要是以多媒体为工具，以业务教学软件、电子资料库为依托，将信息技术和劳动与社会保障专业教学进行整合，是实现实践教学的一种重要形式。

关键词 劳动与社会保障专业 信息化实践教学

1. 劳动与社会保障专业信息化实践教学环境建设

信息化实践教学环境建设是教学信息化赖以实施的环境支持，是在现代教学理论与思想的指导下，通过合理利用信息化基础设施、信息化系统平台、数字化教学资源等环境要素为教学提供信息化的支持与服务，从而实现教学组织形式的多样化、教学内容的数字化、教学方法和教学手段的信息化，提升师生的信息素养，提高教学效率，最终实现信息化教学。

教学信息化的环境可分为硬环境、软环境、潜环境。其中，硬环境主要指基础设施建设，包括：信息化教学设备、校园网建设、信息网络技术与安全。软环境主要包括各种系统平台以及教学资源建设，例如：信息管理系统、网络教学平台、数字化教学资源。潜环境则主要是针对教学人员的培训以及相关的政策制度，主要包括：信息化政策制度、信息化的教学人员、具有信息素养的学生。这些要素之间相互影响相互作用，形成一个不可分割的整体。

在环境建设方面，学校起关键性作用，教学信息化的建设必须依托学校信息化的环境支持。

第一，确定教学信息化改革的理念。把落实"以学生为中心的教育"作为宗旨，

① 本文为天津财经大学教育学改革项目"劳动与社会保障专业实践教学改革研究"（项目编号：JGY2015-30）与天津市高教学会课题"服务于滨海新区的劳动与社会保障专业实践型人才培养模式研究"（项目编号：125q195）的阶段性成果。

教师通过培训、教学研究或咨询服务，掌握和运用信息化的教学方式与技巧，提高教师信息化教学水平，培养学生主动学习的意愿和能力。

第二，组建信息化教学发展中心。需要组建信息化教学发展中心，制定《教师信息化教学发展中心章程》，明确中心定位，配备工作人员，开通中心网页，实现教师教学发展各项工作的全面整合。

第三，制定以教师信息化教学能力为发展主线的政策体系。涉及内容：教师培训与交流、教学改革与教学研究、教学咨询与质量评价、优质教学资源共享。

第四，建立网络教学平台，为教师教学发展提供丰富的优质教学资源。建立校内优质教学资源共享平台机制，为提高教师业务水平和教学能力实施全方位服务。

第五，建立以中青年教师为重点的培训机制。建立系统化的培训体系，对拟进行教学信息化改革的教师提供专业培训，并为教师提供展示教学风采、交流教学经验的平台。

2. 劳动与社会保障专业信息化实践教学模式下的备课

信息化实践教学为备课及管理提供了新的方式和思路——校园网络备课。校园网络备课是指依托现代信息技术手段，开发和利用网上教育资源，建立开放、相互协作动态的网络备课平台，实现资源的交流与共享。

信息化的备课过程如图 1 所示：

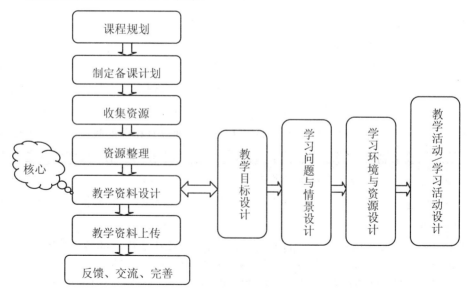

图 1　信息化实践教学下的备课过程设计

第一步，信息化改革课程规划。进行信息化改革的课程要求能够利用现代信息技术进行整合，并结合实际业务进行实践的专业课程，并不是所有的课程都适合信息化改革。因此要进行课程规划，课程的选择要注意课程体系的完善，注重课程的先修后续以及各门课程的衔接关系。

第二步，制定备课计划，根据每门课程的特点制定详细的备课计划，按教学内容划分为不同的备课单元，由1～2名教师负责一个章节的备课。

第三步，资源的收集，根据本单元的教学内容进行资源的收集工作。收集范围不限，可以是教案、课件，也可以是网络中的优秀教学素材。

第四步，资源的整理，对收集到的资源进行分门别类的整理，形成各备课小组的资源库，定期或者不定期地对资源库进行丰富和整理。

第五步，利用资源库及网络教学平台进行教学资料设计，包括教案、教学大纲、教学课件、教学案例、习题等。

第六步，教学资料上传。根据教学计划，将教学资料上传至网络教学平台，可以实现教学资料的共享，课程组内教师根据实际情况进行修改定型。形成开放、交互动态的网络备课平台。

第七步，反馈、交流、完善。教师授课后进行教学反馈，不断完善网络教学资料。定期进行网络备课的总结和经验交流，不断提高网络备课的实效性和实用性，对出现的问题积极探求解决方法，同时也可以通过校园网站对出现的问题进行及时反馈。

3. 劳动与社会保障专业信息化实践教学模式下的课堂教学

具体来讲，信息化实践教学活动过程可以设计为四种形式，如图2所示。

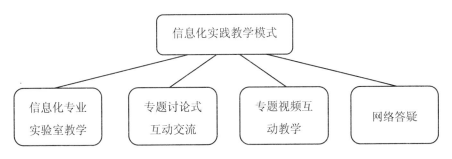

图2　信息化实践教学活动过程设计

第一种，信息化专业实验室教学。建设信息化专业实验室，安装业务教学软件，并利用现代信息技术,将实验教学资料进行收集、加工、整合,形成包括教学大纲、教学课件、教案、习题库、案例库等资料在内的实验教学平台,建立与之集成的在线互动式实验教学信息化平台。

组织学生在信息化专业实验室上课,可以实现专业理论与业务实践的紧密结合,不仅能够使专业知识深入浅出地展现在学生面前,还可以通过业务操作将理论巩固并应用于实践。这一教学模式可以改变传统课程教学手段单一、氛围枯燥的现状,激发学生学习的自主性与积极性,提升课堂教学效果。

第二种,专题讨论式互动交流。教师根据教学单元的具体内容,设计并提出一个具体讨论的专题,引导学生参与进来,进行专题讨论。这种有针对性的问题讨论,教与学双方直接参与,共同对问题或疑难情景进行研究。对典型案例或热点问题,以分析、讨论的方法开展教与学,让学生发现问题、分析思考问题,并进行归纳总结,从而提出解决问题的方案。方案的展示需要融会文字、图片、音频、视频等于一体。还可以利用课程的网络资源进行互动交流,这样就可以解决传统课堂教学对专题讨论需要的时间和空间的限制,真正实现一种开放、合作、互动的教学方式。这种师生讨论式的互动交流模式体现了"三结合",即理论教学和实践教学结合、集中授课和自主学习结合、传统教学和信息化教学结合。

专题讨论式授课的过程如图3所示。

图3　专题讨论式授课过程设计

第三种,专题视频互动教学。专题视频互动教学又可以细分为两种形式,一种是教师专题视频互动教学。授课教师可以根据学术前沿问题或热点问题制作相关视频,学生可以在线观看。在这种教学模式下,教学的资源得以呈几何流通,人的学习时间和空间被解放出来。教师可以不必再重复同样的课程内容,而把更多的精力用在与学生进行个性化交流上;学生也不用囿于时间和空间的限制,他们能以最快的速度拥有最好的教育。学生还可以自行在家或者在任何地方通过网络听完课程写完练习,然后到一个教室(或发展成熟的广义平台)进行互动。这种教学方式还可以实现学生在假期不间断学习的可能性,保持学习的连贯性。

第二种形式是学生专题视频互动教学。学生参与专题演讲式教学有助于调动学生学习的自主性与积极性,有利于提高学生动口、动手、动脑等能力的结合。在课堂上进行专题演讲式教学不可能让每个学生都有机会参与,但是在信息化的条件下,就将具备可行性。不要求每个学生一个专题，但是必须人人参加，可以通过分组协作的方式进行，利用软件平台提供的视频、语音、白板功能，制作视频专题演讲，教师和学生都可以分享其演讲的成果，同时，为了鼓励学生参加这类活动，还需要考虑建立一定的激励机制。

第四种，网络答疑，实现师生互动和生生互动。教师可以根据学生课上或课下反映的问题，约定时间进行网络在线视频答疑，还可以在线提出问题，教师在线讲解与答疑，实现远程的实时互动。同时，还需要建立一定的激励机制，激励学生参与到问题解答中来，学生之间互教互学，相互取长补短，共同提高，不但有助于学生发展良好的个性，而且能形成和谐的学习气氛，增强集体的凝聚力。

4. 劳动与社会保障专业信息化实践教学的评价模式

对于教师的教学能力与效果的评价，要改变传统的从"教"的角度进行评价的方式，转变为从"学"的角度进行评价，在此前提下设计评价指标，即以教师的教学行为是否能够使指向特定教学目标的学习活动顺利、有效进行作为评价标准。对教师教学效果的评价可以从以下几方面设计指标：学习内容提供的有效性，学习方法选择的有效性，学习环境创设的有效性，学习组织、管理的有效性，学习指导、反馈的有效性等。其评价途径可以通过教学网络平台进行在线评价，也可以是传统的现场评价方式。

评价可以分为中期评价和期末评价两种形式。期末评价是传统的评价模式，这里我们主要来探讨中期评价，可以在课程进行到中期时，由评价中心工作人员到课堂收集学生对该课程的意见建议，并在此基础上形成分析报告，再与教师一起讨论改进课堂教学的办法。此服务过程中的所有信息都只对教师本人公开。其流程如图4所示：

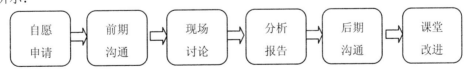

图 4　中期评价流程

对于学生信息化学习能力的评价，既要考核学生专业基础知识的掌握能力，也要考核专业知识的应用能力，还要考核学生通过现代化信息技术获取资料与处理问题的能力，可以采取多种考核方式相结合的考试模式，例如：笔试与口试相结合、开卷与闭卷相结合、平时检测与期末考试相结合、理论学习与业务操作相结合等考核方式，针对不同教学内容、不同教学目标，设计不同形式的考核方式。

在评价的途径上，可以利用网络对学生进行评价，建立学生电子档案，里面可以有文本、图形、动画、声音和视频等反映学生详细情况的档案，不仅可以记录学生的学习情况，对其进行评价；学生还可以很好地了解自己的情况，完成对自我的反思与自我评估。

参考文献

（1）周海涛. 信息化时代教学模式的构建[J]. 辽宁教育研究，2001（7）：52～53.

（2）刘传领，范建华. 信息化教育的教学模式与教学设计研究[J]. 科技创业月刊，2006（4）：174～175.

（3）周建敏，潘美贞，牛显春. 物理化学试验课的教学模式的改革与实践[J]. 广州化工，2010，38（2）：218～219.

（4）常咏梅. 教育信息化环境对学生自主学习的支撑[J]. 电化教育研究，2006，12（164）：11～13.

（5）李刚. 信息技术对大学教学的影响[J]. 科技信息，2006，12（164）：11～13.

（6）刘华. 发展性课堂教学评价指标体系：构建思路及示例[J]. 全球教育展望，2003（3）：48～56.

作者简介
郭彦卿，天津财经大学经济学院财政与公共管理系，讲师。

大班教学环境下的多维互动教学模式研究①

闫章荟

摘要 研究高校大班理论课教学现状和学生的学习现状，对照社会和教育发展要求进行多维互动教学模式探索，构建大班教学环境下的多维互动教学模式，具体包括课堂教学的多维互动、课外教学中的多维互动和教师间的多维互动。初步提出大班环境下多维互动教学模式的应用建议。

关键词 大班教学 多维互动 理论课教学 通信平台

近年来由于学校办学规模的扩大、师资配置的相对滞后以及课程设置等原因，大班教学形式在众多课程和专业中被广泛采用。近几年为提高大班教学质量，为社会培养综合素质高的后备人才，国内各高校纷纷开展大班教学改革，并取得阶段性成果。但与现实要求和各界期望相比差距仍然较大，迫切需要找到一个切入点，激发学生学习的兴趣，培养学生的实务操作能力。现代心理学认为，多向交流较之单向交流和双向交流有着更加显著的效果，能最大限度地发挥相互作用的潜能。因此，以"多维互动论"作为出发点来设计教学方法是现代教学方法改革的一个新趋势，也是解决这一问题的一个较好切入点。

1. 大班教学形式存在的主要问题

就理论研究而言，近年来教育部加大课程改革的力度，从教学课程到教学课时的安排都做了较大调整，各地高校也兴起了新一轮教学改革的浪潮。在对新课程教学模式进行探讨和研究过程中，衍生出多种教学方法，其中互动式教学法为业内所推崇和提倡，有关研究和探索的文章也很多。但客观地讲，相当一部分互动式教学法只是停留在形式上的互动，局部上的互动，没有将互动式教学的本质更为深入地

① 本文为天津财经大学教育教学改革一般项目"大班教学环境下的多维互动教学模式研究"（项目编号：JGY2015-34）的中期成果。

应用和推广。同时我们看到，不同层次的学校、不同学科的教师对互动式教学模式的理解也不尽相同，各有特色，这反映出互动式教学模式的研究还有相当的发展空间，包括教育观的变革、评价观的变革、教学模式的变革等。

就实践发展而言，对师生互动这种能有效提高学生综合素质的教学模式，往往是"雷声大，雨点小"。在我国的一些高校中，也仅有部分教师尝试。一些教师缺乏推行教学改革的热情和开拓创新的精神；一些教师一味地抱怨大学生习惯于灌输式的教学，缺乏主动学习的热情和参与讨论问题的激情和能力。有的教师虽然也进行过教学改革的尝试，但由于不能收到立竿见影的效果，或者由于新的教学尝试，难免存在着不足，从而丧失了继续进行教学改革的信心，产生了畏难情绪。推行多维互动教学模式，需要经过不断地实践，不断地探索，不断地改进，不断地尝试及不断地总结，才能收到预期的教学效果，才能达到调动学生主动学习的积极性、提高学生综合素质的目的，也才能赢得学生的支持和配合。

就学生态度而言，通过对天津财经大学公共事业管理、行政管理、劳动与社会保障、财政和税收 5 个专业 150 名学生的调研，结果显示，第一，学生对大班课教学效果总体是满意的，但其中很满意的只占 5.1%，满意和比较满意的分别占 27.7% 和 51.8%。第二，学生对大班课的学习态度是，很感兴趣的只占被调查学生的 2.9%，看老师讲得好不好选择是否听的占 50.1%，不感兴趣的占 33.1%。可见，教学内容不能脱离现实生活，教师教学过程中，如果只强调教材、理论而脱离现实生活，一味地追求理论的完整，一个人说到底，忽视学生的反映，那理论课就给学生造成了说教、枯燥、虚假的不良印象，这种情况下的教学效果就可想而知了。第三，学生认为目前我校大班课教学存在的最主要的问题是：教学方式陈旧、单一，难以激发学生的学习兴趣，占 59.9%。当然，认为教材内容与实践脱节的也是其中主要原因之一，占 33.4%。第四，学生认为改进大班课教学首先应该做的是：改革教学方法和改革教学内容，分别占 52.9% 和 34.7%。显然，改革现行讲授式教学在课堂教学中所占比例太大的教学方法，实行课堂内外多维互动的教学方式势在必行。

2. 多维互动教学模式的含义和理论基础

多维互动教学模式是指课堂教学过程中，改变过去由教师"一言堂"讲课、学生被动接听的单一知识传递方式，通过加强师生之间多种感官的充分互动交流，引导学生动手操作，动眼观察，动口表达，动耳感知，动脑思维，从而促进师生情感和谐和学生认知水平提高的一种新型教学模式。这一教学模式要求老师在教学过程中突出学生主体地位，给学生以"学"的主动权，使学生成为教学活动中心；这一教学模式要求学生主动参与、主动探索、主动思考、主动实践，在教学过程中积极开展师生互动、生生互动和人境互动，从而不断提高学生的认知水平和发展能力。

　　建构主义学习理论的基本观点是：学生的知识不是通过教师传授得到，而是学习者在一定的情境即社会文化背景下，借助学习过程中其他人（包括教师和学习伙伴）的帮助，利用必要的学习资料，通过意义建构的方式而获得。虽然建构主义学习理论的内容十分丰富，但其核心内容就是：以学生为中心。强调学习者要想获得成功的话，必须自己去发现和转换复杂的信息。教师不能只是给学生以知识，而应引导学生用自己的头脑来建构知识。

3. 大班多维互动教学模式的主要内容

3.1　课堂教学中的多维互动模式

　　教师在组织教学的过程中，通过互动式教学法如学生分专题讨论、演讲、辩论、案例分析、角色演练、专题报告等方式，侧重引导学生积极参与课堂，与学生在课堂上形成互动。具体而言，课堂教学的多维互动方式可以有以下几种：

　　第一，进行多媒体演示教学，促进教学过程中的师生互动、人境互动。在大班教学过程中，由于课堂中学生人数较多，传统教学模式常常出现后排学生看不清文字、听不到声音等情况，教学效果不好。针对这一情况，建议在教学过程中改变教学方法，借用幻灯机、电脑、投影仪等教学工具，把本来较为枯燥的理论知识以文字、声音、图像、动画效果、影音文件等多媒体形式，展现给学生，使学生能看到重点突出、图文并茂、音像兼具且又内容丰富的多媒体演示文稿。在课堂上，学生看得清屏幕文字，听得到音箱声音，注意力和学习兴趣将会大为提高。而且多数大班教学课程有很强的实效性和针对性，教师在制作多媒体课件时能及时采集最新数据、图片、音频、视频等资料，又有意识地添加增强互动的教学设计，这不仅可以通过多媒体向学生传递最新最前沿的资讯，而且可以将单一教师讲解变成多维互动形式，继而扩大师生互动空间，拓宽师生互动途径，丰富师生互动内容，教学效果得到了明显改善。

　　第二，组织学生进行案例讨论，促进教学过程中的师生互动、生生互动。案例教学是一种教与学双方直接参与，共同对问题或疑难情景进行研究的一种开放、合作、互动的新型教学方式。在理论课教学中，运用典型案例，将深刻的理论寓于世情、国情、党情、地情、校情等具体事例之中，以分析、讨论等方法开展教与学，让学生在观察、思考现实问题，分析、讨论典型案例的过程中深刻认识理论、全面理解理论和实际应用理论。

第三，组织学生进行专题演讲，促进教学过程中的生生互动、人境互动。多维互动式学习的理想人数以不超过 50 人为宜，而目前大班课的规模都在 80 人以上，甚至有的班达到了 100 多人，要想让每个学生在每次课都有参与的机会几乎是不可能的。可以采取化整为零的办法，即在开学初就根据课时把学生划分为若干小组。比如，一学期 48 学时，每周一次 3 学时，这样就可以把一个合上的大课堂分成 12 到 14 个小组，每个小组负责一周的专题演讲，演讲的主题通常选择与教材紧密结合的现实问题。在这一周里，他们按照自己的设计上台讲演，主要由两部分组成：集体部分的形式可以是一周新闻评述、专题辩论、情景剧表演、案例分析等，个人部分主要是由小组推选出一人结合本节课的主题进行模拟授课，而其他时间，他们可以参与别的小组设计和组织的活动。这一教学方式对于提高学生学习积极性很有帮助，对提高学生动嘴、动手、动脑等方面能力很有作用。

3.2　课外教学中的多维互动

由于大班教学，学生人数众多，课堂教学时间有限，在课堂上教师无法一一接触学生，也无法逐个回答学生的所有疑问，课堂外教师可以充分利用先进的通讯、信息技术，建立课程微信群或微信公众号，为师生交流和生生交流搭建一个网络平台。此外，还可以通过社会实践、社会调查等形式培养学生的实践操作能力。鼓励学生在教师指导下参加人文社会科学方面的各种比赛活动。

3.3　授课教师的多维互动

应打破传统的多门课程各自为战的格局，实现课程体系之间的互动，进一步形成整体联动的态势，真正做到师师互动，即教师与教师之间以有效的协作性教研活动为载体，组织说课、听课、评课、诊课以及集体备课、集体学习与探讨等集体性活动，以提升每一位教师的教学理念，提高教师集体的教学水平，使教师之间形成一种合力，互为顾问、协调者、合作者和建议者，差异互补、优势互取。

4. 大班多维互动教学模式的实施建议

4.1　调整学生成绩评价标准

要实施多维互动的开放教育，首先，必须有一个多元评价标准综合评价学生的学习。它不仅要对学生书本知识的掌握、技能的熟练程度进行评价，而且要对学生的情感体验、自主学习能力和协作精神等方面进行综合测评。其次，评价主体也应该多元化，应该将教师评价、自我评价、小组评价与班级评价相互结合起来，以体现评价的全面性、动态性、过程性。这种评价体系有助于推动多维互动教学模式的构建。

4.2　提升教师教学水平

多维互动教学模式对教师提出了更高的要求，教学需要设计多维互动的教学模式（包括尝试性教学、专题演讲教学、师生互易教学、分组辩论教学、集体讨论教学等），通过活动教学模式，让全体学生在活动中学习，引导学生主动参与、主动探索、主动思考、主动实践，为满足学生强烈的创造意愿和实现学生多方面能力的综合发展，营造一种开放、自由、合作、亲和的创造教学环境。因此，要求教师不仅要有饱满的工作热情、深厚的理论功底、良好的教学技巧，而且要能够熟练制作多媒体课件，掌握最新的通信工具和手段。

4.3　以多种形式鼓励多维互动教学模式的可持续性发展

与学生的课外交流如何持之以恒？如何加强各课程之间的交流互动？如何创新多维互动教学模式下学生成绩评价方法？是多维互动教学模式中遇到的关键性难题，为解决这些难题，有必要制定一定的激励措施，激励教师通过情景教学法，调动学习积极性；通过问题探究法，培养学生的创新精神和创新能力；通过活动教学，增强学生在实践、设计、做 PPT 等方面的综合能力和应变能力；通过专题演讲教学，提升学生的理论深度，形成正确的价值观和人生观；通过辩论竞赛教学，调动学生良性竞争意识心理；通过综合教学，完善学生对知识能力的整合；通过成绩评定方式改革，激励学生参与大班教学过程中的互动。

参考文献

（1）高俊兰，贺春林，刘蕾，张亚静，罗明飞. 公共体育俱乐部互动教学与多维评价方式探讨[J]. 体育世界（学术版），2015（2）：118～120.

（2）张东翰. 多维互动教学模式在组合数学教学中的探索与实践[J]. 河南科技，2014（24）：242.

（3）杨恩霞，孔凡凯，刘贺平. 大班环境下机械基础课程实施多维互动教学的探讨[J]. 大学教育，2015（2）：146～147.

（4）郭美玲. 预科汉语多维互动教学模式探究——基于多媒体网络教学系统[J]. 吉林省教育学院学报（中旬），2014（12）：44～45.

（5）吴宇，徐智."微博时代"下大学生思想政治教育多维互动模式构建研究[J]. 思想政治教育研究，2014（6）：121～123.

（6）叶献玲，罗萍. 三位一体多维互动英语听说课教学模式的探讨[J]. 成都师范学院学报，2015（2）：42～46.

（7）陈培涵. 多维互动教学模式在思想政治理论课中的应用[J]. 安徽工业大学学报（社会科学版），2014（2）：142～144.

作者简介

闫章荟，管理学博士，天津财经大学经济学院财政与公共管理系，讲师。

加强我国高校实践教学团队建设的对策研究

齐　文

摘要　随着高等教育体制改革的不断深入，传统的教学方式已经不能满足社会对高级专业人才的需求，高校应高度重视实践教学以及实践教学团队的建设。本文分析了目前高校在实践教学团队建设中存在的问题，并从转变观念、加强师资队伍建设、完善实践基地建设、制定激励机制等方面提出了加强实践教学团队建设的对策。

关键词　实践教学　团队建设　实践基地

1. 加强我国高校实践教学团队建设的必要性

随着高等教育体制改革的不断深入，高校需要越来越多地为国家高新技术等领域培养专业技能人才，而传统的教育教学方式已经不能适应高等教育人才培养的新要求。高质量的教学团队是提高教学质量的根本保证，而实践教学团队建设促进了教学团队建设成果的转化。因此如何进一步转变教育理念，加强实践教学团队的建设，促进教学研究和教育改革，推动教育教学质量的提升已成为我国高校改革与发展的主题。

加强实践教学团队建设，就是要在实践教学管理中有计划、有目的地组织实践教学团队，建立有效的团队合作机制，促进教学研讨和教学经验交流，开发实践教学资源，提高教学水平。加强实践教学团队建设是教师队伍建设的重要环节，也是学校学科建设的重要组成部分，是推动学校实践育人、可持续发展的关键因素之一，是提升高校教学质量的重要举措。

2. 当前我国高校实践教学团队建设存在的问题

2.1　对实践教学的重要性认识不足

因为在高等教育的过程中，以"理论教学为主，实践教学为辅"的观点为主导思想，所以在这种思想的指引下，实践教学只是理论教学的一个环节，使得实践教学一直处于劣势地位，从而导致高校学生动手能力差、缺乏创新意识。

2.2　实践教学师资队伍建设滞后

（1）教师缺乏实践经验

实践教学的效果取决于教师的素质，随着近年来高校的扩招，高校学生人数直线上升，各高校教师缺乏，于是有很多学校刚毕业的学生没有经过实践磨练直接走上讲台，这些年轻的教师学习能力强，但缺乏相应专业的实践锻炼，无论是科研还是教学都没有经验，初级阶段甚至对工作流程和讲课过程都不够熟练。总之不论是经验，还是水平，或者实践能力都不能满足实践教学团队建设的需要。

（2）缺乏交流、进修的机会

许多高校虽然在思想上认识到实践教学教师在人才培养中的重要性，但在实际中却对实践教学教师培养不够重视，给予教师亲身实践、学习交流、进修的机会很少，甚至将没有任何实践经验的老师加入到实践教学团中来，导致实践教学效果大打折扣。

2.3　实践教学条件及基地建设不完善

（1）校内实践教学设施陈旧

校内实践教学主要通过实验和实训等形式提高学生的实践动手能力，是理论与实践相结合的主要教学方法，但目前许多高校开展实践教学的硬件和软件条件相对落后，主要表现在实验室建设数量不足，无法满足现在日益扩大的招生规模，经常出现实验室紧缺的现象；实验室内部硬件设备较陈旧，许多学校的实验室建设较早，常年使用导致机器老化和损坏，无法满足正常的实践教学要求；配套的教学软件和实训设备滞后，与实际脱离，适用性不强，对学生实践创新能力的培养效果不明显。

（2）校外实践基地建设缺乏

校外实践基地的建设一直是高校实践教学建设和管理中最薄弱的一个环节。首先，很多学校只是为了应付教学评估和检查，临时与企业签订协议，流于形式，走过场，并没有真正对学生的专业实践起到提升作用。其次，学生进到企业去实践，往往只是从事一些辅助性工作，并没有接触到专业核心内容；而且对于办公条件和指导老师也无法保障，这样的实践并不能对学生产生强大的吸引力。最后，学校对于校外实践基地建设的管理和监督不到位，缺乏严格规范的管理制度和监督考核体系。

2.4　缺乏对实践教学团队的激励机制

目前许多高校对于从事实践教学的教师在工作量计算、课时费发放、职称评定等方面与专业课教师有很大的差别，但对于授课质量和资料准备等方面并不比专业理论课要求低，同时高校对实践教师在交流进修、个人发展方面的激励措施不强，导致许多实践教师不愿意从事实践教学，工作缺乏激情，直接影响了实践教学团队的建设和发展。

2.5　实践教学团队建设经验不足

目前高校实践教学团队在自身建设方面还有很多缺陷。主要是因为实践教学团队建设的有效措施和有效经验的缺乏。首先，实践教学团队建设理念在我国刚刚产生，基本处于起步阶段，各方面的配套建设设施都处于尝试阶段，尤其是在团队目标的确定、工作内容的制定、考核管理系统的建立等方面，难免会走弯路，出现策略失当等状况；其次，实践教学团队具有其自身的特殊特质，与教学团队、科研团队建设不尽相同，不能简单直接地套用已有的建设经验，否则适得其反；最后，目前的教育实践中实践教学团队建设暂无出现，没有一个现成的建设经验和措施可以拿来借鉴，将会导致很多实践教学团队在探索建设的过程中出现很多问题，比如团队结构不合理、团队规模不规范、团队规范被忽视和团队协作精神不强等问题。

3. 加强高校实践教学团队建设的对策

3.1　改变教育观念，提高实践教学地位

（1）提高认识，转变观念

当前，高校要使所有教职员工和学生对实践育人教学理念有一个系统全面深刻的认识，就要坚持以正确的观念引导教师重视和参与实践教学，在教学改革中进一

步突出实践教学改革的中心地位，使教师与学生都自觉主动地参与到实践教学及其改革活动中，一方面，根据学生多样化的需求，修订并实施多层次的培养方案和模式；另一方面，鼓励学生和教师深入接触社会和实际部门，努力提高自身专业实践素养，这样才能以实践教学改革带动学校整体的教育教学改革。

（2）加强理论研究

实践教学团队建设是一项创新的建设与改革工程，实践教学团队建设是一项具有创新性的建设与改革工程，不同学科专业、不同的办学层次及服务面向决定了团队建设的价值取向不同，也决定了建设目标、模式、路径的不同，所以应当加强在实践基础上的理论研究。当前应该在教学团队建设与学科专业队伍建设的关系、教学团队与目前高校管理体制的关系、教学团队建设的政策与考核机制、教学团队的运行机制等方面进行研究，以提高教学团队的建设水平，推进教学团队建设创新，同时高校也可以此为题设立科研项目，引起教师对实践教学的重视，提高实践教学的地位。

3.2 加强师资队伍建设

（1）吸纳社会优秀人才，壮大师资队伍

目前，高校招聘的主要来源为应届博士毕业生或硕士毕业生，这些从学校走到学校的人才，没有工作经历，普遍缺乏实践教学经验，要改变这种现状的举措就是要将是否具有实践经验作为招聘教师的重要条件之一，可以吸纳企事业单位有实践经验的人才到高校任教，遇到极其优秀的人士，学校应提供丰厚的待遇来吸引人才。

（2）加强教师的实践交流

一方面，高校应规定教师在一定时间、范围内必须完成相应的实践工作量，这样才有利于培养教师的实践经验，拓宽教师的知识层面，优化教师的知识结构，了解实际工作运作过程，从而保证实践教学任务和质量的完成。例如，每个学期规定必须选派一到两名教师到相关企事业单位工作；另一方面，也可以从社会上招聘既有丰富实践工作经验又有扎实理论基础的优秀技术骨干作为兼职教师。

3.3 完善实践教学基地的建设

（1）校内实践基地建设

实践教学基地是实践教学团队建设的主阵地，校内实践基地主要包括实验室和实训基地，由于学科的不同，其形式呈现多元化，这就要求高校整合利用校内资源，加大资金投入，建立产、学、研相结合的实践教学基地。此外，学校还应该改变传统的实训模式，可以建立模拟的工作环境，使学生快速转换到从业者的角色，熟悉实际的业务流程，提高职业素养和就业能力。

（2）校外实践基地建设

在校外应努力建设教学与科研紧密结合、学校与社会密切合作的大学生校外实践教育基地，积极探索和建立学校、社会、企事业单位共同育人的新模式。高校在选择合作企业时应充分考虑该企业在行业中的地位、自身条件以及是否能为学生提供与专业相关的实际操作流程，这样才能确保实践的效果和目标。同时，高校也要采取相关措施，确保学生专业实践的时间和质量，让学生在实习过程中能充分参与执行、管理的各个环节。此外，学校和实践单位可同时提供经验丰富的指导老师，形成一个完整的教学、科研、实践相结合的人才培养模式，使校外实践教学能真正收到实效。

3.4　改进激励机制

为了促进实践教学团队建设，高校应改变原有的激励措施，使实践教学团队成员增强荣誉感和使命感。高校应强化以绩效考核为核心的激励约束机制，对于在实践教学、管理和科研方面有突出成绩的教师给予奖励，鼓励教师承担实践教学改革的研究课题；同时把工作绩效作为教师职务评聘的重要指标，实行浮动津贴制，工作绩效与资金津贴相挂钩，此外还可以开展一些关于实践教学的评优活动，并在政策上有所倾斜，给予一定的物质奖励，这样才能使教师全身心地投入到实践教学中，建立起充满活力的、高效率的实践教学团队。

3.5　加强团队建设的经验交流

目前，我国高校在实践教学团队的建设上还处于起步阶段，因此相互学习、交流经验非常重要。高校要组织相关教师定期到其他院校去考察，甚至可以到实践教学经验丰富的其他国家进行交流访问，并对考察结果进行交流、总结、分析，提炼出有益的团队建设途径和相关制度支持，从而构建良好的团队建设环境，促进团队健康发展。实践教学团队作为高校一个新型教学团队，离不开主管部门和学校在经费和制度方面的支持，有了这些制度上的保障，实践教学团队建设工作就能有效进行，并能对实践教学的质量提升起到积极的促进作用。

参考文献

（1）刘海刚，廖惜春. 地方高校实践教学团队建设的研究与探索[J]. 实验室科学，2014（10）：79～82.

（2）朱世坤，聂宜珍. 地方高校实验教学团队的建设与实践[J]. 实验室研究与探索，2011，30（6）：349～351.

（3）顾志良，董炎，赵红. 经管类应用型本科实践教学团队建设的探索[J]. 北京联合大学学报（人文社会科学版），2009（11）：107～111.

（4）张学洪. 创建实践教学平台提升学生创新能力[J]. 中国高等教育，2012（6）：25～27.

（5）刘延东. 深化高等教育改革，走以提高质量为核心的内涵式发展道路[J]. 求是，2012（10）：3～5.

作者简介

齐文，1983 年生，天津财经大学经济学院财政系，助理研究员。

关于本科校外实习基地建设的问题研究

焦银鸽

摘要 加强本科实习基地建设是高等学校教学建设的重要任务，是高等学校提高教学质量、保证实践教学环节、办出高等教育特色的重要措施之一。这是办学目标的需要，培养学生创新精神和综合素质的需要，也是提高学生就业竞争力的需要。但当前市场经济条件下，与企业建立实习联系存在不少困难；同时，高校自身对于实习基地的建设重视不够，管理不够规范，经费投入不足。基于此，高校应从转变观念、加强实践教学体系改革、转变实习基地的管理模式、保证实习经费投入等方面入手，提高实践教学质量。

关键词 实践教学　实习基地　创新能力

实践教学是加强理论知识教育、增强学生感性认识、提高学生综合素质、培养学生创新能力和动手能力的重要环节。实习基地既是承担实践教学、实现实践教学各个环节的重要场所，也是提高教学质量和增强学生实践能力的根本保证。因此，高等院校不仅要重视实习基地的建设，而且还要把建设稳定、优质的实习基地当作今后开展实践教学工作的首要任务。

1. 校外实习基地建设的重要意义

1.1　建设校外实习基地是学校办学目标的需要

当前我国本科人才培养的目标是：面向基层、基础扎实、知识面宽、实践能力强、综合素质高、具有创新精神的高级应用型人才。要实现这一办学目标，学校必须加强学生实践能力的培养，加强实践教学环节。校外实习基地是学生了解社会和企业、接触生产实践的桥梁。对于财经类专业的学生来说，建立比较稳定的校外实习基地，将为学生迅速接触社会、将经济知识转化为实际市场操作能力、更好地认识和分析经济现象提供重要保障。

1.2　建设校外实习基地是培养学生创新精神和综合素质的需要

聘请经验丰富的技术人员在实习基地对学生进行指导示范，使学生的书本知识与实际工作相结合。学生通过到现场参观实习，可以接触到学校、书本上无法见到的新事物、新情况，所学知识可以得到延伸、拓展。在实习活动中，学生还会遇到自己甚至前人都未遇到的问题，并可以因此展开讨论研究，或向师傅请教，或从其他途径获取答案。通过不断的探究，学生的求知欲望和学习兴趣逐步加强，这就成功培养了学生理论联系实际的工作作风和勇于创新的精神。另外，在实习基地"真刀真枪"的职业规范化训练，不仅可以使学生熟练职业技能，更有助于学生养成耐心、严谨、求实、敬业爱岗等良好的职业素养，有利于学生综合技能和素质的提高。

1.3　建设校外实习基地是提高学生就业竞争力的需要

自 1999 年高校扩招以来，毕业生的人数逐年上升。随着毕业生数量的不断突破，大学毕业生就业难成为高校的棘手问题。大学生要想找到一份满意的工作，除了具备较高的综合素质和专业技能外，稳定的实习基地也为企业挑选人才和学生就业提供了平台，在实习过程中表现优秀的毕业生必然会被企业挽留。这样，实习基地某种程度上也变成了就业基地。其次，大学生在实习过程中可以发现职业兴趣，及时调整就业方向，避免盲目择业。另外，通过实习反馈，高校还能有针对性地加强对学生的就业培训和职业生涯规划指导。

2. 校外实习基地建设过程中存在的问题

校外实习基地的建设是学校和企业之间发生的双边关系，学校与企业之间由于追求目标的差异而出现合作上的困难。企业追求的是效益和盈利，学校追求的是人才培养，双方因此造成合作上的困难在所难免。

2.1　企业方面的问题

企业因为要接纳学生的实习活动，在一定程度上会影响或干扰其正常的生产或经营活动。实习学生的进入，给企业在管理和安全方面增加了压力；同时企业还需要抽出部分技术骨干作为实习指导教师，这又增加了企业方面的工作量。学生的实习、观摩活动，有时候会降低企业的生产效率，这与他们的追求目标是不相符的。

因此，当学校愿意建立实习基地时，有些企业常常不配合，不愿意接收学生实习。

2.2　学校方面的问题

高校以追求教学质量作为生存和发展的生命线，以培养具有创新精神和实践能力的高素质人才为目标。但在实际教学工作中，还存在一些问题。

第一，教育观念需进一步更新。有些教师注重课堂上对学生进行理论知识的传授，忽视了学生动手能力和创新意识的培养，也就是重理论、轻实践的现象依然存在。实习基地的建设是培养学生实践动手能力的重要平台，但有的教师对基地建设的定位和重要作用没有全面深入的认识，导致对基地建设的主动性、积极性不够。

第二，教学管理不够规范。学生实习前没有周密的实习计划，对组织管理、实习内容、日程安排、实习纪律、突发事件的应急预案等没有明确规定；对实习指导教师在职责、权利等方面没有明确的规定和方法，导致在实习过程中给实习单位增加了负担，影响实习基地建设的持续性和稳定性。

第三，实习经费投入不够。由于学校招生规模的迅速扩大，学校在保证教学基本运行的前提下，对实习经费和实习基地建设费用的投入相对不足，因而不得不放弃部分实习基地的维护或者压缩实习时间，严重影响了实习效果，制约了实践教学质量的发展。

3. 校外实习基地建设的对策研究

面对校外实习基地建设过程中的种种难题，高校应开拓思路，整合资源，考虑从以下几个方面着手。

3.1　高校要转变观念，加强重视，推进实践教学体系改革

（1）转变观念，重视实践教学

为适应当今社会发展对高等教育人才培养的要求，改变目前高校实践教学的现状，必须从根本上加强对实践教学的重视。高校必须根据社会发展的需求，制定新的人才培养目标和人才培养模式，以科学发展观和人才强国战略为指导，切实加强对学生创新意识、创新能力和实践能力的培养，使高校的人才培养目标适应当前经济和社会发展的需要。

（2）深化教学研究，推进实践教学体系改革

传统教学模式下，高校实践教学内容单一，培养方案中的实践教学学时偏少，实践教学内容陈旧，没有紧跟专业和时代的发展，不能很好地适应社会生产实际的

需要。高校必须与时俱进，紧跟科技和社会的进步，深化教学研究和教学改革，强化实践育人的意识，细化不同学科对实践教学的要求，合理制定实践教学方案，完善实践教学体系。

（3）加强教育，提高师生对实习教学的认识

一线教师和学生对待实习教学的态度直接影响着教学目标和教学效果的实现。把加强对实践教学的重视落到实处，就是要转变教师和学生"重理论、轻实践"的观念。只有彻底转变了师生的错误观念，才能保证实践教学效果，人才培养目标才能得以实现。具体措施包括：通过以兴趣引导和结合生产实际的方式，通过虚拟教学、学术报告、实习动员等多种手段，加强对学生的教育，增强学生积极参与实习教学的热情；通过采取激励措施，鼓励教师参与实习教学，加强教师对实习教学的研究和改革，调动教师参与实习教学的主动性。

3.2 加强合作，转变实习基地的管理模式

面对目前经济社会条件的变化，高等学校必须转变传统的实习基地管理模式，树立"管理出效益"的观念，改进实习基地管理模式。随着经济结构调整，企业面临着产业升级、人才资源缺乏、科研技术能力不足等问题，这从客观上为高校发挥自身优势进行校企合作提供了良好的机遇。高校完全可以针对不同性质企业的特点，开展灵活、高效的合作，建立稳定的实习基地，为学校的实习教学服务。

（1）针对大型企业

对于大型企业，高校可以充分利用校友资源，加强学校的对外联系，通过利用自身优势采取为企业提供产品研发、人员培训、高级人才培养、科学研究等合作方式，构建校企双赢的利益驱动机制，建立长期稳定的"产、学、研"基地。同时高校要从组织和制度上加强和改进对基地的管理，要与企业建立管理层次清晰，分工明确，组织成员具有权威性、代表性的合作组织机构；签订规范的合作协议，明确组织机构和校企双方的职责、权利；组织机构负责研究行业与专业发展要求与趋势，协调管理基地的实习教学活动，开展科研与培训，推荐毕业生，等等。通过加强管理，保证校企双方实现长期高效的合作，保障校外实习基地的运行。

（2）针对中小型企业

高校可以根据企业需求，采取提供技术咨询，参与新产品的研制、试验与开发，参与新技术的引进和设备的技术改造，推荐优秀毕业生等灵活的方式，开展合作。根据不同情况，学校还可以适当增加实习经费投入，弥补企业的效益损失。通过多种措施，真正调动起企业参与高校实习教学的积极性，加强实习基地的建设和管理，形成校企合作的长期稳定机制。

3.3 高校要拓展经费渠道，保证实习经费投入

充足的经费支持是加强实习基地建设的物质保障。没有充足的投入，加强重视就成了一句空话；没有充足的投入，改进管理就缺乏动力来源。因此积极扩展经费渠道，保障经费投入的充足、稳定是高校加强实习基地建设的关键所在。

传统教学模式和高校扩招等因素，造成高校实习经费投入长期不足，高校今后必须持续增加实习经费的投入，保证实习经费的稳定增长。除此之外，高校还要确定合理、统筹的使用实习经费的办法，建立实习教学经费专项管理制度，增加管理的透明度，加强对实习经费使用的管理和监督，使有限的资金发挥更大的效益，保证实习教学工作的顺利进行。在加大学校自身投入的同时，高校还要转变观念，不断拓展经费渠道，充分利用社会资源，为实习基地的建设提供资金支持。积极争取政府、社会、企业的投入为我所用，推进实习基地的建设。通过和企业合作共建的方式，利用企业的实践优势和资金优势，将社会资源转化为学校的教学资源，为实习教学工作服务。在实习教学运行经费的投入上，可采取学校投资大部分、院系投资小部分、学生个人承担一点以及争取实习单位赞助等方式多渠道筹集实习教学经费。

参考文献

（1）艾训儒. 新时期高校校外实习基地建设问题及思考[J]. 中国林业教育，2012(1).

（2）王娟. 关于加强本科实习基地建设的思考[J]. 福建师范大学学报，2011(5).

（3）杨艳秋，李伟凯. 地方高校实习基地建设机制与实践教学模式创新研究[J]. 黑龙江高教研究，2012(7).

（4）杨水根. 基于应用型人才培养的校外实习基地管理探讨[J]. 继续教育研究，2008(4).

作者简介

焦银鸽，1984 年生，研究生，法学硕士，政工师。联系电话：15900330276；电子邮箱：15900330276@163.com。